以绩效管理牵引构建平台型组织

基于阿米巴的Z地铁门梯维护班组考核体系优化研究

唐　浩　季丹勇　樊传浩　黄　乐 ◎ 著

河海大學出版社
·南京·

图书在版编目(CIP)数据

以绩效管理牵引构建平台型组织：基于阿米巴的 N 地铁门梯维护班组考核体系优化研究 / 唐浩等著. -- 南京：河海大学出版社，2022.12(2023.9 重印)

ISBN 978-7-5630-7877-6

Ⅰ. ①以… Ⅱ. ①唐… Ⅲ. ①地下铁道运输－旅客运输－交通运输企业－企业管理－班组管理－研究－南京 Ⅳ. ①F572.885.31

中国版本图书馆 CIP 数据核字(2022)第 245691 号

书　　名	以绩效管理牵引构建平台型组织:基于阿米巴的 N 地铁门梯维护班组考核体系优化研究 YI JIXIAO GUANLI QIANYIN GOUJIAN PINGTAI XING ZUZHI:JIYU AMIBA DE N DITIE MENTI WEIHU BANZU KAOHE TIXI YOUHUA YANJIU
书　　号	ISBN 978-7-5630-7877-6
责任编辑	齐　岩
特约校对	董　涛
封面设计	徐娟娟
出版发行	河海大学出版社
地　　址	南京市西康路 1 号(邮编:210098)
网　　址	http://www.hhup.cm
电　　话	(025)83737852(总编室) (025)83722833(营销部)
经　　销	江苏省新华发行集团有限公司
排　　版	南京布克文化发展有限公司
印　　刷	广东虎彩云印刷有限公司
开　　本	787 毫米×1092 毫米　1/16
印　　张	12.75
字　　数	299 千字
版　　次	2022 年 12 月第 1 版
印　　次	2023 年 9 月第 2 次印刷
定　　价	79.00 元

前言
PREFACE

　　交通是兴国之要、强国之基。2021年是"十四五"规划的开局之年，也是开启全面建设社会主义现代化国家新征程的第一年。作为新时代交通强国建设中的重要一环，交通运输部对城市轨道交通行业提出"坚持以人民为中心、坚持新发展理念、坚持世界眼光，以推动高质量发展为根本要求，加快建设安全、便捷、高效、绿色、经济的城市轨道交通出行服务体系"的总体要求。回首过去，"十三五"期间我国城市轨道交通发展成果喜人，主要呈现规模扩大化、发展差异化、结构网络化、系统智能化等诸多发展趋势，这也对配套的运营服务水平提出了更高要求。传统城市轨道交通行业采取以"人工组织协调为主、少量信息化技术为辅"的外延式运营服务模式，此模式的缺陷是专业领域割裂、独立运作，在现代化的时代浪潮下难免被逐步淘汰。智慧地铁实现业务联动、资源配置，提供全息运营感知力、实时路况分析力、科学规划决策力以及精准执行力的智慧运输系统。但随着城市信息化的进一步发展，乘客综合素质提高，对车站的需求已经由被动接受信息变为主动寻求更加及时、有效、便捷、精准的信息化服务。

　　地铁运营企业基层班组是良好运营服务的输出源头，是企业发展的根基，是企业建设的基础和各项工作的落脚点。纵观我国班组的发展阶段，我国的班组性质从当初班组长带领一群人以完成上级下达的生产指标为主的"班集体"，逐渐演变成今天不仅要完成生产任务，而且还要完成经营指标、承担创新创效责任，拥有班组精神、班组文化、班组愿景、职工共同价值取向的"团队"；班组形态从新中国成立初期的生产突击型、劳动竞赛型班组，发展到今天的"技能型、效益型、管理型、创新型、和谐型"班组。按时间轴可分为以下四个阶段：

(1) 万山磅礴有主峰——新民主主义革命时期(1919—1949年)：五四运动前夕,中国产业工人的人数已达到200万以上。工人阶级作为新民主主义革命前期的首要驱动力,在帝国主义、封建主义、官僚资本主义"三座大山"的压迫之下,对班组的理解尚属于启蒙阶段。在党的坚强领导下,中国工人阶级开始从分散走向团结,中国工人运动从自发走向自觉。以革命斗争为目标形成了临时性组织,发动了如陇海铁路工人大罢工、长辛店铁路工人大罢工、京汉铁路工人大罢工等一系列工人运动,为实现中华民族和中国人民的独立解放事业、建立新中国而浴血奋战,建立了卓越历史功勋。

(2) 征途正未有穷期——社会主义革命和建设时期(1949—1978年)：新中国成立初期,按照上级指令性计划完成生产过程是企业管理的重点,并有一套适应于计划经济体制的,以行政权力为中心、自上而下、等级清晰的班组运行规范和管理作风。班组在当时主要是以完成上级下达的生产任务、工作指标为主,班组长主要管"活怎么干"。"老黄牛精神","吃苦在前、享受在后",集体主义强、白手起家、艰苦奋斗是该时期班组的时代代名词。在这一时期,涌现了诸如孟泰仓库、马恒昌小组、大庆王进喜率领的1205钻井队、"毛泽东号"机车组等一系列先进班组。

(3) 破旧而后能立新——改革开放和社会主义现代化建设新时期(1978—2012年)：1978年,改革之火燃遍大江南北,为了尽快适应企业转换经营机制,班组的组织方式、运行方式和管理方式快速改变,班组建设与管理不再单纯以完成工作计划为最终目的,开始以经济责任指标以及后来的品牌与个性建设为主要工作目标。班组工作更注重科学化、制度化、人文化建设,出现一大批以班组长姓名命名的团队、班组和流水线,并出现了由班组长创造的班组管理模式。在这期间班组长不仅要负责"活怎么干",还需要考虑"钱怎么分、人才如何培养"。涌现出了震惊世界航运界的"振超效率",海尔集团以单位建设联合舰队式的SBU(战略业务单元)团队等,2001年,著名管理学者彼得·圣吉的《第五项修炼》一书,作为当时先进的管理思想被引入中国企业,并迅速"火"进班组。争创学习型班组成为阶段主题,一汽"王红军班"、东风汽车公司"国华班"、航天科技八院的"唐建平班组"成为优秀学习型班组的典型。在这一阶段,班组长要会运用先进管理模式和先进管理工具,把班组创建成善于创新、富有竞争力的企业细胞。

(4) 扬帆启航再出发——新时代中国特色社会主义时期(2012至今)：2017

年 10 月 18 日，习近平总书记在党的十九大报告中指出"经过长期努力，中国特色社会主义进入了新时代，这是我国发展的历史方位"，要"建设知识型、技能型、创新型劳动者大军，弘扬劳模精神和工匠精神，营造劳动光荣的社会风尚和精益求精的敬业风气"。作为社会主义建设的基层单元，班组需要在科学管理轨道上实现良性循环，需要更进一步地实现班组工作内容指标化、工作要求标准化、工作步骤程序化、工作考核数据化、工作管理系统化等一系列高质量发展要求。班组长要重点考虑好"团队怎么带"的问题，既要有高超技术，也要有管理艺术。既要会精益生产，又要能统筹全面。既要能够凝聚班组，为团队设置愿景，还要能够为班组员工设置发展规划，努力成为知识复合型产业工人，为实现"两个一百年"奋斗目标、实现中华民族伟大复兴的中国梦提供坚实的人才保障，班组建设任重而道远。

在建设中国特色社会主义的新时期，加强企业基层组织建设创新，为职工成长搭建更多更好平台，不仅是贯彻落实习近平总书记对新时代劳动者队伍建设新要求的有效途径，更是弘扬工匠精神、营造劳动光荣的社会风尚和精益求精的敬业风气的需要，是实现中国制造向中国创造、中国智造根本性转变的迫切需要。在地铁行业内部，N 地铁公司作为地铁业内人力资源管理的创新者，借鉴了日本京瓷公司阿米巴模式于 2011 年提出的"细胞体班组"管理模式。但随着该模式的持续推进暴露出了愈来愈多的问题，尤其是与现行的绩效考核体系存在脱节，严重制约了公司班组建设成果。因此，本研究尝试溯源公司班组建设"初心"，从阿米巴模式的视角探析其基层班组的绩效考核体系优化问题，进而探索如何构建平台型组织。在此基础上，本书选取 N 地铁公司门梯维护班组作为研究对象，在综合分析 N 地铁及其基层组织管理现状的基础上，深入分析现行绩效考核体系存在的五点主要问题。针对绩效考核指标体系设计和运用等方面的问题，首先运用三轮德尔菲法构建了具有阿米巴模式特色的基层班组绩效考核指标体系；其次运用层次分析法确定了各级指标的权重；再运用关键事件法制定了关键指标的定性评价标准；最后以某地铁线路基层运营服务的生产数据为案例，构建了针对班组绩效的模糊综合评价模型，并基于模型运用情况制定了绩效考核体系的优化方案和保障措施。

研究发现了 N 地铁公司门梯维护班组绩效考核过程中考核理念、考核主体、考核指标、评价标准、结果应用 5 个层面存在的具体问题；研究得出了含细胞核、细胞质、细胞膜 3 个一级指标，15 个二级指标及 65 个三级指标构成的"细胞体"绩效考核指标体系；分层确定了 83 个指标的权重；行为锚定了 13 个关键指标的五级评价标准;构建了门梯维护班组绩效的模糊评价模型;以统一新时代企业战略和新生代员工行为为总体目标,基于绩效考核中5个层面问题给出了具体解决方案,同时,本书创新性地提出了构建平台型组织的4阶段步骤及2点保障措施,能有效帮助同类企业导入阿米巴模式,优化考核体系,牵引平台型组织达成。从而合理实现工作内容指标化、工作要求标准化、工作步骤程序化、工作考核数据化、工作管理系统化的时代要求,这也是在考虑了我国组织管理情境下,针对基层组织建设的一次有益尝试。

  本书的撰写得益于河海大学商学院对我研究生阶段三年的培养,得益于导师樊传浩副教授三年岁月中对我的倾囊相授。南水北调中线水源有限责任公司的季丹勇主任作为主要完成人负责本书第4章、第7章内容的撰写并全程参与了相关研究,中国水利学会人力资源和社会保障专业委员会黄乐副秘书长作为主要完成人全程参与了课题研究和本书部分章节的撰写及完善。南京地铁运营有限责任公司总工程师赵振江、南京工程学院自动化学院教授赵涛,为本书的完善提供了宝贵意见和建议。南京农业大学硕士研究生刘瑞雪、南京地铁运营有限责任公司的年峰、王玲、徐峰、宋小峰、徐伟、谌杰、蔡卫廷、拜月、徐康、刘书杰积极参与了相关课题研究和本书的撰写,并提供了大量的资料、信息和智慧。参与本书资料整理的还有河海大学的研究生夏天、孙婷婷、朱承桂、汤思洁、周雪娟、孙桂路、叶春兰、杨鑫、王嘉欣,对他们付出的辛勤劳动,我深表感谢。

  由于本人水平有限,书中难免有疏漏之处,敬请各位专家、学者批评指正。

唐浩
2022年10月于南京

目录
CONTENTS

第1章 绪 论 ······ 001
  1.1 研究背景及意义 ······ 001
    1.1.1 研究背景 ······ 001
    1.1.2 研究意义 ······ 006
  1.2 国内外研究现状 ······ 007
    1.2.1 地铁运营企业的绩效考核 ······ 007
    1.2.2 阿米巴模式下的绩效考核 ······ 007
    1.2.3 绩效考核体系的相关研究 ······ 008
    1.2.4 研究评述 ······ 010
  1.3 研究内容 ······ 011
  1.4 研究方法及技术路线 ······ 012
    1.4.1 研究方法 ······ 012
    1.4.2 研究的技术路线 ······ 012

第2章 概念界定与理论基础 ······ 014
  2.1 概念界定 ······ 014
    2.1.1 研究问题:绩效考核体系 ······ 014
    2.1.2 研究对象:地铁基层班组 ······ 018
  2.2 理论基础 ······ 020
    2.2.1 研究视角:阿米巴模式 ······ 020
    2.2.2 自组织理论 ······ 029
    2.2.3 组织能力理论 ······ 029

第3章　N地铁公司运行与考核的现状分析 ·········· 031
3.1　N地铁公司的现状分析 ·········· 031
3.1.1　N地铁公司的概况 ·········· 031
3.1.2　N地铁公司的组织架构 ·········· 033
3.1.3　N地铁公司的人力资源管理制度 ·········· 037
3.1.4　N地铁公司的绩效考核体系 ·········· 044
3.2　N地铁公司"细胞体班组"建设的现状分析 ·········· 053
3.2.1　阿米巴模式的实施条件 ·········· 053
3.2.2　N地铁公司的实施优势与不足 ·········· 053
3.2.3　"细胞体班组"的现行评价指标体系 ·········· 054
3.2.4　"细胞体班组"的考核流程与应用 ·········· 055
3.2.5　"细胞体班组"建设与绩效考核结果的内在联系 ·········· 056

第4章　门梯维护班组运行的现状及考核的问题分析 ·········· 059
4.1　门梯维护班组运行与考核的现状分析 ·········· 059
4.1.1　门梯维护班组的运行现状 ·········· 059
4.1.2　门梯维护班组人力资源现状分析 ·········· 087
4.2　N地铁公司门梯维护班组绩效考核体系的现状分析 ·········· 089
4.2.1　门梯维护班组人力资源管理制度执行现状 ·········· 089
4.2.2　门梯维护班组的绩效考核体系 ·········· 092
4.2.3　门梯设备典型事故及故障分析 ·········· 094
4.3　N地铁公司门梯维护班组绩效考核体系存在问题及原因分析 ·········· 101
4.3.1　考核理念传统,无法适应新时代下企业发展的内在要求 ·········· 101
4.3.2　考核主体错位,存在以管理者个人意愿为主的突出矛盾 ·········· 102
4.3.3　考核体系笼统,造成组织绩效难以科学衡量的现实困境 ·········· 103
4.3.4　考核对象被动,谋求改善又缺失标准被迫沦为职场囚徒 ·········· 104
4.3.5　考核结果失效,尚未建立起与人资其他模块的有效关联 ·········· 106

第5章　阿米巴模式下N地铁公司门梯维护班组绩效考核指标体系的构建 ·········· 107
5.1　N地铁公司门梯维护班组绩效考核指标的初步甄选 ·········· 107
5.1.1　门梯维护班组绩效考核指标的甄选原则 ·········· 107
5.1.2　门梯维护班组绩效考核指标的初步选取 ·········· 108
5.2　基于德尔菲法的门梯维护班组绩效考核指标修正 ·········· 108
5.2.1　绩效考核指标修正步骤 ·········· 108
5.2.2　第一轮德尔菲法指标修正 ·········· 109
5.2.3　第二轮德尔菲法指标修正 ·········· 113
5.2.4　第三轮德尔菲法指标修正 ·········· 116

5.3 N地铁公司门梯维护班组的"细胞体"绩效考核指标体系的构建 …… 119
　　5.3.1 "细胞核"绩效的二级考核指标体系构建 …… 120
　　5.3.2 "细胞质"绩效的二级考核指标体系构建 …… 120
　　5.3.3 "细胞膜"绩效的二级考核指标体系构建 …… 122

第6章　N地铁公司门梯维护班组绩效考核案例分析 …… 124
6.1 基于层次分析法的门梯维护班组的指标权重确立 …… 124
　　6.1.1 层次分析法权重确立步骤 …… 124
　　6.1.2 门梯维护班组各层次指标权重 …… 125
　　6.1.3 指标权重的一致性检验 …… 128
6.2 N地铁公司门梯维护班组的绩效考核指标的行为锚定 …… 129
　　6.2.1 关键指标的行为锚定步骤 …… 129
　　6.2.2 绩效考核标准度量结果 …… 133
6.3 N地铁公司四号线门梯维护班组绩效考核的开展与启示 …… 142
　　6.3.1 N地铁公司四号线门梯维护班组绩效考核的组织过程 …… 143
　　6.3.2 N地铁公司四号线门梯维护班组绩效的评价结果 …… 145
　　6.3.3 N地铁公司四号线门梯维护班组绩效考核案例的启示 …… 148

第7章　以绩效管理牵引构建平台型组织的优化方案及保障措施 …… 150
7.1 以完善基层组织绩效考核为抓手,实现企业高质量发展 …… 150
　　7.1.1 明确新时代企业发展目标,满足顾客美好生活需要 …… 150
　　7.1.2 把握新生代员工个人期望,激发时代青年奋进担当 …… 151
　　7.1.3 构建新基层绩效考核体系,促成行为战略有机统一 …… 152
7.2 逐一破解绩效考核体系存在问题,构建科学考核体系 …… 153
　　7.2.1 纠偏传统考核理念,树立正确绩效考核观 …… 153
　　7.2.2 设立多层考核主体,明确各主体工作职责 …… 154
　　7.2.3 构建系统考核指标,开展多阶段绩效考核 …… 155
　　7.2.4 正确引导考核对象,以行为设立工作标准 …… 159
　　7.2.5 合理利用考核结果,创新多维度激励方式 …… 161
7.3 妥善推进绩效管理改革,描绘平台型组织蓝图 …… 163
　　7.3.1 调整组织架构,搭建企业中后台资源共享体系 …… 163
　　7.3.2 选取基层试点,"五步法"实现考核体系前台导入 …… 164
　　7.3.3 人员持续赋能,打造高素质的复合型干部队伍 …… 165
　　7.3.4 激活企业生态,塑造可借鉴可复制的改革样板 …… 166
7.4 软硬兼施提供制度保障,推进企业发展行稳致远 …… 167
　　7.4.1 提升"软实力",营造合作共享的文化氛围 …… 167
　　7.4.2 筑牢"硬地基",增强管理信息化基础建设 …… 168

第8章　研究结论 ………………………………………………………… 169

参考文献	………………………………………………………………… 172
附录	…………………………………………………………………… 177
附录A：运用德尔菲法确立绩效考核指标	……………………………… 177
样表一：门梯维护班组绩效考核指标甄选调查问卷(第一轮)	………… 177
样表二：门梯维护班组绩效考核指标甄选调查问卷(第二轮)	………… 180
样表三：门梯维护班组绩效考核指标甄选调查问卷(第三轮)	………… 184
附录B：运用关键事件法确立绩效考核指标评价标准	………………… 188
样表一：N地铁门梯维护班组关键事件访谈对象及访谈内容	………… 188
样表二：N地铁门梯维护班组绩效考核定量指标评价标准	…………… 189
致谢	…………………………………………………………………… 191

第 1 章

绪　论

1.1　研究背景及意义

1.1.1　研究背景

（1）行业发展现状与形势

中华人民共和国成立初期，毛泽东主席就提出："北京要搞地下铁道，不仅北京要搞，有很多城市也要搞，一定要搞起来。"建设地铁的想法，最初是从苏联地铁的战备功用得到的启发：1941年德军大举进犯莫斯科，建成6年的莫斯科地铁，不仅成了莫斯科市民躲避战火的掩体，而且成了苏联军队的战时指挥部。由此，着眼备战的建设地铁设想便走进了毛主席的视野。1965年7月1日，北京地铁1号线在毛主席"在建设过程中，一定会有不少错误失败，随时注意改正"的指示下开启建设。1969年10月1日，以"战备为主，兼顾交通"为主导思想，新中国的第一条地铁建成通车。时隔五十余年，我国的地铁建设可谓是沧桑巨变，目前主要呈现以下几个发展特点。

第一，建设与运营规模呈跨越式增长。"十三五"期间，我国累计完成城市轨道交通建设（以下简称"城轨交通"）投资26 278.7亿元，年均完成建设投资5 255.7亿元，累计共有35个城市的新一轮城轨交通建设规划或规划调整获国家发改委批复并公布，获批项目中涉及新增规划线路长度总计4 001.74公里，新增计划投资合计约29 781.91亿元。城轨交通线网建设规划在实施的城市61个，在建里程7 085.5公里，运营规模由"十二五"期末的26座城市，增长为45座，增长率为73.1%，运营里程由"十二五"期末的3 618公里，增长为7 969.7公里，年均新增870.3公里，总体增长率为120%，"十三五"相较"十二五"年均投入运营线路长度为403.8公里，增长1倍多，创历史新高[1]。

第二，业内差异化发展趋势日趋明显。当下拥有城轨交通的45座城市中，根据不同的发展规模呈现风格迥异的四列发展梯队。其中第一梯队是指一线城市上海、北京、广州，伴随着运营线网加密，工作重点已由"高速度发展"转为"高质量发展"，提高服务效

注：本书数据或因四舍五入原则，存在微小数值偏差。

率,更加完善城轨交通网络结构;第二梯队是指新一线城市南京、成都、武汉、西安等,目前已形成"米+环+放射"的运营网络,进一步优化城市交通结构;第三梯队是指二线城市南昌、福州、南宁、合肥等,从单线运营到完成基本网络建设。第四梯队是指如乌鲁木齐、呼和浩特等一些其他建设中城市,目前的工作重心正由工程建设转为建设运营齐头并进。因此,需要因地制宜地推进不同城市的发展目标。

第三,多样化制式协调发展新格局。在国内,城市轨道交通中的很多类型还没有绝对明确的规范定义,国内各地成立的城市轨道交通公司及其线路概况名称中,只有"轨道交通"和"地铁"的标注,但其框架内并不仅限于某种铁路系统类型。而具有路权专有、高密度、高运量等特点的城市地铁,是目前轨道交通最重要的发展形式,在城市轨道交通现有制式中占四分之三以上。其他制式如市域快轨、有轨电车近些年增长规模较大,所占比例逐年增大,不同年份我国城轨交通系统制式结构占比如图1-1、图1-2所示。此外,"十三五"期间还出现了创新的中小运量系统制式,如云轨、智轨等。

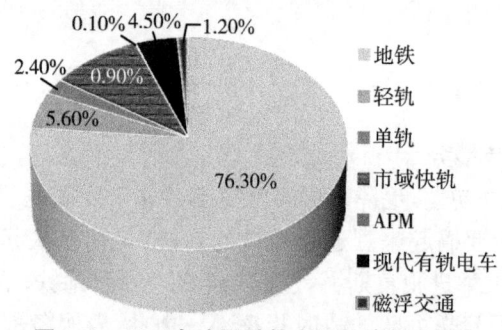

图1-1 2016年中国城轨交通系统制式结构

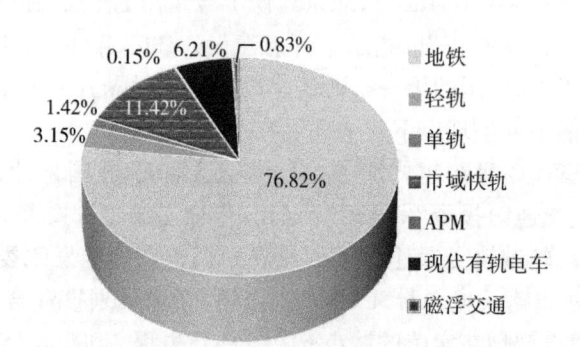

图1-2 截至2020年中国城轨交通系统制式结构

第四,以网络化结构串联城市资源。依据国家部署,至2020年,在京津冀、长三角、珠三角、长江中游和成渝等经济发达地区的超大、特大城市及具备条件的大城市,市域(郊)铁路骨干线路将基本成型,成为衔接城际铁路和市内轨道交通的重要中间载体。2017年6月,国家发展改革委出台《关于促进市域(郊)铁路发展的指导意见》(发改基础〔2017〕1173号),首次提出"市域铁路",并指出轨道交通系统是城市综合交通体的重要组成部分。"十三五"期间,地铁集团逐渐从服务单个城市的轨道交通,向城市群、都市圈轨道交通网络转型升级,随着地铁向市郊、周边城市的延伸,形成串联城市资源的格局。网络化新趋势,给管理工作提出了新的要求,要有系统思维、网络思维,并制定网络级运营管理功能、网络资源统筹共享等指南,以提供规范性[2]。

第五,智慧化设备推动城轨交通行稳致远。城轨交通专业门类广,涉及环节多,设备数量大,技术含量高。在"十三五"期间,伴随着互联网创新成果的应用,城轨交通正加紧赋能智慧城市建设。从2016年微信购票开始,扫码过闸、刷脸支付等新技术不断发展和应用,目前移动支付已成为各地城轨对外服务的标准配置;2017年,北京轨道交通燕房线的开通代表着我国具有自主知识产权的全自动运行系统取得突破性进展;2019年,上海轨道交通车辆智能运维系统国家示范工程项目启动会召开。根据测算,在车辆智能运维系统建成后,预计可节约30%车辆检修人员配置。青岛、南宁、西安、南京等地也纷纷开展智能运维系统的沟通与学习,行业运维模式正伴随着模式的增长走向智能化。2020年,重庆地铁环线和4号线互联互通直快列车上线载客试运营,直快列车可以通过联络线从一条线路直接运行到另一条线路上;青岛地铁首次推出"智能云站务员",利用AI、三维虚拟、人脸识别和知识图谱等新技术巧妙融合的高科技智能客服产品,以全新的理念和友好的体验,通过逼真的虚拟人像,以自然流畅的语言为客户提供沉浸式的实景交流。

(2) 城轨交通人力资源现状

人力资源是企业发展的根本,是企业发展面临的重大管理工程。地铁行业历来重视人才队伍的建设,在行业蓬勃发展,规模不断壮大的同时,关于人才队伍建设也取得了显著成绩,有力支撑了行业发展需要。近几年,党和国家相继出台了《交通强国建设纲要》(中共中央 国务院印发)、《国务院关于推行终身职业技能培训制度的意见》(国发〔2018〕11号)、《关于加强城市轨道交通人才建设的指导意见》(发改基础〔2017〕74号)等政策法规,也为统筹推进交通强国建设,进一步加强城轨交通行业人力资源管理水平提供了制度保障和政策依据。

中国城市轨道交通协会(以下简称"协会")调研数据显示(以运营企业为例),2020年末,全国累计有45个城市开通城轨交通运营线路,从业人员规模约39万(未含香港特别行政区、澳门特别行政区和台湾省数据)。"十三五"期间,城轨交通行业人才总量持续保持较快增长,如图1-3所示。平均年增长约3.5万人,年增速为11.8%。行业平均每公里人员配置约49人,平均每公里人员配置呈持续下降趋势。究其原因,一是顺应了智能化、社会化(外包)的发展,传统岗位减少;二是网络化效应显现,线网资源共享、区域化管理促进了岗位融合、集约化用人等,使劳动生产效率得到提升。

与之伴随的是人才队伍学历结构不断优化,高级及以上专业技术人员和高技能人员比例显著提高。据协会统计,2020年末,城轨交通典型运营企业员工本科及以上学历占比达40%;技能人员占比达84%;高级及以上职称占比达6%;高级工及以上占比达25%。行业从业人员平均年龄为29.5岁,其中25～40岁年龄区间占比达62%,与其他行业相比呈现年轻化、专业化发展趋势。这种分布结构比较符合现代企业"金字塔"管理模式[3]。同时,城轨交通人才队伍是一支发展中的年轻队伍,随着运营成熟,企业员工的平均年龄将逐渐增长。

在人才招聘渠道方面,目前主要有社会招聘、校园招聘和自主委培三种方式,其中校园招聘的比例最大,为50%。自主委培一般也是委托有关高校进行培养,所以与城轨交

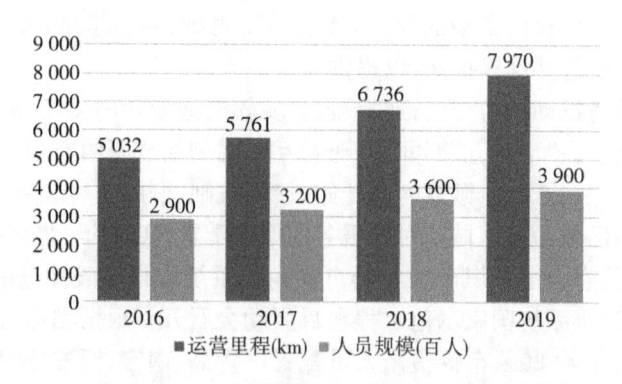

图 1-3　"十三五"城市轨道交通从业人员规模

通相关的高校是人才培养的主力,为行业提供了高质量的人力资源保障。在人才培养方面,培养模式也从早期简单的订单合作、冠名班培养,逐步发展到"人才共育、资源共享、文化共融"的一体化育人模式。另外,在运营企业内部建设了具有专业知识和实训能力的企业培训师队伍,目前行业平均每百人配置 18 人左右。多家运营企业建立了自己的网络学院或网络培训中心,员工培训量逐年递增,培训方式和渠道愈发丰富;在技能标准方面,政府主管部门陆续颁布了《城市轨道交通服务员》《城市轨道交通列车司机》《城市轨道交通信号工》等国家职业技能标准,协会组织编制并发布了信号工等 8 个工种职业技能标准、培训标准和鉴定标准(团),为城轨交通企业开展职业教育培训和人才技能鉴定评价提供了基本依据。

"十四五"时期是我国城轨交通加快推进创新驱动、转型发展,提升运营服务品质的重要时期,也是加快推进产业变革、科技创新,全面建设智慧城轨的重要时期,更是加快推进高质量与高效率并重发展,从"城轨大国"向"城轨强国"迈进的重要时期。根据协会预测"十四五"期间的运营里程将增加 5 000 公里,总量将达到 13 000 公里,员工人数预计达到 63.7 万。与城市轨道交通快速发展的形势相比,行业人才规模不足、人才素质不适应、基层管理模式落后等问题仍然突出[4]。

(3) 人力资源管理中存在的问题

第一,人才队伍建设仍然滞后于行业发展需要。人才供不应求,各城市间人才竞争愈演愈烈,人才战全面进入白热化。企业高层次人才紧缺,复合型专业人才、国际化人才存在用人缺口。高技术、高技能人才占比偏低,能力素质不够匹配,人才结构不尽合理。学校教师队伍数量不足、来源单一、校企双向流动不畅、结构性矛盾突出、专业化水平偏低。

第二,基层管理模式未能适应高质量发展需求。随着技术变革、工作外包加快,老牌城市地铁运营组织架构陈旧,机构臃肿、职能内卷现象凸显,未能适应新时代。工作安排自上至下、脱实向虚、办事效率不足。班组长管理理念落后、权责不匹配,工作开展尚不能高效调动资源协同作战,仍是以上级分配工作任务驱动,缺乏主观能动性。各地缺乏经验交流,尚未探索出一套适应发展的班组管理模式标杆。

第三,人才培养支撑条件与资源建设仍然不足。目前行业仍存在工种岗位分类及定义不统一、在职人员培训认证体系尚存在缺位、标准规范和管理制度尚待完善的现状。

企业专职培训师数量较少，教学能力水平有待提升，员工培训尚需统筹规划，参与率有待进一步提高。学校具备理论教学和实践教学能力的"双师型"教师和教学团队短缺，教育实践环节薄弱，与行业企业实际需求脱节。

第四，其他人力资源管理手段未能有效配套。行业内部对于新岗位、多职能岗位与复合岗位尚无明确的工作标准；职位晋升方面，仍然处于干部能上不能下、员工能进不能出的国企特色，未能有效深化国企改革；绩效考核方面，多秉承清单式考核，考核存在被动性，未能有效落实绩效全周期管理，考核工资有"大锅饭"倾向；薪酬分配方面，制度不灵活，物质激励不足，未能有效吸引、留住高素质人才。

（4）研究的必要性

城轨交通新技术和新装备应用、降本增效新要求对城轨岗位设置、人才需求与人才管理模式都产生了重大影响。跨专业协作、多岗位融合成为人才发展新趋势。一方面，有些岗位需求缩减、被替代甚至消失，如传统值班员、站务将逐渐被车站综合岗取代；另一方面，一些新岗位，多职能岗位与复合岗位现象增多，如运维一体化的综合检修岗，适应全自动运行系统的行车调度员、司机复合岗位等。同时，数字化工具将得到充分运用，数字化应用场景也将逐步实现，人才培养与管理亟须向信息化、数字化、智慧化转型升级。

如何在变局中开拓新局，这就对地铁运营企业人力资源管理水平提出了更高要求。而绩效考核作为绩效管理的核心组成部分，其结果因关系着员工的切身利益，在企业中备受重视，同时也会对人力资源管理的其他模块产生重要影响。所以，通过科学的绩效考核手段保障地铁运营服务的水平，在地铁大举发展的过程中显得尤为重要。基层班组是地铁运营的企业之基、发展之魂。根据服务性质的不同，基层班组既有直接面对乘客问询的车站客运班组，也有"地铁大脑"之称的列车调度班组，还有对保障地铁运营的设施设备开展抢修、巡检、保养等工作的设备检修班组等。

本书研究的对象，门梯维护班组是车站设备检修班组中的一员，一定程度上也是联系地铁不同班组之间的一线综合化班组。一方面其所管辖的电扶梯、垂直电梯与车站运营安全联动，安全门设备又关系运营行车服务，是作为未来无人驾驶持续发展的重要配套设施。因此，要求与传统客运班组、列车司机班组进行深度融合。另一方面，由于其维护设备为特种设备，专业性极强，设备厂家复杂，工作较难被机器所取代，即使是在智慧城轨迅速发展的今天，仍需要保持班组人员较高的检修水平，以应对突发性的抢险事件。但是，由N地铁公司首创的"细胞体班组"管理模式在该类非关键基层班组内却未能发挥应有效果，班组普遍存在整体工作绩效难以衡量、班组建设工作参与度较低等诸多问题，亟须在现有的绩效考核体系上进行优化，以补足N地铁公司班组建设中的短板。

为什么一个优秀的管理模式应用在地铁行业基层班组中就水土不服？真正解决这个问题关键还是需要构建一套科学全面、可供实操、动态优化的班组绩效考核体系，从而营造地铁运营基层"自组织、自学习、自创新"自主能动的工作氛围。本书以N地铁公司门梯维护班组作为切入点，深入探讨如何合理构建兼具阿米巴模式特征与基层班组特点的绩效考核指标体系，如何确立绩效考核指标可供操作的评价标准，如何据此制定动态优化的绩效考核体系优化方案与保障措施，为企业后期成功转型平台型组织做出制度准备。通过优化改善基层班组的绩效考核体系,从细微之处窥见公司整体管理效能提升之真章,本书所开展的研究可为人员快速扩张、员工分散化、输出公益服务的同类企业基层组织开展绩效考核工作提供借鉴。

1.1.2 研究意义

(1) 有利于促进人才队伍素质与城轨交通发展目标相匹配

在城轨交通行业高速发展,智慧城轨理念深入人心的发展态势下,人才队伍从原来的重人员规模、重人才结构已逐渐发展为重人才质量、重岗位融合,这就必须在地铁运营基层管理方面多下功夫,利用一套适应企业特点的班组管理制度来促进人才的培养、团队的融合,激发、激活基层组织的自主能动性,一方面确保人力资源在提升地铁运营企业服务质量中的作用,将技术变革对运营服务的正向影响最大化利用,另一方面可以疏导传统岗位人才过剩问题,避免对组织人员稳定性产生不利影响。

(2) 有利于为国企改革导入阿米巴模式理论提供理论支撑

阿米巴模式中的实际方法为"术"而经营哲学为"道",具有丰富的理论精华。国内诸多大型国有企业在改革过程中尝试推行阿米巴模式,简单将其表面方法进行照搬,无法真正领会模式的运行意图,最终只是形似神不似。本书结合日本京瓷公司首创的阿米巴模式特点,尝试构建出具有中国特色的地铁运营服务基层组织的"细胞体"绩效考核指标体系,促进阿米巴模式成为企业管理领域的系统理论,从而更好地开展导入与推广,契合公司深化改革需要,进而提出平台型组织创新性思路。

(3) 有利于为地铁设备维护班组制定工作标准提供方法路径

在既有的8个城轨交通职业工种的技能标准基础之上,书中将地铁企业的生产目标通过三轮德尔菲法率先分解到门体维护班组这一隶属于车站机电设备检修生产单元,之后基于得出的指标,较为少见地运用关键事件法梳理关键事件从而制定详细的评价标准。一方面解决了地铁基层生产过程中部分工作绩效难以量化的问题,促使相关方法在地铁人力资源管理研究领域更为概念化和工具化,另一方面,有利于为后期制定第二批9个职业工种的团体标准提供方法路径。

(4) 有利于持续提升N地铁公司门梯维护班组的绩效水平

通过构建出的绩效考核指标体系与其考核指标评价标准,可为门梯维护班组在绩效考核实际操作中提供依据,方便班组员工在绩效考核体系下对照标准寻找差距,从而激发班组整体的自主能动性。再运用模糊综合评价模型进行对标评价,制定相关的优化方案以及保障措施。优化后绩效考核体系可以服务于员工长远发展、服务于企业长期战略,并对于最终输出乘客良好的服务体验具有重要意义。

(5) 有利于理解国有企业基层绩效考核存在的共性问题

本书的研究成果来源于实践、丰富于理论。通过系统梳理N地铁公司门梯维护班组的管理现状,深层次分析当下绩效考核体系存在的主要问题。可以映射国有企业基层的其他类型班组所存在问题,帮助企业管理者清晰洞见基层面貌,从而厘清绩效考核工作思路,提升基层人力资源管理水平。对于保障企业高速发展中持续输出高水平服务,具有一定的参考价值。

1.2 国内外研究现状

1.2.1 地铁运营企业的绩效考核

地铁运营企业是负责城市既有地铁线路的运营管理、乘客服务及设施设备的维修保养，同时担负起网络化运营筹备任务的交通营运服务公司。针对该企业内部基层组织开展绩效考核，首先应当考虑地铁运营企业的公司整体目标战略。由于地铁运营企业是公益事业为主的国有企业，其所带来的社会效益不能简单利用财务数据进行衡量[5]。大量学者尝试为地铁运营企业导入平衡计分卡、EVA模型理论等国外成熟的绩效管理理论，从工作全方位出发，综合构建地铁运营企业绩效考核指标体系，确保企业战略目标能够全面实现[6-9]。同时，要依据城市的实际情况制定系统化、前瞻性、可实施的指标体系，不可盲目照搬国外标准[10]。

如任红波[7]主要从生产经营、安全运营、服务质量、设施设备、重点工作、基础管理执行力六个维度界定地铁运营企业绩效考核的内容。其中设施设备维度主要包括一类故障缺陷、设备完好率、抢修响应及修复时间等指标。徐浩[8]将组织绩效指标分为网络、客流、列车运行、安全可靠度、运营强度五大类，并进一步细分为36个具体指标。李笑竹等[9]构建地铁绩效量化考核体系模型EGS-M，以事件驱动为轴，全覆盖考核、专业化考核、二元考核、考核评估等为轮辐的"1+7"闭环考核体系。陈胜波等[10]将设备服务指标分为品质提升与效率提升两块内容，并认为门梯设备故障时间指标应当赋予较高权重。此外针对地铁运营企业存在人为因素影响[11]、流程设置不完善[12]、"一把手"主导[13]等绩效考核方面问题，提出要完善考核流程，提升绩效考核的可靠性、客观性。

1.2.2 阿米巴模式下的绩效考核

阿米巴模式来源于日本京瓷公司[14]，其模式下的绩效考核结合了管理会计的理念，将晦涩难懂的表格从财务会计中独立出来变成简单易懂的经营数据，使之作为对于员工进行考核的工具，通过清晰地展示绩效情况以及对员工利益的影响，从而激发工作主动性，改善工作行为。再通过团队评价机制建立基于企业战略的指导性评价体系，确保团队目标与企业目标达成一致[11]；同时，通过缩短绩效考核周期、公开透明内部绩效系统等措施以激发基层组织之间的竞争意识[12]。

国内学者针对阿米巴模式在我国企业绩效考核方面的应用做出了不同角度的研究。在绩效考核体系设计方面，刘方龙等[13]建立基于企业内部虚拟产权的绩效分析框架，解决国有企业在导入阿米巴模式所遇到的问题。李浩澜等[14]提出可将利他因素纳入"中国情境"下的考核指标。孙文翠等[15]指出财务指标与发展指标应占不同的权重，而管理指标为扣分项。黄伟春等[16]通过胜任力关键事件积分、目标达成率及组织变形程度三个维度构建了阿米巴长胜任力模型。黄贤环等[17]将阿米巴式企业绩效考核分为阿米巴值、品质管理、安环与工厂管理三个维度。冯蕾[18]指出根据基层阿米巴组织的性质不同,应当设置不同的绩效考核指标。陈仪微等[19]基于生鲜超市的绩效考核构建学习成长、财务情况、内部流程、顾客服务四块内容的阿米巴模式绩效考核体系模型。在具体实施方面,阿米巴模式下的绩效考核需要配套争议处理规则、价值观教育、信息互动机制等协调手段[20],市场采购成本共担的绩效分配机制[21],与员工共享收益的宽带薪酬制度等机制[22]。

我们可以把现今人力资源管理领域流行的平台型组织学说,看作阿米巴模式的一种外延,前者的看法较为宏观,侧重于基层组织如何与企业中高层处理协作关系,而后者更多的指导企业基层组织如何实现良性的内部管理。关于平台型组织的研究迄今为止仍相对薄弱。已有的研究不仅数量有限,而且大量集中于针对转型成功的传统制造业企业海尔公司,试图从不同角度对其相关的企业内部机制展开研究。如简兆权等[23]通过研究海尔"平台+小微企业"型组织结构,指出制造业中实力雄厚的企业创建平台,能够满足互联网环境下市场中顾客的个性化需求,创新产品和服务,从本质上提高制造企业的市场竞争力,政府应大力支持。王凤彬等[24]将海尔的案例看作一种"超模块化"复杂自适应系统,能够以客制化方式为平台上的小微企业提供所需的创业支持。马晓苗等[25]基于物理学中的量子思维,在深度分析海尔组织变革的成果实践后,从接纳"不确定性"、打造生命共同体、确立员工主导地位、"价值实现"的角色整合、持续创新的平台化建设五个方面提出企业平台化建设转型的参考路径。邵天舒[26]认为海尔组织结构变化历程历经了四个变革阶段。2013年之后开始自倒三角组织结构转变为平台型组织结构。其中倒三角组织结构是杜绝"大企业病"的根本措施,也为后期的平台化奠定了良好的基础。

其他学者也针对不同企业或政府的平台化实践展开研究,如张庆红等[27]基于"住宅公园"案例,探索得出了新创企业平台型组织构建与有效运行的机制体系,从全产业链的角度发展并推动了平台型组织的理论研究。储娜等[28]认为平台应该针对司机的分散性为其提供标准化、便捷性的自主学习素材和途径。翟文康等[29]通过对北京大兴区"接诉即办"调度指挥中心开展研究后认为,在技术重塑政府过程中,政府组织的平台化将是改革方向之一。这种新型的平台型组织,具有关联治理主体、吸纳相关制度、聚合行动资源的能力,进而驱动公共价值的创造。许晖等[30]以浪潮和东软为例,探讨了平台型组织如何通过模块化设计和开放性协调来实现价值创造,在其过程中存在客户需求驱动和资源需求驱动两种模式。

1.2.3 绩效考核体系的相关研究

绩效考核体系是衡量组织达到预期经营并满足服务对象以及其他利益相关者诉求程度的一套复杂的系统[31],其综合性程度与组织整体效能的表现呈正相关[32]。但许多组织不注重绩效考核体系的应用价值,仅针对组织管理者设计绩效考核[33],未将绩效考核目的转移到全体员工的发展上来[34]。本书所研究的对象是地铁运营企业中的基层班组,经过文献梳理,发现目前有关基层班组绩效考核体系方面的探讨可分为:

绩效考核指标体系的构建、绩效考核指标的评价标准、绩效考核体系的优化措施三个主要方面。

(1) 绩效考核指标体系的构建

绩效考核指标体系通常用来界定组织所需要完成的工作任务。绩效考核指标是指通过对绩效目标的分解和细化后不同绩效项目下的具体内容，是组织内可供评价的共同特征因素。但是这些特征因素大多为定性指标，具有较大的不确定性难以量化说明[35]。由于组织最有效的管理就是围绕影响战略目标的关键业绩指标进行的管理[36]，在基层班组绩效考核指标甄选中综合运用关键绩效指标理论、平衡计分卡理论与德尔菲法能够确保绩效考核指标体系的全面性[37-38]。

部分学者针对不同企业基层班组的绩效考核指标维度划分做出了有益尝试，如李焕辉等[39]将指标划分为设备运行效率、设备可靠性、成本控制、安全控制、文明生产、学习成长、遵循内部流程七类。李铁宁[40]将指标划分为任务绩效、关系绩效、学习绩效、创新绩效四类。陈金红等[41]提出基础管理、过程管理、自我管理、绩效管理、精益管理、卓越管理六大管理类指标体系。杨林等[42]将指标划分为技术、经济、效率、外部评价四类，Gao[43]提出应当考虑组织的价值创造绩效。陈洋[44]基于班组精益管理目标分解为安全检查、质量检查、成本控制、生产计划工作、生产效率控制、团队建设六项基层班组考核指标。另外，张卓等[45]将班组工作分为常规生产工作、专项工作和班务工作后进行工作内容的系统梳理。其中安全绩效应当是基层班组工作的首位[46]，赵红泽等[47]将其分为制度考核、隐患排查考核、隐患整改考核、隐患复查及闭环考核、事故考核五个基础指标。与此同时，相关学者运用层次分析法、熵权法对设计出的各层级绩效考核指标权重进行计算[48-49]，运用云模型理论[50]等尝试构建体系模型。

(2) 绩效考核指标的评价标准

绩效考核指标的评价标准是在设定了绩效考核指标之后，对于组织工作要求的进一步明确补充，用来回答应当怎么样来做或做到什么程度的问题。目前针对评价标准的制定主要采用360度考核法、关键事件法(CIT)、行为锚定评价法(BARS)、模糊综合评价法等[51-53]，其中360度考核法在实际操作中比较容易流于形式[12]。BARS能够利用CIT法分析得到的关键事件对应绩效量化刻度，来补足绩效考核指标体系的不足，从而提高绩效考核对组织考察的可操作性[54]。在绩效考核指标的评价标准制定中，也应当使不同指标、不同部门、不同岗位的区分度保持一致[55]。

相关研究主要集中在电气企业基层班组，部分学者从工作强度、技术要求、安全风险、心理压力、责任大小等来考虑电力班组绩效考核指标的评价标准[11,56]。之后孟祥林[57]按照电力班组员工在工作任务中扮演的重要程度，将评价标准赋予角色系数，与员工工作数量相乘得出工作绩效。廖军等[58]又将其角色系数细化为工作负责人、主要操作人、次要操作人、辅助操作人。近期有学者指出，在评价标准制定过程中也应当考虑节假日、工作距离[59]，时差、环境恶劣等隐性因素[60]。

其他学者多运用CIT与BARS法的结合，针对不同对象开发评价标准，宋静等[52]基于BARS法针对高校教务团队开发了有限360度绩效考核方法。魏韵[61]直接利用等级评定法,通过将稿件和版面按质量分为七个等级,评估报社的绩效水平。朋震[53]运用CIT法完成基于价值性标准、极限标准、描述性标准三要素四级量表的绩效考核指标判定。王曼莉[62]运用BARS法将关键行为合并为多个绩效维度,进而明确各档位的行为标准。

（3）绩效考核体系的优化方案

绩效考核体系的优化主要涉及绩效考核前阶段、绩效考核阶段、绩效考核后阶段[63],绩效考核指标的构建与指标的评价标准的探讨属于前两阶段的内容。而真正想要解决绩效考核体系中存在的问题,就需要在后阶段设计出一套具体的实操方案进行落地。优化方案应当将团队考核结果、员工考核结果与员工绩效等级评定相联系[64]。为此部分学者针对基层班组绩效考核提出了"二元绩效积分制"考核模型[56]、班组长安全连带考核模型[65]、班组对冲溯源机制[46]、精益计分制/量化积分制绩效管理模式[11,59]等绩效考核体系运用于绩效考核工作中。

大量学者从绩效考核中的实际问题出发,提出了对应的解决措施。如马艳丽等[66]提出应当发挥人力资源部的管理作用,通过与细化后的绩效考核结果进行比较,从而引导员工的下期绩效。孟祥林[57]认为合理的绩效考核体系应具备鼓励承担困难任务、不偏重于惩罚、加强班组成员合作倾向等多项原则。梅国江等[67]基于二次分配的角度激活非关键岗位员工工作积极性。肖辉等[68]运用强化理论和团队动力学理论,以内部改善与职能部门帮扶的两种形式改善班组团队绩效水平。柳心怡等[69]针对公司全员组织绩效的实施,提出应加强绩效面谈、组织考核指导、过程考核等。陈洋[44]认为应当定期收集和整理数据、安排好分层例会等来进行优化实施。基于企业信息化水平的提高,高超[70]应用BP神经网络学习算法精简和验证了绩效考核体系的实用性。杨洋[71]运用TPMS团队绩效管理系统,通过信息化管理平台落实班组经济核算。张敏等[72]提出人工、半自动化、自动化、智能化的渐进式绩效考核智能化转型的实施路径。

除此之外,在验证绩效考核体系有效性之后,具体的优化方案首先应当明确总体思路[73],按照宣传动员、全员培训、推行反馈、全面实施的步骤进行开展[41]。也应当从班组组织结构、内部制度、文化建设[67]等方面设计对应的保障措施。

1.2.4 研究评述

综上所述,针对地铁运营企业基层组织的绩效考核有别于纯营利组织,需要首先结合该企业的社会属性,再将企业战略目标分解到不同职责的基层组织,国内对这方面的研究主要集中在对于企业整体绩效考核指标体系的探讨,鲜少以基层班组作为研究对象;而阿米巴模式下的绩效考核强调"利他"原则、重视长远发展,能够很好地契合这一要求。同时,该模式强调基层组织应当通过指导性评价体系自主、自发的开展考核工作,而国内外学者更多地集中在对于该模式保障机制的研究,关注具体绩效考核问题的文献较少。最后,无论是国外抑或国内,将其两者结合进行绩效考核问题研究的文献相对不足，这使得本书的研究问题具有一定的创新性。另外，对于地铁企业来说，现今大谈推行平台型组织为时尚早，因为学界目前尚未形成统一的认识，可借鉴的成功案例也尚显不足。不妨先以阿米巴模式的基层内部改进着手，为之后推行组织平台化做好组织性准备。

通过文献阅读还发现，阿米巴模式实施的核心其实就是量化的部门核算制度，从这点考虑，可大致等同于企业基层组织绩效考核体系的构建与实施。相关文献运用层次分析法、熵权法、模糊综合评价法等定量研究方法针对不同性质企业基层组织构建绩效考核体系，鲜有运用定性研究方法解决通过何种方式得到绩效考核指标的前置问题，指标体系多半是借鉴他人的研究成果。同时，运用关键事件法进行指标的行为锚定虽会带来较大工作量，但据此设计出的评价标准无疑是清晰明确、可供绩效改善的，能够符合阿米巴模式下绩效考核的最终目的。但可以发现无论是采用何种优化方案，都基于个人的角度，最大限度地引导员工跟随企业的发展目标，容易忽视企业管理者与员工个人的中间组织层级。如何利用较为客观的绩效考核体系去改善基层班组组织绩效，从而解决我国地铁企业现行绩效考核中存在的实际问题，也是本书考虑的重点内容。

1.3 研究内容

本研究以阿米巴模式的导入作为绩效考核体系优化的背景，选取 N 地铁公司门梯维护班组作为研究对象，运用定性与定量相结合的研究方法，尝试构建了具有我国地铁运营特色的基层班组"细胞体"绩效考核体系，并为其深度实施策划了相应的实操案例、优化方案与保障措施，研究主要内容如下：

（1）挖掘 N 地铁公司门梯维护班组现行绩效考核存在问题及原因。基于门梯维护班组运行现状与"细胞体班组"基层管理现状，通过相关文献综述与内部资料的内容分析，从考核理念、考核主体、考核体系、考核对象、考核结果应用五个层面，分析了问题产生的深层次原因，进而为后文绩效考核体系构建与实施提供求证方向。

（2）求证阿米巴模式下的地铁基层班组"细胞体"绩效考核体系。基于"细胞体班组"既有评定指标与门梯维护班组实际发展需要，通过德尔菲法、层次分析法、关键事件法的综合运用，从"细胞核""细胞质""细胞膜"三个方面综合制定了绩效考核指标子体系与关键指标的定性评价标准，进而为后文解决 N 地铁公司基层组织绩效考核问题提供有力工具。

（3）提出 N 地铁公司基层组织绩效考核问题的解决方案。基于某地铁线路基层运营服务的生产数据，通过构建门梯维护班组绩效的模糊综合评价模型对其进行评价，根据该模型运用情况制定了 N 地铁公司门梯维护班组绩效考核体系的优化方案和保障措施，为应用于实际操作提供了有益参考，为以绩效管理牵引构建平台型组织的操作思路提出有益构想。

1.4 研究方法及技术路线

1.4.1 研究方法

（1）文献研究法。根据本书的研究背景和预期结论，对书中涉及的地铁运营企业、阿米巴模式及基层组织绩效考核体系相关文献进行了回顾与研阅，运用 Endnote 软件对所读文献进行分类整理笔记，为后文的写作夯实基础。

（2）德尔菲法。根据初步梳理出的门梯维护班组绩效考核指标，以调查问卷的形式针对所选工作专家开展德尔菲专家函询，对初选结果进行迭代分析，添加、删除、修改了部分指标，三轮函询过后最终得到较为全面的班组绩效考核指标收敛结果，并依此设计出绩效考核指标体系。

（3）层次分析法。根据德尔菲法得出的收敛结果，再次邀请部分工作专家参与层次分析法分析，通过多次给出指标之间重要性的比较结果，运用 Expert Choice 11.5 软件计算各层级绩效考核指标权重，并确保结果通过一致性检验。

（4）关键事件法。根据德尔菲法得出的收敛结果，邀请门梯维护班组大量一线工作人员开展关键事件访谈，根据访谈结果整理出门梯维护班组工作的关键事件，并运用行为锚定法对涉及绩效考核指标的关键事件进行锚定评级，最终得出绩效考核指标的评价标准。

（5）模糊综合评价法。根据前文设计出的绩效考核体系，邀请部分工作专家对于某地铁线路门梯维护班组进行评价，运用隶属度理论将定性评价转化成定量评价，依据评价结果落实到班组绩效考核工作的具体实施。

1.4.2 研究的技术路线

本书首先厘清研究背景、研究问题及研究视角等内容；其次通过文献梳理，对绩效考核、地铁基层班组相关概念进行界定，以阿米巴模式、自组织理论、组织能力理论为理论基础。通过对N地铁公司的现状与其"细胞体班组"建设情况进行分析，紧接着深入剖析门梯维护班组的运行现状与绩效考核体系现状，得出当下体系存在问题及深层次原因；之后从绩效考核指标确立、绩效考核体系构建、绩效考核指标的评价标准度量三个主要方面深入开展门梯维护班组绩效考核体系研究；再之后运用模糊综合评价法对选取案例进行结果测评，基于测评结果提出相应绩效考核体系优化方案及保障措施；最后针对全书研究进行总结与展望，研究技术路线见图1-4。

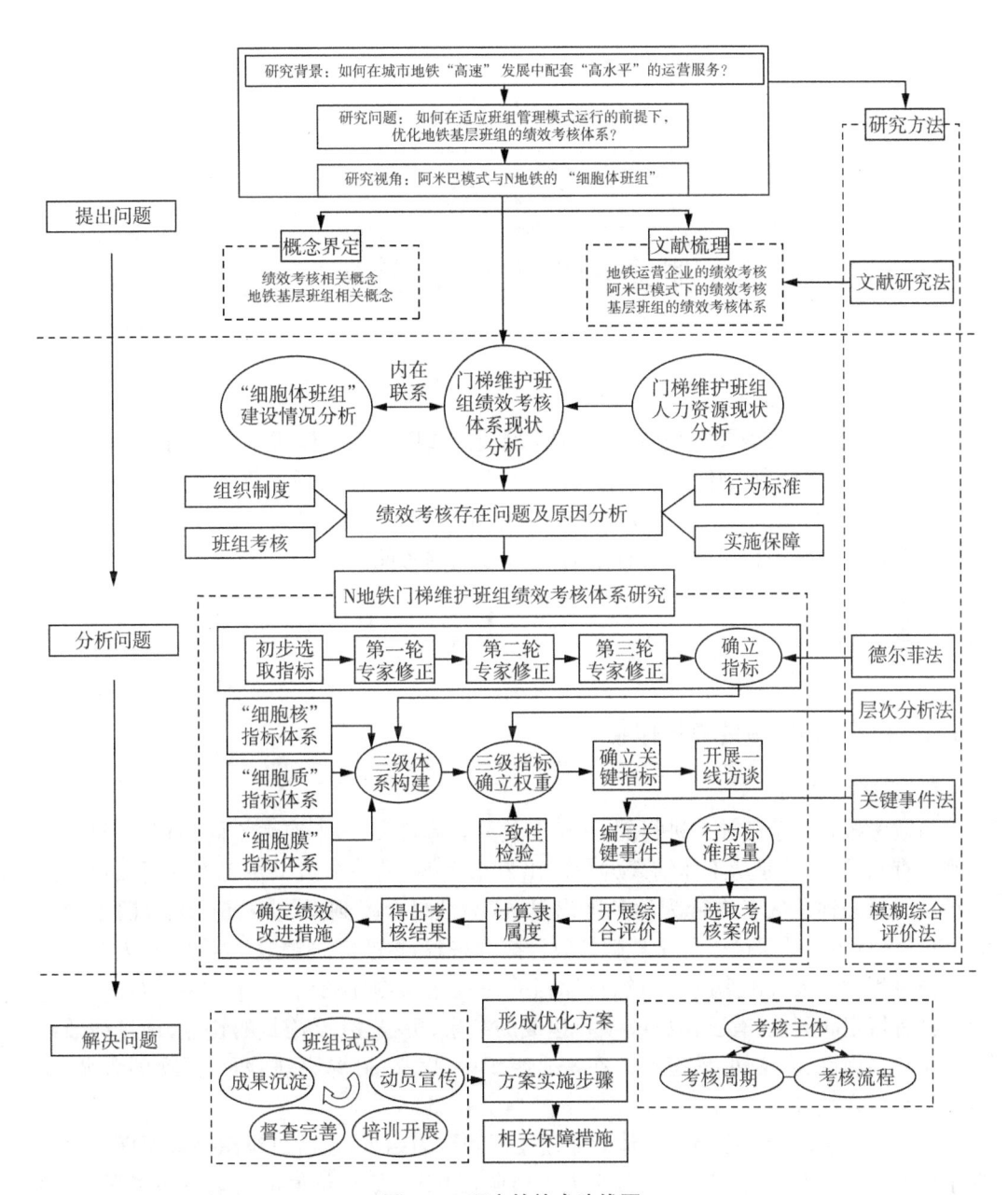

图 1-4 研究的技术路线图

第 2 章
概念界定与理论基础

本章首先通过明确界定绩效考核、地铁基层班组、阿米巴模式等本次研究涉及相关名词的概念,其次综合阐述平台型组织、自组织理论、组织能力理论等全书理论基础。另外,提供了京瓷的"阿米巴"经营模式,海尔的"SBU"制,华为的"铁三角"组织,N 地铁的"细胞体"班组创建历程的基层管理案例,以供读者参考阅读。

2.1 概念界定

2.1.1 研究问题:绩效考核体系

(1) 绩效的界定

绩效考核是基于绩效来进行的,对于绩效的具体含义,人们有着不同的理解,最主要的观点有两种:一种是从工作结果的角度出发来理解,是一个组织在工作中所取得成绩的记录。另一种是从工作行为的角度出发,认为结果会受到系统中其他无关因素的影响,应当将行为与结果区分开来理解绩效。综合来看,本研究将绩效界定为"个人或组织在工作过程中所表现出来的与组织目标相关,并且能够被评价的工作结果与行为"。它应当具有特定时间性、有已达成或预计达成的结果、可描述、可衡量的特点,衡量绩效需要重视其多因性、多维性、动态性。在一个组织中,广义的绩效包括两个层次的含义:组织绩效和个人绩效。

本书侧重于讨论基层组织整体的业绩表现和行为结果,也就是组织绩效层面。原因在于组织内部关系绩效可以放大每个人的贡献,组织为战略价值的实现搭建了平台,关键人才在平台的支持下,人才能力得到了极大的放大,平台与人才的互动就是一种关系绩效,看似人才取得了不凡的业绩,其实很大一部分是平台的功劳,虽然平台理应分享其中的价值,然而对人才个人绩效的计量和奖励则淡化了理应共享获取的价值。举个最简单的例子,石墨和金刚石的化学元素都是碳,但由于结构关系的差异,两者的硬度有着天壤之别。所以个人绩效是微小的,关系绩效才可以取得大成就。要想超越平凡,唯一的途径就是组织协同。

（2）绩效考核与绩效管理

谈到绩效考核，首先需要阐明的就是绩效考核与绩效管理这两个易混淆概念的区别。人们常说的绩效管理是指制定组织的绩效目标并收集与绩效有关的信息，定期对组织的绩效目标完成情况作出评价和反馈，以确保组织的工作活动和工作产出与公司战略保持一致，进而保证战略目标完成的管理手段和过程。它是由绩效计划、绩效辅导、绩效考核和绩效反馈四部分形成的一个系统，见图 2-1、图 2-2，是整个人力资源管理系统的核心，不能简单认为绩效考核便是绩效管理的全部。

图 2-1　绩效管理循环　　　图 2-2　绩效改善循环

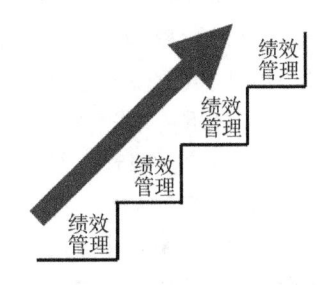

本书重点讨论的绩效考核是一套正式的、结构化的制度，它用来衡量、评价、反馈并影响组织的工作特性、行为和结果。有效的绩效考核是对绩效管理的有力支撑，成功的绩效管理也会推动绩效考核的顺利开展。前者侧重于信息的沟通和绩效的提高，后者则侧重于绩效的识别、判断和评估。绩效考核的一般流程是由考核主体对照工作目标和绩效标准，采用科学的考核方式，评定组织工作任务完成情况、组织的工作职责履行情况和发展情况，并将评定结果反馈给组织的过程。因此需要首先明确以下四点内容：

第一，谁来考核？考核主体一般是由企业考核部门及考核人员组成。第二，怎样考核？考核方法需要运用特定的标准和指标，为基层组织描绘公司整体的价值方向，并根据不同组织的工作职责设计相应的指标体系和评价标准，牵引其完成公司整体的目标实现。此外还需要考虑清楚考核周期、考核实施流程等细节问题。第三，去考核谁？本书考核对象主要以地铁运营企业基层组织的行为和工作业绩展开讨论，实际操作中就是被管理的对象。第四，考核完了该怎么办？基于组织绩效设计牵引绩效目标达成，通过与组织发展阶段的有效匹配，越过底线的要有惩处措施；超额完成的要有刺激的奖励方案，做到赏罚分明。

明确了以上内容之后，绩效考核的具体步骤是由确定组织目标、建立考核指标体系、整理工作数据、综合分析判断，最后输出被评价组织的评价等级以找出绩效的好坏程度这五个步骤组成，缺一不可。书中提出的绩效考核体系，主要是由设计出绩效考核指标与其量化后的评价标准共同构成，用来衡量组织绩效水平的结构化系统。

（3）绩效考核指标

绩效考核指标是指组织绩效分解成多个维度后某一维度的具体组成部分，可以理解为对组织绩效的分解和细化。一个合格的绩效考核指标首先应当是符合企业发展战略总方向的，必须在组织的宏观方向指导下开展工作。其次是符合绩效考核目标的，要能够针对不同的绩效目标制定相应的绩效计划和考核方案。最后也应当符合基层组织整体利益,不能单纯着眼于个人表现忽视了关系绩效的价值。在具体设计中,应当注意确保考核指标涵盖组织的全部工作内容,既不能有缺失也不能有溢出;确保考核指标能够具体地指出到底是要考核什么内容,明确其含义,便于考核主体进行实际理解操作;考核指标体系构建时也应当注意差异性与变动性,其中差异性一方面是指单个指标在总体考核体系中所占比重应当有差异,一般通过各指标的权重来表示,另一方面是指针对不同性质的组织,考核指标权重分配也应当有差异,不可一概而论。

根据评估的手段不同,绩效指标分为定量指标和定性指标。定量指标可以从数量、质量、成本、时间维度进行衡量,如产量、利润率、投诉率、满意度、成本节约率、服务时间等。定量指标的优点是以数学模型和统计数据为基础,不受主观意愿影响,可靠性高;而缺点是对数据的搜集和分析要求较高,某些考核过程过于古板,不灵活。定性指标是根据被考核者的经验总结、直观判断,以及所掌握的信息进行整合分析后,得出考核结果的一种指标。如岗位职责履行的如何,团队配合大局观如何,对指示、制度的执行情况如何,德、绩、勤、能的状况如何等。其优点是充分发挥人的智慧和经验,不受统计数据的限制;而缺点是当评估者所需的资料不充分、不可靠或指标难以量化时,定性指标作出的判断有限。需要注意的是,仅仅通过定性指标对统计结果进行统计分析是不太可能的。

在实际操作中,组织绩效往往只需要回答一个关键问题:那就是各部门到底产出了哪些可分配的价值。因此,组织绩效指标要求客观且可量化,组织绩效在于"核",个人绩效在于"考"。在组织绩效确定以后,个人绩效就是要回答个人如何有效支撑组织绩效目标。达成个人绩效更多的是业务层面的承诺。个人绩效都必须以"考"为主,以"评"为辅,"考"的部分占70%以上,权重才合理,否则"评"的权重太大,又会出现长官导向。

(4)考核指标的设计与量化

无论是定性还是定量的绩效考核指标,都不能过于注重对"人"的考核,而忽略了"工作"本身。设计科学合理的绩效考核首先需要基于工作,建立在职位分析基础上。为此需要做好以下几点,第一制定工作目标,即想要达到的结果;第二准确职位描述,对某个职位的具体职责展开的阐述,重点体现职位的关键职责;第三明确工作标准,任何一份工作都有好、中、差三大标准,要用书面语言写下来,以界定这个标准;第四才是设定考核指标。根据岗位性质,以工作结果为主的定量指标和以过程为主的定性指标相结合,多个方面设定评价标准。

其次是需要选择最合适某一组织的关键指标,而不是一股脑地把全部指标都用上,这样既会影响操作性,使被考核对象摸不着头脑,自然也就会流于形式。被提炼出的关键绩效指标应当是最能体现企业战略的、根据总考核目标选择的、根据岗位特点选取的、根据重要工作进行考核的,还要主动识别公司战略目标中的关键因素。在这其中最常用的就是关键绩效指标法(KPI),它是一种衡量企业战略实施效果的系统性关键指标,它是战略目标通过层层分解产生的可操作性的指标体系。其目的是建立一种机制,将企业战略转化为内部过程和活动,不断增强企业的核心竞争力,使企业能够得到持续的发展。这种方法的缺点是KPI的可衡量会使考核者不懂得应变,成为一种机械的考核;KPI指标针对某些无法量化的岗位可能无法适用。

员工在考核期内的绩效指标往往有多个,所以设计出的指标体系应当包括各绩效指标间的权重和优先级。绩效指标权重反映企业重视的绩效领域,不能太高,也不能太低。越是基层岗位,岗位职责的相关工作结果类指标权重越大。次序上,先定量后定性,优先设计定量指标权重且总权重要大于定性指标权重。设计指标权重的一般步骤一般应当是:首先组织熟悉某一岗位的工作专家以及绩效考核专业人员成立专家组,对指标进行定义和计算方式的解读,使专家组对指标的理解没有歧义。然后对指标重要性进行两两比较、排序,得出票数最高的指标排序组合方式。在排序确定后,专家组对各指标所占权重进行设定,然后由绩效经理汇总平均,将结果反馈给专家。专家根据反馈结果,进行再调整。

绩效考核指标评价标准的量化。指标的评价标准是建立在绩效考核指标的基础之上,对于组织所要达到的工作要求进一步明确,或者说组织完成绩效目标应当怎样来做或者做到什么程度。应当遵循 SMART 原则,确保量化后的指标是具体的、可测量的、可实现的、以结果为导向的与时限性的。对于量化指标的标准,应该做到能量化的尽量量化(普适性),不能量化的先转化(笼统工作),不能转化的尽量细化(比较繁杂琐碎、无法确定其核心的工作),不能细化的尽量流程化(本身就比较单一、细化的工作,无法衡量其价值)。与考核指标相同的是,随着外部环境的变化,考核标准有可能也要发生变化,针对不同的组织,即使在同样的绩效周期,由于工作环境不同,考核标准也有可能不同。

(5) 组织绩效考核的一般方法

组织绩效考核的一般方法,目前主流的有关键绩效指标法(KPI)、目标管理法(MBO)与平衡记分卡考核(BSC)三种,关键绩效指标法已提到,此处将说明后两种方法的含义与优缺点。

目标管理法(MBO)源于美国管理学家彼得·德鲁克在 1954 年出版的《管理的实践》,他在书中首先提出了"目标管理和自我控制的主张",认为"企业的目的和任务必须以具体的目标来量化。必须以企业的战略目标及与战略目标相关的分目标,来指导员工的生产和管理活动,否则企业规模越大,人员越多,内耗和浪费发生的可能性越大"。概括来说目标管理也即是一个企业内所有的日常生产经营活动必须以战略目标为向导,并通过具体的或经过分解的分目标来指导员工,并在工作时实行"自我控制",努力完成工作的一种管理制度。该方法于 20 世纪 80 年代末传入我国,其优点是各类绩效目标在这种工具下易于分解衡量,因此目标的公开性很好,有助于激发员工的积极性,相对客观公平。缺点就是目标的指导意义不强,设定的合理性存在异议,且目标的管理往往都是根据企业短期目标设立,容易忽视企业长期发展。

平衡记分卡(BSC)是由罗伯特·普兰和大卫·诺顿对 12 家公司进行了一项研究,以寻求新的绩效评价方法,在讨论了多种可能的替代方法后,决定采用计分卡的形式来建立一套囊括整个组织各方面活动的绩效评价系统。平衡计分卡诞生后,逐渐被各类组织接受,目前财富 1000 强企业中 70% 的公司中正在广泛采用。《哈佛商业评论》更是将其列为 20 世纪最有影响力的管理工具。平衡计分卡从四个层面来衡量企业的绩效:财务层面、客户层面、内部流程层面和学习与成长层面,如图 2-3 所示,平衡计分卡的四个衡量维度分别代表企业的三方利益相关者,即股东、客户、员工,每一个都有其核心的内容,如图 2-4 所示。

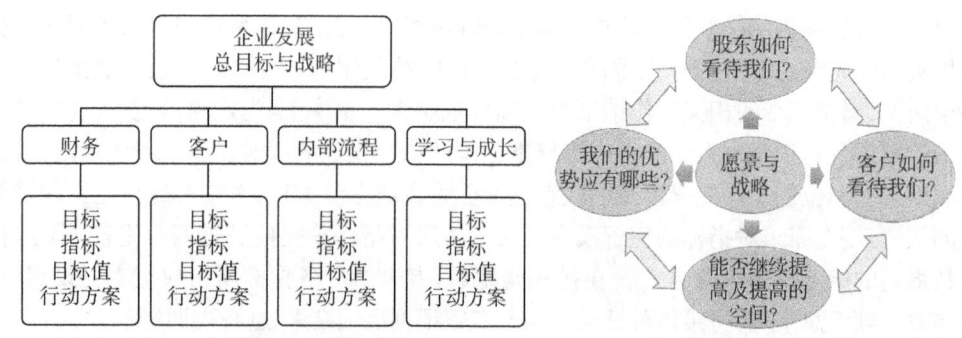

图 2-3 平衡记分卡的指标维度　　图 2-4 指标维度代表的核心内容

平衡计分卡的核心在于在考核对象之间寻求一种平衡,实现平衡依赖于详细的考核指标,取决于衡量维度本身与指标的选择是否与战略一致。将财务指标与非财务指标有机结合在一起打破了以财务指标为核心的传统绩效管理系统框架。最终实现财务和非财务指标的平衡,短期目标和长期目标的平衡以及前置绩效和滞后绩效的平衡。但其具有实施难度大、指标体系建立难度大、指标数量过多、各项指标权重分配比较困难和实施成本大的缺点。

除此之外,绩效考核还包括对个人绩效的考核,主要有行为考核法、特征考核法、比较考核法、360度考核法等,针对个人绩效的考核不在本书的重点讨论范围。总而言之,从纵向维度看,对"事"考核的权重往往比对"人"的考核更大。究其原因,通过测评手段对"人"进行考核,只能降低失败的风险,但无法保证用对人,而对事情进行考核则是唯一的保证。"事"代表事实,是最终结果,具有客观性。因此,现在越来越多的企业开始思考如何做好岗位分析、工作分析。采用什么指标、方法对"事"进行考核,也一直是每家企业非常关心的问题。

(6) 绩效结果的运用

绩效考核结果拿出来,就必然涉及运用的问题。一套好的绩效结果运用,能够完善公司激励机制,提升整体员工素质。具体来说该结果能够运用到以下四个层面,起到提升企业管理效能的作用。第一,有利于绩效奖金的合理发放。可以有效激励员工工作积极性。但需要做好严格按制度办事、坚持总量进行控制、加强与员工进行沟通等。第二,有利于岗位调动、职位晋升。企业构建晋升机制离不开绩效考核管理,合理运用绩效考核结果能使晋升机制更科学、更完善。第三,有利于完善企业培训机制。对企业绩效差距根本原因进行分析,能够弥补培训要素中缺失的发现方法这一关键环节。第四,指导员工职业生涯规划。绩效考核在指导员工职业生涯上发挥着重要作用。通过绩效考核评估,可使员工超越单纯为薪酬而工作的狭窄想法,实现更高层次的自我价值。

2.1.2 研究对象:地铁基层班组

(1) 地铁运营企业的特殊性

地铁是在城市中修建的快速、大运量、用电力牵引的轨道交通。列车在全封闭的线路上运行,位于中心城区的线路基本设在地下隧道内,中心城区以外的线路一般设在高架桥或地面上。作为一种公共基础设施,从经济学上来说其属于准公共产品,具有一定的非排他性和非竞争性。其营造的公共空间是城市人活动最频繁的空间之一，运营企业所需要面对的乘客复杂多样，加之乘客在上下班和旅途时的劳累，很容易对地铁运营服务有不好的体验。可以说，地铁运营质量的好坏是市民生活在城市中的重要体验，也是一个城市在提供公共服务过程中的重要环节。在新冠疫情防控工作中，每当城市防控措施升级，地铁的停运相较其他社会设施备受市民关注，也是对这一事实的佐证。

因此，与其他商业性质的行业不同，地铁运营企业的工作管理有如下特点。第一，管理模式上重规范和制度。安全、高效和稳定是其基本的要求和工作目标，这就需要企业按照程序办事，工作条理化、规范化、制度化。第二，需要以系统性的眼光看待运营管理。地铁运营是一个庞大的系统工程，要依靠包括调度指挥、设备设施、运营管理等子系统来维持地铁的正常运营，遇到突发事件需要协同处理、顾全大局。第三，市场环境相对比较稳定。地铁一般由政府出资或部分出资进行建设，运营期收入主要来自票价，基本上难以覆盖庞大的人员工资与设备维护更新的支出，如若亏损则要依靠地方财政进行补贴，这对企业节本降耗提出了较高的要求。第四，客户需求复杂多变。与其他行业以某一消费群体为主不同，地铁向所有人开放，均等化是它的内在要求，因而客户需求的复杂性也就决定了服务提供方满足各方需求的难度。第五，员工工作场景点多、线长、面广，企业员工的工作场地非常分散，存在变化多、流动性大、危险危害因素具有不确定性等特点。

(2) 基层班组的定义

基层班组是班与组的合称，是企事业单位的最基层组织。分别设置"班"与"组"两级管理层级，有条件的在"班"中再分设若干个"组"；没有条件的独立成"班"。在本书中"班"定位为地铁生产管理基本单元，主要负责处理生产过程中的管理事务。围绕地铁各生产单位的工作目标，抓好班组建设，安全、文明、优质、高效地全面完成各项工作任务。"组"定位为生产执行基本单元。在各生产单位及班长的领导下，主要负责按质按量完成各项生产任务。地铁基层班组主要包含调度班组、车站班组、设备维护班组等承担不同职责的组织单元。

(3) 班组的设置与命名

班组设置以线路、大专业、大班组为基本原则，主要包括四个方面的要素：一是所在线路；二是所属专业；三是班组人数；四是班组驻点。提取线路、专业、驻点之间关系以及结合人数情况设置班组。班组命名以组编方式为基础，以班、组名称区分度为衡量标准，综合考虑班组命名。一般情况班命名原则为"线路＋专业（地点）＋班编号"，组命名原则为"线路＋专业（地点）＋组编号"。如线路、编号不分，则省去。以明确区分为原则，将专业、地点进行适当运用。

(4) 门梯维护班组的职责分工

门梯维护班组在本书中特指在地铁运营服务过程中，保障站台门与电扶梯等专业设备正常投入使用的基本生产管理与执行单元的合称。在其内部一般有班长、组长、维护工三个管理层级，另外也有员工额外承担生产以外的职能工作。具体负责的设备包括：基地、停车场及车站出入口、通道、站台站厅安装的电梯、自动扶梯、轮椅升降台、杂物梯、电梯紧急停梯按钮、自动扶梯紧急停梯按钮、电梯轿厢电话、轮椅升降台视频通话装置、站台门PSA、IBP盘上的站台门紧急开关门装置、车站站台门设备房内的电源柜、驱动柜、UPS柜、蓄电池柜,站台上的站台门门体、司机观察灯带及PSL装置等。主要工作就是负责以上设备的巡检、保养、临时抢修等生产工作。

(5)门梯维护班组的维保模式

根据维保主体的不同,可以将按照门梯维护班组的维保模式分为自主维保、混合维保以及委外维保三类。其中自主维保是指工班管辖设备由工班员工自行实施定期点检、保养、大中修、改造、加装、故障维修、部件维修保养、工器具计量仪器的维修保养、研究试验、检修工艺完善、产品开发等操作的工作模式。该维保模式在一定程度上避免了维保责任界定等问题,但容易造成运营商机构臃肿,以及人力资源、设备、备品备件与材料等的大量投入,经济性较差。混合维保是指由工班管辖设备由工班员工和委外单位人员共同实施以上工作,但其不利于维保责任的明确界定。委外维保是指工班管辖设备由委外单位人员实施自主维保中工班应当承担的工作,工班员工仅负责对委外人员执行设备维保操作的监督、检查、指导、考评、记录等职责。这一维保模式有利于发挥供货商熟悉设备的技术特点和维保规律的优势,能够使设备长期保持高水平运行状态。而地铁企业减少了维保设备和人力资源的投入,但要支付供货商相应的维保费用[74]。

2.2 理论基础

2.2.1 研究视角:阿米巴模式

(1)对科层制命题的挑战

在工业经济时代,科层制几乎是组织的代名词,是企业获得效率的最佳载体。关于科层制(又称官僚制)的讨论由来已久,它是由德国著名的社会学家马克斯·韦伯所创立,其实韦伯的官僚制组织不是日常意义上的文牍主义、墨守成规、效率低下的组织现象,而是指一种理想类型的组织结构的形态及其行为模式。关于科层制韦伯提出的理想类型观点归纳起来其结构特征一般有以下几点:

第一,根据组织目标进行劳动分工并实现专业化。科层制中的劳动分工把任务分成大多数人都能胜任的工作并根据标准由受过训练的人员执行这种任务。这不仅提高了人的可靠性和胜任能力,而且可以使普通人发挥个人专长去达到不平常的目标,这便是工业发展的秘密。但现如今这种横向的部门界限,一定会存在有"交叉职责"的区域,随着工作内容的日趋复杂,需要内部协同时"找到理由"说明"事不关己"已变成了组织中的常态。

第二,实行等级制原则建立合法权威。科层制中的权力按职务的阶梯方式根据规章而固定地确立,从而形成固定的等级制度,每一级都在更高一级的管理、控制和监督之下,组织结构的形状像金字塔。这可以理解成一种秩序,依赖人的等级而存在。

第三,科层制通过稳定的规章程序运作。组织中的任何成员都要严格遵循一套抽象的规章制度,组织成员职务的运作受规则的约束。设计制定这样的规范体系,是为了保证不管多少人从事某项工作其结果都能一致,而且不同的工作之间能得到协调。规章制度是科层制的管理基础,它们保证了科层组织活动的常规性、稳定性以及连续性,可以说是企业自身明确的"法"。面对着日益多元的客户需求,这样稳定的法应该还能规避员工不去踩企业的红线,但还能激发主动创新的意愿吗?还能主动承担风险、认领规则之外的工作吗?

第四,科层制中的职位占有者具有非人格化的理性特征。在科层制中由于科层组织中的职务和地位不为占据者所专有,所以在处理公务时,要求将私人关系和公务关系严格分清,不徇私情。职位不应当受担任这一职位的任何个人的性格、气质、品德等影响,在一定限度内不因人员变动、个人偏好而改变。由领导来组织有得有失,好处是简单直接,效率高;坏处就是这种组织方式会随着企业的规模增大而衰减,也不够精细。应当由市场来组织,由基层员工直接面对市场的压力。

第五,普遍性的用人标准量才用人。在科层组织中就业的人员必须在技术素质上合乎要求,而且不能被随意地解雇。"这个原则造成了一种程序、一个系统,职务晋升要取决于候选人的资格或做出的成绩或者同时参考两方面。"这样看似既保护成员又避免被任意解雇和任人唯亲,但实际中往往是员工缺乏一个明确的"赛道",更像是赛道边苛刻的"看客",候选人的成绩首先要能够做出来才能被拿来合理参考,用非经营的水平去考量人的经营才能,就让员工要么怨声载道、要么姿态很高、要么怀才不遇。

于是,在市场环境的发展变化下,科层制组织经历了直线制、职能制、直线职能制、事业部制、矩阵制等结构形式,深陷"集权与分权""效率与创新"等经典矛盾命题的权衡之中。面临多变无序的新市场环境,有序的传统科层制组织无所适从,为了满足新的竞争需求,科层制组织应有意识地纳入不确定因素,转向更开放、更分权、更有机、更灵活的组织形式。企业需要一种更具动态演化能力的复杂组织形态,以无序对抗无序,以复杂对抗复杂,阿米巴模式抑或是平台型组织正是应对这种局面的一种实践探索。

(2) 阿米巴模式的理论要点

人类社会伴随着现代交通和通信的发展,越来越趋向于自然界系统。人们在这个网络里聚集互动,新事物、新情况、新需求不断涌现,而这样的快速变化是任何一个控制中心都无法应对的。所以,以机械思维为基础的科层式、集中式管理正在失效,以后的企业可能更加像是一个细胞的平台,通过构建平台、减少层级,降低无用的成本,进行分布式管理,将消费者的需求与服务提供者的劳动最大化的对接。为此,构建企业的细胞便是第一步。阿米巴模式来源于稻盛和夫,它将公司划分成若干小团体,以各自领导为核心,通过小时核算制加以管理,授权领导者自主制定目标和实施计划,并通过全体成员共同努力加以完成。开展基层组织阿米巴模式的导入,需结合以下四点理论要点再根据企业的实际情况进行导入。

第一,确立部门核算制度。让经营像玻璃般透明,首先以企业的现时管理作为目的,通过针对部门收集的信息和数据,对员工和组织的绩效运用数字予以评价,再而通过对标找差的反馈,对计划和行为进行改进。其中,组织收益公式为"收入－费用＝收益",其中"收入＝外部收入＋内部收入－内部支出","费用＝扣除人工费用的支出",将人力看作一种价值而非成本。对于个人,设计出"结算收益"和"单位时间附加值"两个重要指标,"单位时间附加值＝结算收益/(工作小时数＋加班小时数)",从而实现可视化经营。管理者与基层一线员工围绕着经营所产生的数字进行沟通,在绩效考核环节,上下级沟通因为明确的目标设定从而更为便捷，这样的沟通有利于提高行为改善和目标修正的及时性。

第二，实现全员参与经营。从企业的中期战略出发，阿米巴模式的根本目的是培养有经营意识的人才，因此在行动上就要把管理经营的权限下放给员工，这样能够避免因企业经营规模的扩大而滋生的一系列"大企业病"。通过阿米巴经营模式，企业复杂的财务系统变得简单，全员都能算清楚账，管理者与基层员工以经营数字作为桥梁，定期沟通反馈，这样有利于员工对于业绩自发产生责任感，心系个人利益与组织利益的结合，进而改善其日常工作中的行为。因为阿米巴管理幅度小，能够进行独立核算，通过数字衡量可以有效地衡量每次绩效改善的成果。基层员工参与经营，对于组织发展建言献策，其贡献程度很快就可以清晰地反映在绩效水平的提升之上，可以有效激发员工的主观能动性。

第三，培养内部管理人才。基于企业发展战略长远的出发点，在阿米巴模式下的所有基层阿米巴长得到充分赋权，就好像在经营自己事业一样去管理自己的小门店、小厂房、小班组，这就能激发强烈的自主经营意识。虽然阿米巴长在一开始的管理过程中，面对的是规模不大的组织，但随着阿米巴长所辖的组织规模不断增大，绩效水平不断提升，自身的能力与思维方式便能够有效提升，最终培养出企业内部管理的"多面手"。同时，阿米巴长本身不可能什么都会，但是为了完成组织的经营目标，必须去思考如何通过科学的分工使得人尽其才，并带领他们共同完成所在阿米巴小组的经营目标。所以说阿米巴模式通过赋权的方式，让能够出色完成企业绩效要求的人才成为企业管理经营实战中的主角。

第四，重视企业文化建设。阿米巴经营模式中的另一个首要环节就是构筑企业文化，稻盛和夫倡导"敬天爱人"的理念，对"何为人，何谓正确"进行了深度思考，总结认为工作的结果取决于思维方式、热情与能力三点。日本京瓷公司基于稻盛和夫个人理念匹配了大量的企业文化，如提倡阿米巴组织在"自利与利他"中找到平衡，使得在内部定价环节，就不会出现上下游组织仅为了提高自身业绩而与其他组织争论不休，而是可以从大局出发为了整个企业的利益制定合理的价格；提倡阿米巴组织中的个人要有"谦虚、坦诚"之心，这样才能够根据绩效反馈出的结果，认真反思自身目前存在的问题；倡导公司全员对于工作要具有"热情"，这样子管理经营就不会成为一言堂，便能够涌现出越来越多的大胆建议与跨越组织层级的沟通讨论。良好积极的企业文化，是保障阿米巴模式能够施行成功的重要基石。

稻盛和夫的哲学，源于儒学，而后融入了佛学思想，在商界开出了美丽的花朵。让阿米巴变成类似公司的经营体，通过内部交易传递市场的温度。这在诸多企业的实践中被证明是正确的思路，从某种程度上它是对科斯定理强调的"金字塔组织可以节约内部交易成本"的论断发起的挑战。一个庞大的企业，不会仅仅集中在某个单一地点开展企业活动。这种分布式、分散化、网络化的管理机构，往往只是专业职能提供的平台。这样就可以被看成一个由细胞组成的系统，每个细胞都由一组员工构成，包括许多十几个员工的迷你工厂、十几个员工构成的"服务器"、几个员工组成的利润中心，或是由十个人运作的供应部门。这样的组织往往更加专业化、更加具有灵活性和适应性，能够更加快捷地应对快速变化的市场环境。这样的公司在管理上是去中心化的,信息传递是由上至下的,管理层往往是最后一个得到信息的。

(3) 模式的外延:平台型组织

平台的应用最早始于产品设计与开发领域,1998 年,Robertson 和 Ulrich 提出了广泛含义的平台概念,认为平台是一系列可共享的资产集合(包括实体形式的基本组件,以及非实体形式的知识、人才、关系网等)。之后,针对平台大体上经历了从产品开发平台、双边市场平台向战略创新平台的流派演进。现如今平台的概念被运用于企业组织结构设计之上,提出了平台型组织,即认为企业的平台化变革是对平台商业模式转型的适应性调整,是将平台思维运用到组织结构设计中,对价值链进行解构和重塑,能够促进企业的战略创新。

平台型组织是指坚持以客户需求为导向,以数字智慧运营平台和业务赋能中台为支撑,以多中心+分布式的结构形式,在开放协同共享的战略思维下,广泛整合内外部资源,通过网络效应,实现规模经济和生态价值的一种组织形式。平台型组织因服务对象的不同可以分为内部平台和外部平台两种类型。内部平台如海尔,是指将企业一系列资源进行有机组合,可以通过平台孵化新的业务和组织。外部平台主要是产业平台,如阿里巴巴可以为外部企业提供产品、服务甚至技术以帮助外部公司生产经营,大量的企业通过对这一平台的利用来开展创新活动,这个概念有点像地铁站设立的站台具有方便乘客上下各次列车的功能,使得地铁企业和来往等不同"边"的用户群体建立起连接。

平台型组织具有两大优势,一是网络效应,二是演化能力。首先,具有网络效应是平台最明显的特征。当一个平台型组织所能吸引的资源(服务提供者)越多,消费者的需求就越能得到满足,呈现螺旋上升的正向循环趋势。其次,平台由核心成分、可变成分、互动成分组成,在不确定性高的环境下能够更快速地实现资源的重新配置,使企业内部资源与广泛的外部资源实现灵活对接,优胜劣汰,择优发展,具有强大的演化能力。平台型组织打破了传统的科层设置,使人才、资源与市场机会直接对接,创造单独一方无法创造的价值,例如平台组织通过设定规则、提供支持系统、设计机制吸引各方资源,孵化创业,形成新的业务和企业。

中国平台经济发展迅猛,共享经济、创意众筹平台、创业孵化空间、特色小镇等新兴经济形态大多具有显著的平台特征。所以在诞生之初,平台型组织便被视为是区别于传统企业的新型组织,突破了组织边界,解决了经营规模和范围有限的问题。众多企业也纷纷开展了平台型组织转型的探索,但在转型目标明确的情况下,转型路径不明确成了科层制组织向平台型组织转型的最大痛点。有别于阿米巴模式的是,平台型组织更多的是通过对公司组织架构的重构来实现,而阿米巴更多的是从如何激发基层活力的具体操作入手,两者的目的一致,但手段不一致,侧重点不同,但从本质上来看其实是同一事物。或者说,实现阿米巴模式是平台型组织的必经阶段,因为对于非互联网企业来说,想要实现平台型组织其实是比较难的,不一定有那么广泛的客户基础,同时企业也不一定发展到能够去构建平台的规模。综上所述,平台型组织模式是阿米巴模式的一种外延,唯有首先实现阿米巴模式下的基层自主经营,先让基层通过考核动起来,才可以从企业中高层去优化配置、资源共享,实现平台型组织的网络效应与演化能力。

（4）模式实践中的绩效考核

① 京瓷"阿米巴"的绩效考核

20世纪60年代，著名的世界级实业家稻盛和夫提出阿米巴经营模式，他27岁白手起家创办京都陶瓷株式会社（现名京瓷Kyocera），52岁创办第二电信（原名DDI，现名KDDI），一生中创办了两家世界500强企业。更令人瞩目的是稻盛和夫在日本航空公司2010年申请破产保护之际，临危受命掌舵日航。仅用424天时间，力挽狂澜，为日航创造了历史上空前的利润，被誉为"日本经营之圣"。

阿米巴来源于拉丁语，又被译为变形虫。"阿米巴"管理，可以说是通过"授权"来激发下层组织的自主性、增加企业收益的方式。协调这种管理方式下出现的利益冲突，实质上就是如何在授权条件下进行有效的、经济的组织控制。京瓷公司的绩效考核制度是著名的小时核算制度，这是阿米巴管理方式的中心内容。小时核算制度以"销售额最大、经费最小"为原则，通过小时核算表和小时价值指标来管理阿米巴的业绩。小时核算表要纪录产值、销售额、成本、费用、劳动总时数、小时价值等数据。小时价值指阿米巴每小时创造的附加价值按照总收入减去除劳务费以外的所有费用与成本，再除以劳动总时数的公式计算而得。总收入，意为阿米巴在公司内部及外部交易时的销售额和其他收入。

阿米巴根据小时核算表来制定和检查每月的业绩计划。月初，阿米巴主管在小时核算表的每个管理栏目中填写具体的目标值，每天要收集实际发生的销售额、产值、经费等信息，对照月初制定的计划表，检查是否有偏离目标值的情况。如果有，就要立即采取对策，不需要等待管理部门的指示。并且，阿米巴每天都要通过小时价值计算自己的盈亏。由于阿米巴式小业务单元，主管又每天都收集信息，计划收支，熟悉预定计划的实现状况，所以，当订单、销售、生产发生变化时，就可以迅速采取对策。

阿米巴每天都有晨会，由主管公布核算结果，以便成员了解经营状况。公司每月召开一次晨会，通报所有阿米巴和公司整体的业绩指标，员工可以了解其他阿米巴和公司整体的业绩状况。京瓷公司虽然根据小时核算制度来检查阿米巴的业务进展，但不把员工工资和小时价值直接挂钩，它在评价上重视的不是阿米巴的订单、产值、小时价值这样的绝对金额，而是阿米巴通过怎么样的努力、采取什么方法使这些指标得到了提高。但公司会对创造优良业绩的阿米巴及个人进行公开表彰，并通过分配挑战性任务、晋升等方式加以奖励。这是阿米巴管理方式区别于其他绩效管理方式的一个重要内容。小时核算制度有以下四个显著的特点：

第一，小时核算制度的目标导向明确。京瓷3 000多个阿米巴，核算标准相同、规则相同、表格相同。促进关注小时价值，从而关注市场与成本。

第二，原理与方法简单有利于员工学习和掌握。与一般的损益决算表不同，没有复杂的计算。所有项目均以相同的金额作为计量，其中不易划分的被归为杂项。

第三，能够反馈出具体信息，帮助阿米巴调整行为。可根据数据推导出单个项目与小时价值的关系，每日收集再与计划对比，有利于进行调整修正。

第四，不和员工的工资直接挂钩，其激励指向为公司整体利益。淡化了对阿米巴及个人的经济刺激，减少了阿米巴及个人间矛盾的源泉。但并不等于搞平均主义，会在全公司进行表彰，在奖金、加薪、晋升等方面得到厚遇。

在日本京瓷公司,一个订单来了,三五个人,二三十个人,甚至一百多个人,组织一个行动组(项目组),由这个小组独立开发、落实生产,再交付客户;或者根据生产的不同环节分别成立阿米巴小组,每个小组独立负责相应环节的任务。阿米巴不再是简单的分组,是以独立的中小企业类似的形式在经营。每个阿米巴都集生产、会计、经营于一体,有自己的经营者,有销售额、成本和利润的压力。虽然经营需要经过公司上司的同意,但是经营计划、实绩管理、劳务管理等所有具体事情都要自行运作,真正的落实了"全员经营"的战略方针。

② 海尔"SBU"的绩效考核

海尔创立于1984年12月26日,从资不抵债、濒临倒闭的集体小厂发展成当今世界第四大白色家电制造商。海尔集团始终坚持"人的价值第一"的发展主线,在企业经营方面持续创业创新,SBU(战略业务单元)成为海尔集团在中国首推的组织管理制度,可以说是在我国企业成功导入阿米巴模式,结合我国企业发展特色进而升华的一次实践。其设计思路是让每个业务单元都变成市场中的交易主体,并力图把每个员工也都推向市场,直接参与市场竞争与经营。SBU的建立并不意味着每个员工都一定是SBU,主要是关键岗位的员工如产品经理、型号经理、采购经理、客户经理、制造经理、售后等和主要的业务流程环节;SBU类型有纵向和横向的,纵向的包括BU、PL的产品线、工厂、车间、班组;横向的以项目来贯穿,是一个价值创造中心,可以单独进行绩效考评。通过这样的管理模式让整个组织的结构由"正三角形"变为"倒三角形":让消费者成为发号施令者,让一线员工成为CEO,倒逼整个组织结构和流程,让以前高高在上的管理者成为倒金字塔底部的资源提供者。

海尔企业内部SBU绩效考核的理念是"留足企业利润、挣够市场费用、盈亏都归自己"。即"SBU薪酬＝基本工资＋SBU利润×提成系数"。SBU利润是各SBU的毛利减去可控成本费用项目的余额。留足企业利润指首先要给公司创造利润和价值;挣够市场费用指将资源和支出作为SBU的资源或负债;盈亏都归自己指SBU将自身作为经营者实现最优的投入产出。各个层次的SBU信息不同,考核的指标也不同,SBU负责人的KPI指标一般不超过4个,主要是效率、质量、成本等维度。SBU的绩效考评强调基于市场和战略,挖掘市场资源,最终实现价、利、量全面优化。通过这种基于市场效果的考核方法,市场经理在获取客户订单时要评审订单准确性,产品经理在接受订单时也要结合库存进行分析,当然这只是部分指标,还有产品盈利情况、交货速度、质量等。与京瓷的"阿米巴"模式中绩效考核不同的是:

第一,考核时限较短。海尔对于自主经营体负责人的"耐心"是两个季度,完不成任务就得走人。稻盛和夫的阿米巴经营的目的之一是"培养具有经营意识的人才"。虽然管理层对于阿米巴经营者的监督很严格,如果完不成目标,整改措施也比较犀利,但似乎没有"两个季度见分晓"的规矩,对于人才成长显得更宽容一些。

第二,激励方式不同。海尔自主经营体采取"包干制"的形式,"盈亏都归自己"以财务考核与物质刺激为主。但稻盛和夫则认为,日本是一个讲求平均和中庸的国家,直接的物质刺激在短期内有效,长期而言则会导致矛盾甚至怨恨。对成绩好的小组只是做些表扬,颁赠纪念品,坚持只给予他们"对公司有贡献"的荣誉。对经营业绩不佳的阿米巴,公司会严格追究责任。但所谓经营业绩不佳并非单看附加值，有时单位时间附加价值较高的阿米巴反倒得到低评价，因为它可能为了自身利益，而不顾其他阿米巴如何，从而被认定为"经营业绩不佳"。这样做是为了避免各个阿米巴之间恶性竞争局面的出现。

第三，经营哲学不同。海尔崇尚亚当·斯密的"经济人"原则，相信人都是自利的，因而只要调动了个体的积极性，组织的目标自然就能达成。稻盛和夫也承认人是利己的，不过他同时相信人是可以利他，也是愿意利他的。在京瓷，各个阿米巴之间、阿米巴内部的成员之间，如果人人为己，缺少为整体着想的利他之心，阿米巴经营终将难以推行。稻盛和夫用了50年的时间，倡导和实践他的做人和经营哲学，用一句话来表达就是：把"何为人，何谓正确"当作判断一切事物的基准。京瓷公司的经营理念也是："在追求全体员工物质和精神两方面的幸福的同时，为人类社会的进步发展做出贡献。"

海尔目前在全球建立了29个制造基地，8个综合研发中心，19个海外贸易公司，全球员工总数超过6万人，是我国顶尖的全球化公司。通过让每个SBU的自我经营效果与收入挂钩，每个人都直面市场，通过创造有价值的订单实现自身价值，使得员工充满活力，可以有效预防"大企业病"从而规避企业的基层组织"内卷化"，使得无论企业规模多么庞大，都能够迅速满足市场要求，永远充满活力。当然，海尔在实施SBU的过程中也非尽善尽美，各SBU之间、SBU与集团之间存在着不平衡和冲突，但是瑕不掩瑜，海尔SBU对中国企业管理控制的示范作用不可低估，具有很强的实践类推能力。

③ 华为"铁三角"的绩效考核

华为创立于1987年，是全球领先的ICT（信息与通信）基础设施和智能终端提供商。目前华为约有19.5万员工，业务遍及170多个国家和地区，服务全球30多亿人口。任正非作为华为创始人，曾被著名的时代周刊评论为"是一个为了观念而战斗的硬汉"，他用实际行动重新定义了中国企业家精神。任正非曾说过"谁来呼唤炮火，应该让听得见炮声的人来决策。机关不了解前线，但拥有太多的权力与资源，为了控制运营的风险，自然而然地设置了许多流程控制点，而且不愿意授权。过多的流程控制点，会降低运行效率，增加运作成本，滋生官僚主义及教条主义"。所以，华为目前推行的"班长的战争"，可以看作一次对于阿米巴组织模式的应用与变形。

华为的基层组织"铁三角"是通过建立基于铁三角的虚拟项目管理团队，通过划小作战单元，从而有效实现市场突破。简单来说，它是由客户经理、解决方案专家、交付专家组成的工作小组直接面向客户的团队运作模式。三角只是形象说法，在实际的运作中，三角、四角、五角甚至更多也是存在的。与此同时，华为也非常重视人才的培养，明确了"班长"素质、能力要求，使其多专多能，在处理常规型、确定性的业务时，可以根据作战场景和规定动作快速应对和解决；而在处理突发型、不确定性的业务时，可以运用其权力、资源和支撑平台准确定位，实现自我决策。此外，运用平台型组织搭建的思维，华为在近些年高度重视后台支撑前端的保障，努力构建打赢"班长的战争"的作战平台，实现责任、权力、组织、资源、能力、流程和IT信息系统这几个方面系统整合，高度集成。作战指挥权充分授予一线，资源也供一线随时调用，并协助一线构建面向作战角色和场景集成流程，支撑"班长"实现"任务式指挥"。

在绩效考核方面，华为利用增量绩效管理的思维，用工资倒推绩效，很好地将公司的组织绩效和部门的费用、员工的收入联动。比如：给员工 500 万的工资包，他拿的工资是 30 万，那么他必然为这 30 万去想办法完成绩效。强制规定必须给核心员工加工资，从而倒推他要完成多少收入。华为公司也从日本借鉴绩效考核制度，在企业内部针对个人建立了四级的考评分级制度。因为"如果绩效没有一个级别横向比较的话，人力资源管理就会很难，调薪只能普调，普调就是吃大锅饭。如果有评级作为基础，调薪就会更有针对性，更能体现出差别。"于是该评级制度每半年考核一次，大致的比例是：20% 的 A、65% 左右的 B、10% 左右的 C 以及 5% 左右的 D，员工的考核结果在这些档里或上升或下降或持平。评价的结果要公开，以尽可能地体现公平。评级都由各级主管来做，上一级的人力资源管理部门对下一级的考评只规定 ABCD 分布的比例，不进行具体的评级干预，也实现了阿米巴模式中对基层的赋权。

除此之外，华为通过基础奖金和贡献奖金的规则让所有人知道奖金从哪里来，自己应该向哪里打，通过规则，建立起一支自发自动的华为铁军。如基础奖金是与公司营业净利润挂钩，以牵引产品线关注公司的整体利益。同时又与产品线领导的 KPI 承诺完成率挂钩，以强化产品线预算目标的达成对基础奖金的影响，同时为公司其他部门基础奖金的设计提供统一的参考基准。而贡献奖金与产品线贡献毛利挂钩，以强化奖金对产品线贡献的激励，提高人均效益。同时又与贡献毛利采用相同的挂钩系数，以体现"产品线的人均贡献毛利越高，则产品线的人均贡献奖金越高"的原则。

2021 年 8 月 2 日，《财富》公布世界 500 强排行榜（企业名单），华为排在第 44 位。而在 2020 年中国民营企业 500 强中，华为早已位列榜首。针对华为的成功不必过多叙述与褒奖，而是应该深刻理解其经营之道，争取在我国的发展过程中塑造更多"华为"这样的经济实体。针对中国情境下的管理，任正非作过一段非常精辟的洞见，他说"中国'人之初，性本善'的理论，导致中国缺少放权、监管的理论基础。西方的观念是要把所有的人在制度上都管住，缺点就是太规范，一直规范到最基层。郭平曾经讲过，放松基层的决策流程，避免西方的僵化错误。那么如何放开？在哪个节点要收回来？在那个节点下，一线可以自己指挥，但节点以上的上报一定是标准化的。我认为要放松战斗的决定权，管理战果的处置权。"或许东方的管理困境，答案也就在东方。

④ 地铁"细胞体"的绩效考核

地铁行业的"细胞体"班组管理模式，是阿米巴模式导入我国国有企业的一次实践案例。该建设项目起始于 2010 年 8 月份，当时处于快速发展期的 N 地铁公司需要在企业"点多、线长、面广"的特点下明确基层管理的长效机制，从而激发班组的活力，释放员工的主动性和创造性，推动企业战略实现。于是 N 地铁公司向南京大学进行管理咨询，在研究阿米巴模式与自组织理论的基础上，研讨了"细胞体班组"这一创新性的管理模式。把地铁里的基层组织看成是企业的细胞，具体是指为承担企业组织基层、管理基础、能力基核、文化基因、形象基点的"五基"功能，具备共同目标、一致标准和互补技能三项条件以及自我学习、自我组织和自我创新三大特征的基层作业单元。正如生命体中的细胞在一定的规则之下自主进行运动、新陈代谢、分化。这一先进的思路在当时为我国地铁行业大踏步前进做出了一个好的示范。

"细胞体"班组的核心是一套"六化"指标模型，将班组建设分为标准化、标杆化、机制化、知识化、自主化、社会化六项内容，作为提升班组绩效水平的核心解决方案。其中标准化是基础，为团队的运作和管理提供规范和指导。标杆化是提升，选取表现优秀的员工和团队作为学习的对象，在团队间形成比超赶学的气氛。机制化是增强，在标准的基础上，确定团队形成的运作机制。知识化是传承，将基层组织在实际工作中形成的知识转化成企业的知识资产。自主化是内化，让前述的四化真正内化为团队和个人自身的素质、能力和价值观，真正实现自动、自发、自组织地开展工作。最后的社会化是影响，希望通过班组创建成果对社会产生影响，提升企业的品牌影响力，再将公众的反馈回归到新的标准制定起点上来，实现六化的闭环。从"六化"出发，公司给每个星级都制定了具体标准和考核指标，一个班组只有在全部达到了某一星级"六化"的各项考核指标，才能够参与到下一星级的评定。由此形成了相应的成熟度量表，具体包含一级指标、二级指标、考核项目、检查内容、考核方式、班组工作的具体内容等，形成了一套完整的操作体系，为班组在日常工作中要干什么、怎么干、做到什么程度提供了一份清晰明了的"目录"。同时，这份量表的内容也并非一成不变，而是在实际的操作和使用过程中不断修改完善。

为了将"六化"考核模型深入人心，N地铁公司开展了特色班组打造工作，将特色班组分为三类五型。其中三类是平行分工团队、流程分工团队和协同分工团队，五型是创新型、精益型、协同型、和谐型和保障型。为给特色班组提供相应的创建理论、方法和工具，在查阅了大量的管理理论、班组建设资料，以及收集运营公司实际创建资料的基础上，课题组以原理篇、特色创建篇、问答篇、案例篇四个篇章编写了六类特色班组的建设方案。各方案都明确给出了该特色班组的定义，创建所涉及的理论和以"六化精进法"为标识的建设路线。另外，运营公司鼓励支持提炼班组现场工作法，让基层组织通过对管理工作进行提炼与小结，形成包括创建班组名称、定义、创建背景、创建目标、实施内容、流程图和应用场景的具体方法。涌现出了如安全隐患处理"六步"法、全时段交叉巡视法、TPT测评培训法、材料管理超市法等极具班组特色的工作手段。同时公司定期修订印刷出版成当年的《"细胞体班组"现场工作法手册》，并按照季度在企业内部的刊物《地铁运营》上设置细胞体班组专刊，将日常工作中好的做法大力宣传，供其他班组参考借鉴，同时被刊登的班组也认为这是一项宝贵的荣誉。

"细胞体"班组创建过程在当时取得了显著的成果，被认为是国有企业基层管理创新的一项重要举措。暨首届"细胞体班组创建论坛"在南京大学召开之后，相关案例和内容相继进入高校MPA和MBA课堂。2015年，该项目荣获"全国交通企业管理现代化创新成果一等奖"荣誉，N地铁公司也因此荣获了首批"创新成果示范单位"等荣誉称号，成为国内同行品牌打造的标杆。地铁行业的"细胞体"班组建设已经走过了十多年的历程，现如今已经成为N地铁团队建设的品牌，使得在N地铁运营公司在人数快速增加的情况下，维持良好工作绩效。有关政府部门曾对它做出这样的评价"细胞体班组抓准了时代的脉搏，它的创建不仅是为企业的创新发展提供了基础，更是体现了以人为本的这一人文内涵。N地铁公司实施这一创建工程，与其作为公共型企业所承担的使命是相吻合的。"这样的一份实践，给我们提供了一个观点：阿米巴模式适用的不仅是富有商业性质的企业，在提供公共服务的领域也具有极大的魅力。

2.2.2 自组织理论

自组织理论是关于在没有外部指令条件下,系统内部各子系统之间能自行按照某种规则形成一定的结构或功能的自组织现象的一种理论。该理论主要研究系统从混沌无序的初态向稳定有序的终态演化的过程和规律。认为无序向有序演化必须具备几个基本条件:(1)产生自组织的系统必须是一个开放系统,系统只有通过与外界进行物质、能量和信息的交换,才有产生和维持稳定有序结构的可能。(2)系统从无序向有序发展,必须处于远离热平衡的状态,非平衡是有序之源。开放系统必然处于非平衡状态。(3)系统内部各子系统间存在着非线性的相互作用。这种相互作用使得各子系统之间能够产生协同动作,从而可以使系统由杂乱无章变成井然有序。除以上条件外,自组织理论还认为,系统只有通过离开原来状态或轨道的涨落才能使有序成为现实,从而完成有序新结构的自组织过程。

自组织理论属于复杂性科学范畴,其核心在于研究自组织现象的内在机制问题。自组织研究最早得益于贝塔朗菲在批判传统机械论范式时提出的整体、组织和动态的概念,并随后在物理学、化学和生物学等多个学科得到快速发展。在自组织经典理论中,普利高津认为如果不受制于外部特定指令的干预,复杂非线性系统内部的各个要素按照某种默契的规则,不断进行自发运转而又自动协同地形成有序结构的过程便是自组织机制;哈肯认为自组织在获得时间、空间或功能的结构过程中,外界力量不是通过强加而是以非特定的方式作用于体系,使之自发和自主演化。此后,"混沌理论"、"突变理论"、"分形理论"和"超循环理论"的提出使自组织研究成为理论集合体,强调系统在内部机制的驱动下,从无序到有序,简单向复杂,低级向高级发展,不断提高自身复杂度和精细度。

在对自组织内部机制达成初步共识后,自组织理论被进一步应用到社会学和心理学领域。在研究中,应用较为广泛的是普利高津提出的自组织需要具备的四个条件:首先,系统应当是自然的和开放的;其次,该系统需要远离平衡状态;再次,系统内部各要素具有非线性因果关系并相互作用;最后,存在促使系统自动演化的涨落现象。自组织理论和管理理论的结合是基于企业所处的外部环境具有动态性和复杂性特征进行的研究,要求企业在自组织逻辑的基础上通过自我管理等方式提高组织的适应性和柔性。

2.2.3 组织能力理论

(1)组织能力评价必要性

绩效是指组织期望的为实现其目标而展现在不同层面上的能够被组织评价的工作行为及其结果。组织的资源优势、能力优势最终体现在它的绩效水平上,所以通过对组织绩效的分析,可以进一步验证其所拥有的资源。

对组织能力进行系统分析和综合评价,有利于科学认识自身的组织能力与发展状况,制定合理的发展战略,保持和提高竞争优势,从而获得最佳的经济效益和社会效益。

目前,我国地铁机电设备检修类班组尚未建立起一套统一的、系统的绩效管理体系。为了更加全面、科学地对地铁机电维护类班组进行管理,根据门梯维护班组考核的特点,建立门梯维护班组绩效考核体系能够帮助机电设备检修类班组增强对自身的了解,从能力的角度来完善绩效管理体系。

(2) 公共服务组织的能力构成

根据组织能力相关理论,一般来说可以将组织能力划分为环境感知能力、学习能力、组织协调能力、组织流程再造能力和组织创新能力,而对于提供公共服务的组织来说,社会绩效也是对其组织能力的一个综合考量。

第一,环境感知能力。在动态和复杂的环境下,组织应主动适应经济发展和社会环境的变化,增强利用新技术的弹性,加快提高自身的服务水平,迅速将新的生产活动领域纳入服务范围。环境感知能力强,表现为政府组织对环境变化有高度的敏感性。

第二,学习能力。面对动态和复杂的环境,组织需要从大量的自身和他人经验中总结学习,需要对社会中新事物进行学习,以提高自身的服务水平和服务能力。从组织能力构成的角度出发,并根据学习能力的层级性和差异性特征,学习能力可以分为:学习意识的提升与共享等隐性知识的学习能力;重新思考组织架构、规范与流程,并提出改进意见的学习能力;通过学习方法或思维方式的改进,用新的观点看待动态环境的能力。

第三,组织协调能力。组织协调,即组织内及组织间的分工协作关系的动态调节。组织协调能力直接关系到组织运行的效率和目标的实现。对于组织而言,一方面,必须协调内部的资源配置和成员之间的关系,以维持内部系统的正常运转;另一方面,还需要协调组织与外部环境的关系。前者属于"内协调"或"内适应",后者属于"外协调"或"外适应"。

第四,组织流程再造能力。组织流程就是组织的管理流程;组织流程再造是整体流程的优化重组,即对组织流程进行设计、监控、重组和优化的能力。

第五,组织创新能力。组织的创新能力是衡量一个组织能力的重要指标。组织创新,是指组织中的管理者和其他成员,为使组织系统适应外部环境的变化,或满足组织自身内在成长的需要,对内部各个子系统及其相互作用机制、组织与外部环境的相互作用机制进行创造性地调整、开发和完善的过程。

第六,组织社会绩效。提供公共服务的组织能力最终表现在对社会发展的贡献上。政府组织的社会绩效主要从以下几个方面体现出来:资源运用能力、资源获取能力、资源配置能力和资源整合能力。

(3) 公共服务组织能力评价方式

在能力评价过程中,不同的评价主体可以客观真实地反映组织的能力水平,也更有利于对组织的能力进行管理。在对组织主体评价方式的选择中,通常有组织自我评价、专家评价和服务对象评价。其中组织自我评价通常是组织高层、中层和基层中对组织相关业务了解的组织成员,根据组织能力的评价体系对组织能力进行打分;专家评价通常是指相关专家根据对组织的具体调研和相关数据对组织能力进行打分;服务对象评价是指享受地铁运营服务的乘客对服务效果的感知。在本书中,主要采用的是前两种评价方法,由于地铁基层维护班组的服务对象较为广泛,不适用于我们的研究。

第3章

N地铁公司运行与考核的现状分析

本章通过对N地铁公司的概况、组织架构、人力资源管理制度、绩效考核体系开展分析。与此同时，针对N地铁公司的班组建设情况，导入阿米巴模式的优势与不足，以及"细胞体班组"的现行评价指标体系进行罗列。以讲清楚研究对象的组织背景，为后文的研究提供基础。

3.1 N地铁公司的现状分析

3.1.1 N地铁公司的概况

N地铁运营公司是服务于N市及N市都市圈各地区的城市轨道交通运营服务企业，目前主要负责所在城市地铁运营管理、列车运行、控制监督及土建设施、车辆和运营设备的保养维修工作。前身可追溯到清光绪三十三年（1907年）建造的京市铁路，其首条线路于2005年5月15日正式开通。值得说明的是，N地铁已开通的所有S线均使用国家通用标准B型地铁列车，建设标准及设计参数为标准地铁制式，全部位于N市域境内，且均有运营，并非市域快轨或城际铁路。纵观其目前发展态势，主要有如下五点优势与创新：

（1）每公里人员配比居全国前列

截至2021年末11条线路运营里程为427千米，车站总数为191座；员工总数15127人（去除已成立7号线分公司储备人员382人），线网每公里人员配比为35.43人/千米。根据全国42所地铁公司的公开数据（截至2020年末），N地铁在人员配比上要远低于全国人均49人/千米的水平，相较同梯队城市地铁公司武汉、成都、杭州、西安等处于最低水平。伴随着智慧城轨的不断建设及较好的基层管理水平，仍处于不断下降的趋势，较好地节约了作为地铁运营最大开支的人员成本，具体情况详见表3-1。

表3-1 城市轨道交通运营企业运营数据报告（2020年度）基础数据篇

城市及企业	运营员工数	线网每千米人员配比	城市及企业	运营员工数	线网每千米人员配比	城市及企业	运营员工数	线网每千米人员配比
北京	33 619	64	苏州	7 374	44	石家庄	3 549	60

续表

城市及企业	运营员工数	线网每千米人员配比	城市及企业	运营员工数	线网每千米人员配比	城市及企业	运营员工数	线网每千米人员配比
上海	27 666	40	杭州	14 324	48	贵阳	1 313	66
广州	22 620	43	郑州	10 125	56	厦门	4 707	65
深圳	17 835	47	哈尔滨	1 534	51	北京运管	2 093	41
天津	7 634	33	长沙	6 296	45	兰州	1 871	72
大连	5 286	33	无锡	4 035	46	济南	2 626	55
长春	5 028	50	宁波	6 310	41	乌鲁木齐	2 256	84
南京	14 875	39	昆明	4 736	49	常州	1 648	48
重庆	20 030	58	南昌	3 944	44	呼和浩特	2 490	51
武汉	14 979	44	青岛	10 895	44	浙江运管	972	18
北京京港	7 480	60	福州	4 238	72	徐州	2 545	55
沈阳	6 781	59	东莞	1 693	45	郑州中建	1 062	53
成都	15 407	48	南丁	6 368	59	云南京建	2 349	54
西安	8 195	63	合肥	5 401	48	太原中铁	1 134	48

(2)"一小时通勤圈"串联城市资源

2020年底，南京启动市域（郊）铁路规划研究工作，以"内筑网络、强心聚轴、跨江联动、区域一体"为原则，距离N市市中心15~50千米圈层的市域（郊）线路建设，在省内率先建成了S1、S3、S7、S8、S9、S6等6条线路。目前构成覆盖N市全市11个市辖区及句容市的地铁网络，是中国第一个区县全部开通地铁的城市，也是继上海和广州后中国第三个开通跨市地铁线路的城市。与此同时，3条跨城市地铁线路正同步开通建设中。"十四五"期间，N市都市圈发展将不断提速。至2025年，N市都市圈同城化建设水平有望全国领先，到2035年基本建成具有国际影响力的现代化都市圈。轨道上的N市都市圈将从干线铁路、城际铁路、市域（郊）铁路以及城市轨道交通四个方面建设，推动"四网融合"，共同打造"一小时通勤圈"及"一日生活圈"，迎来高质量、可持续、协同化、快速化的发展新机遇。打造畅达都市圈，轨道交通建设是第一要务。轨道交通先行，在城市间起到联结作用、发挥纽带功能，不仅能够促进人才等各项要素的流动，与城市发展同频共振、深度融合，而且可以大大拉近都市圈内居民与核心城市的心理距离，推动城市间高水平畅通、都市圈高质量融合。

(3)"人文地铁"品牌文化引领

成立伊始N地铁率先在国内同行中提出"人文地铁"品牌理念，通过打造特色鲜明的人文服务品牌，不断引领企业创新发展。已开通运营的每条线都进行了主题鲜明的文化塑造，"糖果车站""博爱车站"等主题车站家喻户晓，"昆曲大美、地铁有戏"等活动生动开展，"人文地铁"获评"中国公共事业十大影响力品牌"和"江苏省服务业名牌"。在其"责任、追求、协作、创新"的核心价值观与"用心服务，关爱一路"的服务理念的指引之下，积极践行"关注公众出行，提供人文服务，引领幸福生活"的企业使命，正逐步成为中国地铁行业中的佼佼者。

（4）积极践行"走出去"战略

近年来，随着管理水平和技术实力不断增强，N地铁紧紧围绕"走出去"战略，大力构建高质量发展体系，不断实现管理经验向经济效益和社会效益的更好转化。目前已形成涵盖PPP、管理咨询、委托运营和培训等多形式、多层次、全方位的"走出去"项目体系，总体呈现"全面铺开＋重点突破"的态势，业务已覆盖全国16座城市，累计合同额超过4.85亿元。其中，作为国家发展改革委第二批PPP项目典型案例，由N地铁提供运营管理和技术支持服务的福州地铁2号线，已于2019年4月26日高质量开通试运营，运营筹备工作获得福州业主方及第三方评审专家组的高度评价。与此同时，为充分适应行业市场化竞争，N地铁通过引入优质社会资本，组建合资公司，不断激发体制活力，更好实现运营管理和技术能力的经验知识化、知识产品化、产品品牌化和品牌效益化，加速"走出去"战略实施进程。此外，N地铁也积极响应国家"一带一路"号召，联合实力、口碑俱佳的央企，共同谋划海外轨道交通项目，不断扩大国际影响力，聚力赋能实现综合服务转型。

（5）机电设备技术国产化

自1号线一期工程开始，N地铁一直致力于推进设备系统国产化。通过20年的艰辛探索，成功开创出一条"高质量、高国产化率、低造价"的设备系统国产化新路。在此基础上，N地铁持续研发新工艺、采用新技术、新材料，求实创新，与时俱进，不断通过技术创新提高服务品质，提升运营效益。

地铁2号线采用智能型单向导通装置和排流收集分析系统，彻底解决了车辆段杂散电流泄露顽疾；地铁3号线国内首次采用1080P全高清数字视频监控技术，显著提升了车站安全防范水平；国内首次应用动态补偿滤波装置（SVG），降低供电线损，减少能源浪费；地铁4号线建成N市首个线网大数据中心（NCC），加强专业融合，全面提升线网协调与应急指挥能力；S8线国内首次在车辆段检修库房提出基于列位控制的智能照明系统，"车来灯亮，车走灯灭"，节能效果显著；S7线对车载以及轨旁系统进行创新改造，提升4、6混跑运营模式的安全控制水平；S1线二期国内首次在120 km/h高速条件下采用LTE技术实现车地无线综合承载业务，解决了传统车地无线通信传输在信号覆盖、切换以及安全等方面的弊端。

此外，在建线路中，地铁7号线稳步推进全自动驾驶技术实践，深入研究无人驾驶系统架构、智慧开关站等一系列核心技术，不断提升地铁的智能运维水平。

3.1.2 N地铁公司的组织架构

（1）总体架构及各部门职能

目前N地铁公司总体下设职能部门15个，事业部3个，学院2个，分公司7个。其公司组织架构图如3-1所示。截至2021年末，其中15个职能部门为306个人（含高层领导），3个事业部为543人，学院为133人，7大分公司共14 134人。分公司主要是负责不同专业设备，如线网电客车、车辆检修相关设备；线网通信、信号系统；高压供电系统及接触网、SCADA；线网轨道及房屋建筑设施、结构系统的设备保障工作，以及线网信号楼及电客车司机、车站的现场管理等。各职能部门、事业部、学院职能如下：

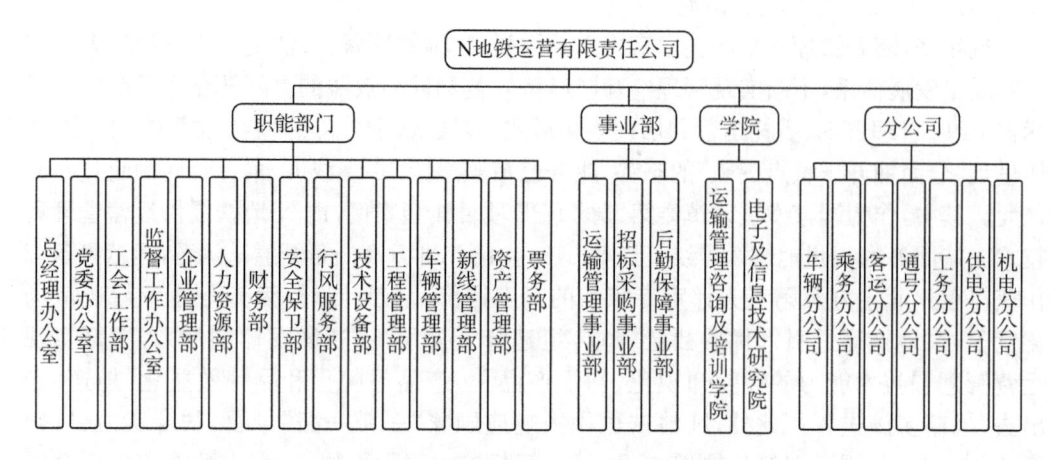

图 3-1 N地铁公司运营公司组织架构图

① 总经理办公室负责公司上传下达、工作督办、公文处理、计划总结、会议管理、公共关系、紧急突发事件对上信息报送、档案管理、行政管理等职能。

② 党委办公室负责思想政治建设、组织建设、作风建设、党风廉政建设、制度建设、统战工作、宣传管理、企业文化、团组织建设等职能。

③ 工会工作部负责员工维权、劳动保护监督、劳动技能竞赛、民主管理、女工工作、工会会员福利、文体活动等职能。

④ 监督工作办公室负责公司"三位一体"监督体系建设和实施、效能监察、纪律检查、来信来访及内部申诉、内外部审计、内控体系监督等职能。

⑤ 企业管理部负责公司战略规划、组织架构、目标计划、统计分析、组织绩效管理、对标管理、风控管理、法律事务处理、质量管理、标准化体系建设、导向标识管理、品牌管理、问题管理、班组建设等职能。

⑥ 人力资源部负责公司人力资源规划、员工招聘、竞聘任免、人事调配、用工合同、人事档案管理、干部管理、职称管理、员工绩效、校企合作、员工薪酬、社会保险、员工培训发展等职能，负责对运营管理咨询及培训学院的培训工作施行归口管理。

⑦ 财务部负责公司预算管理、定额管理、资金管理、成本管理、财务结算、财务核算、福利保险、税务管理等职能。

⑧ 安全保卫部负责公司安全生产、消防安全、治安内保监督管理，建立健全安全监督管理体系、落实安全责任制、安全教育、安全检查与隐患治理、劳动保护、环境保护、事故处理、警地联动、反恐怖防范、安检管理、客伤管理、财产保险等职能。

⑨ 行风服务部负责服务标准制定、服务质量管理、服务策划与管理、乘客满意度及乘客诉求管理、行风督查及服务稽查、服务热线、政府12345、网络问政、舆情监控、市长（书记）信箱受理与回复管理等职能。

⑩ 技术设备部负责公司技术标准、技术决策、技术接口、检修计划、故障管理、设备质量管理、TPM/RCM、科技创新、能源管理、特种设备管理、国产化研究、外部设备试验（验证）及试用项目管理等职能。

⑪ 工程管理部负责公司工程项目管理（含设施设备大中修）、委外管理、外单位工程施工配合和设施保护施工管理等职能，负责对工务分公司施行归口管理。

⑫ 车辆管理部负责公司电客车、工程车和车辆检修设备专业的技术管理、维修管理、质量管理、国产化研究、技术更新及改造等专业归口管理；牵头电客车、工程车、车辆检修设备增（采）购工作；负责对车辆分公司、乘务分公司施行归口管理。

⑬ 新线管理部负责公司新线运营筹备、新线接管、总联调、试运行等工作的管理，负责新建线路与既有线路的接口施工管理，新线遗留问题跟踪和质保管理等职能。

⑭ 资产管理部负责公司资产管理、投资管理、资源管理、资源经营管理等职能。

⑮ 票务部负责公司票务政策、票卡管理、票务管理、技术管理、设备管理、数据清分、对账结算、数据分析等职能，负责对机电分公司 AFC 专业施行归口管理。

三大事业部主要负责职能如下：

① 运输管理事业部负责运营公司运输规划及计划、运输市场分析、客流调查、运输组织、公交接驳、调度指挥、生产信息的内部发布、运输协调、行车类应急管理、施工管理等职能。

② 招标采购事业部负责公司各类采购计划编制、物资采购、采购资金控制、采购质量控制、招投标（含非招标）管理、供应商库管理、废旧物资管理、仓储管理、库存管理、物料消耗管理等职能。

③ 后勤保障事业部负责运营公司房屋分配及管理、货币化分房、公寓管理、基地及停车场所有后勤综合事务的管理（含基地综合监控、基地保安）、绿化管理、保洁管理、生产用车管理、食堂管理、低值易耗品及行政办公类设备维修管理等职能。

两大学院主要负责职能如下：

① 运营管理咨询及培训学院负责运营公司管理类咨询及外部培训业务拓展和项目开发、PPP 项目管理、委托运营管理、实训基地运行管理、培训管理、培训类资产管理、上岗证年（复）审、技能考核（鉴定）等职能。

② 电子及信息技术研究院负责公司电子与信息类技术咨询业务拓展和项目开发、信息化建设、办公自动化设备及网络设备的管理、电子部件（板件）的维修及研发、计量管理等职能。

作为一个人数上万且不断快速发展的大型企业，N 地铁历经十余年的发展，有着较为完善的组织架构，能够涵盖有关其业务范围的方方面面，具有国有企业的特色，职能机构多、层级多，有着明显的科层制色彩。7 大分公司就像我国不同地域"省份"，分管不同的专业领域；而 15 个职能部门、3 个事业部、2 个学院就像国务院各个"部委"，对于各个分公司在各条职能线的运行情况开展归口管理，工作关系自上至下呈现"金字塔"式。值得一提的是，N 地铁运营公司正在提倡"去中心化"，以七号线为代表的七号线分公司，探索以线路为单元，融合原先的七大专业，在一个线路公司内进行统筹管理的形式，是解决专业之间沟通不畅、责任划分不清等问题的一种尝试，是企业内部组织变革的一次尝试。

（2）机电分公司的组织架构

作为本书研究的门梯维护班组所在专业分公司。机电分公司是由原先 N 地铁公司机自中心与票务中心于 2017 年 10 月合并组成，隶属于 N 地铁公司运营公司，是其七大分公司之一。目前主要负责 N 地铁公司所有线路车站内运营公司所有线网 AFC、自动控制（BAS、FAS、综合监控）及风水电（空调通风、给排水、低压供电）、门梯（站台门、电扶梯）、卷帘门、安检设备的技术保障，合理安排维修保养确保设备稳定，负责环控调度、转供水电、线路票务的管理，AFC 专业接受票务部的专业归口管理。为乘客提供安全舒适的环境，为地铁运营保障护航。

截至 2020 年底，机电分公司员工共计 1 248 名，中层干部 35 名，一般管理岗 272 名，生产岗 941 名。其中领导班子为总经理 1 名，总支部委员会委员、副书记 1 名，副总经理 3 名。内设办公室、党群办、企管科、人资科、安全技术科、生产业务科 6 个职能科室与机自一中心、机自二中心、机自三中心、票务一中心、票务二中心、票务三中心 6 个生产中心与宁和筹备组。其公司组织架构如图 3-2 所示。

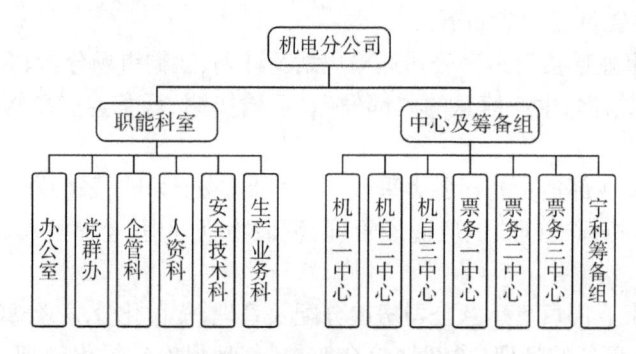

图 3-2　机电分公司组织架构图

其中绩效考核工作是由分公司企管科直接负责，其他人力资源管理模块内容均由人资科承担，六大生产中心与宁和筹备组主要负责全线网风水电、自动化、门梯、AFC 等系统的技术保障，统筹安全管理、技术规范、标准化、现场管理、施工协调、资源保障、规章管理，合理安排维修保养确保设备稳定，配合职能科室完成各项周期性、临时性工作。除此之外，受生产中心直接管理的共有 37 家委外单位，总计 1 045 人，主要协助班组完成九大专业设备及小空调、茶水炉、热水器等专业设备的巡检维护保养工作。由于分公司组建时间较短，各分公司职能科室仍然是以配合完成上级运营公司职能部门的工作要求为主，尚未形成独立自主的工作制度体系。

（3）七号线分公司运维一体化的组织架构

N 地铁 7 号线为全自动运行线路，为更好匹配系统特性，体现系统高效运作的优势，于 2018 年 10 月经向集团公司专题汇报，采取运维一体化管理模式，按照独立分公司运作。职责为负责 7 号线建设期的运营介入及运营筹备工作；负责 7 号线运营组织、行车组织、客运组织管理；负责 7 号线除轨道、结构及约定设备外所有设备系统的技术保障，合理安排维修保养，确保设备稳定。下设综合办、企管科、安全科、技术科、生产科 5 个职能科室，调度中心、车务中心、车辆中心、综合维修中心四个生产中心。共 9 个二级单位。其公司组织架构如图 3-3 所示。

为更好地适应南京地铁战略发展，体现精益管理的理念，匹配 N 地铁运营公司现有组织架构模式，遵循分工协作、逐级分类、经济节约、持续整合、流程效率的原则，公司对

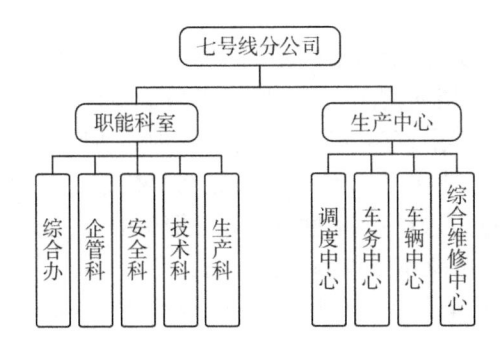

图 3-3　七号线分公司组织架构图

七号线分公司班组组织架构进行设置，后期将根据委外维保模式实际推进情况再进一步调整。在各中心再下设 46 个班、55 个组。其中 1 个调度班，27 个车站的客运班，4 个电客车司机班，车辆基地车务场段班、日检班、车辆联合检修班各 2 个，通号中央班、通号停车场班、通号基地班各 1 个，通号正线班 2 个，接触网班、高压供电班、机电维护班各 1 个。将原先在机电分公司的门梯维护班、自动化维护班、风水电维护班整合为一个机电维护班共同运行。

(4) 组织架构调整的原则

当出现下列情况时，N 地铁公司会对运营公司组织架构进行调整。

第一，公司组织架构应与公司发展战略相一致，当公司的组织架构不能满足战略发展的需要时，要对组织架构进行调整。

第二，定期运行效果评估发现组织架构设计与运行中存在缺陷的，应当进行优化调整，主要包括：① 公司某些运行业务与设定业务不匹配；② 职责不清，业务衔接不畅，授权不充分；③ 公司整体运作能力不足，执行力较弱；④ 架构庞大，人员较多，运行成本费用较高等。

第三，职能职责执行过程中单位之间出现较多争议时，由企业管理部汇总收集意见适时组织调整。

3.1.3　N 地铁公司的人力资源管理制度

(1) 招聘录用制度

人力资源部是员工招聘录用归口管理部门，根据公司发展制定中、长期人力资源规划、负责牵头组织员工招聘相关事宜。其他各单位配合人力资源部完成员工招聘相关工作，同时根据人力资源部开具的工作安排通知单负责新进员工培训、转正等日常管理工作。

N 地铁公司按照用工方式把员工分为正式员工和其他从业人员。正式员工按岗位性质又划分为两大类别：管理类、生产类。管理类主要是指相应岗位为职能部门、事业部、院、分公司技术管理、专业管理等员工。生产类主要是指岗位为职能部门、事业部、院、分公司班长、组长、调度、值班站长、一线基础生产类及辅助类等岗位员工。各线路人员配置均是由专业分公司人资科进行计算，在考虑线路长短的同时考虑实际维保模式所需要的员工数量。

本书研究的门梯维护班组成员属于生产岗位员工,均是由集团公司授权,运营公司负责招聘。根据人员结构、层次需求,正式员工招聘主要采取校园招聘、订单委培、社会招聘等方式多渠道进行。其中订单委培主要是与国内7所职业技术学院签订委培协议,开设订单班组,大三进入企业实习一年,考核合格后直接签订合同,这种招聘模式在一定程度上保证了用工的质量、人员的流动性以及人力资源的可持续发展。

招聘生产类岗位人员的基本条件如下:

① 应届毕业生。要求全日制大专及以上学历,具有与应聘岗位相近的专业,品学兼优,身体健康。

② 社会招聘人员。大专及以上学历,年龄35周岁及以下,具有与应聘岗位相近的专业、工作经历和工作技能,身体健康。

③ 技能人才引进。大专及以上学历,年龄40周岁及以下,具有轨道交通行业相关工作经历,技师及以上技能等级,工作成绩突出,身体健康。

校园招聘与社会招聘的具体招聘流程如下:各单位提报用人计划需求→人力资源部、公司党委会计划审批→招聘信息发布→报名和资格审查→相关测评→组织面试→政治考察→体检→确定录用人员名单→签订三方协议(仅校园招聘人员)→录用报到,招聘信息统一通过官方网站和微信公众号进行发布,招聘工作做到信息公开、过程公开、结果公开。接受相关部门的检查,保障招聘工作的公平、公正、公开。

(2) 培训管理制度

N地铁公司对培训管理体系所覆盖的部门、单位所涉及的培训过程经过严格和系统的培训策划,对培训管理体系所需的各个过程及其在组织中的应用进行识别;确定这些过程的顺序和相互作用,并确定为确保这些过程的有效运行和控制所需的准则和方法;确保可以获得必要的资源和信息,支持这些过程的运行和监督;对这些过程进行测量、监控、分析,并实施必要的纠正措施,实现对这些过程所策划的结果和对这些过程进行持续改进,帮助组织改进培训管理工作,提高人员能力并满足质量管理目标。为选择和实施培训,弥补所要求的能力与现有能力之间的差距,培训管理者需对培训过程进行区分;确定培训需求、设计策划培训、提供培训和评价培训结果四个阶段,并对上述四个阶段的过程和结果进行监督,培训管理流程如下3-4所示:

① 培训需求确定阶段。各单位负责确定培训需求,确保培训需求的适宜性。公司各单位根据当前和预期的目标,定期组织确定影响工作质量和安全生产的相关岗位的能力要求,与现有岗位人员的能力进行分析比较,找出能力差距和培训能够解决或缩短差距的措施,形成培训需求。

② 培训设计与策划阶段。主要是为了避免培训的盲目性和培训过程中不符合项的发生。依据培训需求、制约条件、培训对象及培训目标选择一种或多种培训方式实施培训活动。其中内部培训管理包括的主要内容如下:

a. 员工培训规划管理。根据运营公司人力资源规划和新线开通计划,人力资源部制定员工中长期培训规划,并将人员到岗计划提前以书面的形式通知培训学院和各单位。培训学院指导、监督各单位培训工作,考核培训成效。

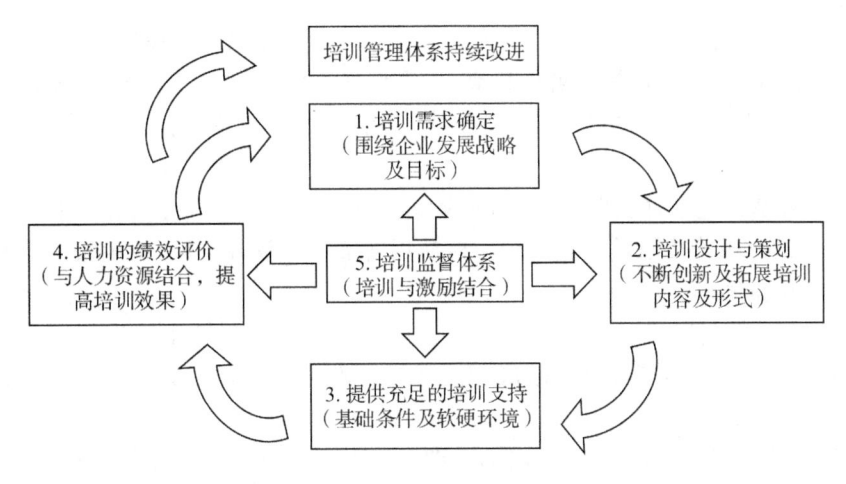

图 3-4　培训管理流程图

　　b. 特殊工种证管理。运营公司生产岗位人员根据岗位要求取得相应的特殊工种证后方可上岗作业。

　　c. 上岗证管理。上岗证是指从事某种行业或岗位所具有的资格证明,运营公司上岗证是运营公司员工能够独立作业的重要依据,根据"先培训、后上岗"的原则,员工需通过培训,鉴定合格,持证上岗。

　　d. 职业技能鉴定管理。公司定期组织职业技能鉴定,原则上初级、中级、高级每年鉴定一次,技师、高级技师每两年鉴定一次。鉴定合格后发放国家职业资格证书。

　　e. 讲师管理。各单位中层皆有培养员工的责任,业务骨干或技术尖子是内部兼职教师的主要承担者。内部讲师分为见习讲师、初级讲师、中级讲师、高级讲师、首席讲师五类,按比例推荐,并逐级提升。讲师每年承担内部授课任务、教材编写、题库开发等,一年内未授课讲师自本级别降一级、连续两年未授课取消讲师资格。

　　f. 拜师学技管理。技能序列岗位的员工,应具有中级及以上技能资格。在协议规定的期限内开展带教活动,师徒双方按要求认真填写培训手册,做好教、学记录并留存。徒弟上岗考试合格后,师傅享受拜师学技津贴。

　　g. 送外培训管理。分预算内与预算外培训,预算内培训指列在年度培训计划内培训、建设单位安排厂家培训;预算外培训主要指没列在年度培训计划内的培训,如企业管理咨询机构、政府有关单位举办的培训、专家专题讲座等。外出培训需要经培训学院及领导审批同意后方可进行。

　　h. 对外培训管理。由培训学院牵头负责对外承接轨道交通行业的专业技术培训业务。

　　i. 校企合作管理。由人力资源部负责同院校共同制定定向委培生的培养方案以及委培生组班、录用及实习安排工作。培训学院协同合作院校共同制定委培生的教学计划,参与定向委培生在校期间教学过程管控、阶段和验收考核,牵头组织定向委培生在企业实习期间的验收考核工作。各单位负责本单位定向委培生培训计划的制定、实施及阶段考核工作。

j. 培训设施设备管理。培训学院为运营公司培训设施设备的职能管理部门，设施设备的日常管理维护工作遵循属地化管理原则由各自所属单位实施。培训设施（设备）应有专人负责管理，账物必须相符并建立相应设备台账，包括日常使用、维护记录等。

k. 培训经费。包括师资费、培训场地费、培训资料费、培训业务费、培训类设施设备采购建设费、投标相关费用及其他费用。根据年度培训预算，由各单位申报、培训学院进行审核，并归口报销。

③ 培训结果评价阶段。培训学院及相关单位（部门）对培训工作进行不定期抽查。各单位定期对培训情况进行评价，形成相关记录。确保所实施培训的有效性，确认实现培训目标的程度。

④ 培训过程的监督和改进。对培训管理全过程监控和改进培训活动，确保和验证培训管理体系有效运行。各单位须积极执行公司管理体系《内部审核控制程序》，验证培训活动及过程是否符合标准要求和策划安排，培训管理体系是否得到实施和保持，确定体系运行的有效性。培训学院根据上年度的审核结果，结合培训体系运行实际，组织策划本年度培训管理体系内部审核工作并编制年度内审计划，明确审核的目的、准则、范围、频次和方法，报培训管理者代表批准后实施。各相关单位、部门配合内审的实施，对不符合项及时采取纠正措施，以消除所发现的不符合项，培训学院跟踪验证纠正措施和有效性，并记录。

（3）职位评聘制度

开展职位评聘的目的，是围绕公司可持续发展的目标与战略，通过规范、有序的流程和标准，激励全体员工不断增进自己的能力与绩效，在不同岗位和职位序列中，实现职位提升和职业发展。在N地铁公司内部以胜任、公开、协同、分层的原则开展。

职位评聘办公室设在人力资源部，组长由人力资源部部长担任，组员由人力资源部负责评聘相关工作的人员组成。评聘办公室主要负责职位评聘工作的牵头和组织，具体包括文件公布、资格审查、考核安排、结果汇总及公示等。

公司职位根据工作性质、技能要求和协作方式等不同划分为四个不同的序列，分别为管理序列、专业技术序列、技能序列、生产辅助序列。各序列职位说明如表3-2、表3-3所示。

表3-2 职位序列职位说明

序列名称	职位说明
管理序列	指中高层管理类职位
专业技术序列	指一般行政管理与技术管理类职位
技能序列	指生产类中有技能等级要求的职位
生产辅助序列	指生产类中没有技能等级要求的职位

表 3-3　管理序列职位说明

等级	职位
1	书记、总经理
2	副书记、副总经理、工会主席、三总师、总监、分公司正职等(正处级待遇)
3	总经理助理
4	工会副主席、副总工程师、副总经济师;部门(含事业部、院)正职;分公司副职等(副处级待遇)
5	部门(含事业部、院)副职、调度室主任;分公司中心正职、科室正职等(正科级待遇)
6	部门(含事业部、院)科室科长、调度室副主任、值班主任;分公司中心副职、科室副职等(副科级待遇)

除管理序列外,其他职位序列根据不同的岗位特点和工作性质,进一步划分子序列。专业技术序列分为专业类、技术类两个子序列;技能序列分为技能 A、技能 B、技能 C 三个子序列;生产辅助序列分为生产辅助 A、生产辅助 B 两个子序列。根据职位价值的不同,职位体系从低到高分为 20 个等级,其中管理序列 6 个等级;专业技术序列专业类、技术类各 11 个等级;技能序列技能 A、技能 B、技能 C 各 11 个等级;生产辅助序列生产辅助 A、生产辅助 B 各 9 个等级。

公司的职位类别分为"条件晋升制"和"公司选拔制"。条件晋升制的职位是指员工符合学历、司(职)龄、职称(技能)、绩效等职位评聘条件,由人力资源部审核后可聘任的职位,包括专业技术序列"员"至"二级主办"职位、技能序列"六级工"至"技师"职位、生产辅助序列"六级"至"高级二"职位,无编制限制。公司选拔制职位指员工符合职位评聘条件,履行申报、审核、选拔等流程后可聘任的职位,包括管理序列、专业技术序列"一级主办"及以上职位、技能序列"高级技师"及以上职位、生产辅助序列"高级三"职位,有编制限制。另外,技能序列中的"高级技师"职位编制控制在该序列人员编制总数的 3% 以内,"特级技师"职位编制控制在该序列人员编制总数的 1% 以内。"首席技师"职位编制按照运营大专业方向各设置 1 名。原则上,每年 1 月和 7 月开展条件晋升制职位评聘工作并调整薪酬,职位等级条件截至评聘前 1 个月月底(1 月评聘的条件截至上一年度 12 月底,7 月评聘的条件截至当年度 6 月底);公司选拔制职位评聘工作,根据后期选拔方案执行。其中技能 C 岗位职位评聘要求如下表 3-4。

表 3-4　技能 C 岗位职位评聘条件

等级	职位	条件					评聘方式
		学历	专业	经验	技能(岗技匹配)	工作绩效	
5	首席技师	大专及以上学历	维修、信号、接触网、桥隧、电力、机械等	6级或特技技师任职满5年	高级技师	前12个月考核均分为"95分"及以上	公司选拔
8	特级技师	大专及以上学历	维修、信号、接触网、桥隧、电力、机械等	9级任职满5年	高级技师	前12个月考核均分为"95分"及以上	公司选拔
9	高级技师	大专及以上学历	维修、信号、接触网、桥隧、电力、机械等	10级任职满3年	技师	前12个月考核均分为"95分"及以上	公司选拔
10	技师	大专及以上学历	维修、信号、接触网、桥隧、电力、机械等	11级任职满2年	技师	前12个月考核均分为"85分"及以上	条件晋升

续表

等级	职位	条件					评聘方式
^	^	学历	专业	经验	技能(岗技匹配)	工作绩效	^
11	特级工	大专及以上学历	维修、信号、接触网、桥隧、电力、机械等	12级任职满2年	高级工	前12个月考核均分为"85分"及以上	条件晋升
12	一级工	大专及以上学历	维修、信号、接触网、桥隧、电力、机械等	13级任职满2年	高级工	前12个月考核均分为"85分"及以上	条件晋升
13	二级工	大专及以上学历	维修、信号、接触网、桥隧、电力、机械等	14级任职满1年	高级工	前12个月考核均分为"85分"及以上	条件晋升
14	三级工	中专及以上学历	维修、信号、接触网、桥隧、电力、机械等	司龄6年以上	高级工	前12个月考核均分为"85分"及以上	条件晋升
15	四级工	中专及以上学历	维修、信号、接触网、桥隧、电力、机械等	司龄4年以上	中级工	前12个月考核均分为"85分"及以上	条件晋升
16	五级工	中专及以上学历	维修、信号、接触网、桥隧、电力、机械等	司龄2年以上	初级工	前12个月考核均分为"85分"及以上	条件晋升
17	六级工	中专及以上学历	维修、信号、接触网、桥隧、电力、机械等	转正后	—	转正考核合格	条件晋升

职级调整。校招员工试用期满、社招员工试用期满,转正考核合格后,按岗位所在序列最低级定级。员工职级晋升按照职位评聘流程相关规定执行,聘任后职级调整。员工岗位竞聘试用期满考核合格后,次月根据岗位聘任文件相关规定,由人力资源部审核后根据岗位所在序列的职位评聘条件进行竞聘岗位职级评定,评定等级不高于条件晋升制的最高职级。

(4) 薪酬管理制度

N地铁公司的薪酬管理制度以战略导向、价值导向、市场导向、动态调整、稳健过渡为原则,薪酬管理办公室设在人力资源部,负责薪酬的归口管理工作,包括定期组织开展薪酬分析、制定薪酬调整方案、修订薪酬管理制度及编制年度薪酬预算、薪资报表等。

员工的岗位薪酬是整个薪酬体系的核心,从岗位价值和能力因素方面体现了员工的贡献。员工的岗位薪酬因岗位性质、岗位职级、个人能力及绩效等因素不同而体现差异性。它是由月度工资、季度工资、年度绩效加总得出。

① 月度工资＝基本工资＋岗位工资＋绩效工资;其中基本工资作为岗位的基础性报酬,体现了区域性、政策性的收入保障。岗位工资反映该岗位的职责及在公司内的分工价值,由所任岗位的内部价值和市场价值所确定。绩效工资反映各岗位员工的动态绩效水平,各单位对员工工作业绩实行月度考核,根据考核结果,在内部进行绩效工资二次分配。各等级基本工资、岗位工资、绩效工资的比例,因不同职位级别而有所不同,详见表3-5。

表 3-5　月度工资比例表

岗位薪酬等级	基本工资	岗位工资	绩效工资
1～3 级	年薪制		
4～6 级	45%	15%	40%
7～12 级	45%	25%	30%

② 季度绩效根据当季分配方案及各单位该季度的考核情况核发总额,由各单位二次分配后造册发放。

③ 年度绩效根据年度绩效分配方案及个人年度绩效情况核发总额,各单位二次分配后造册发放。

关于岗位薪酬中月度工资标准的确定,公司现有岗位根据修正的岗位价值排序及岗位性质,划分不同的职位序列,包括:管理、专业技术(含专业类、技术类)、技能(含技能 A、技能 B、技能 C)、生产辅助(含生产辅助 A、生产辅助 B)。公司薪酬体系中最低级别是 20 级,最高级别是 1 级;每个薪酬等级为 20 个档位,1～3 级实行年薪制。不同的岗位,在相同职级下"薪级"相同,但"薪档"不同;根据岗位价值评估,各岗位起薪档从低到高,分为 1 档至 11 档。员工所任的职位和所在的岗位是员工月度工资标准确定的基础,每个特定职位下的岗位,在薪酬带宽表中对应相应薪酬。除此之外,公司有健全的福利保障作为月度附加薪酬项目,如交通补贴、误餐补贴、班组长津贴、营养津贴、技师津贴、高温费、安全奖、专项奖等。

关于员工薪酬的确定及调整。员工进入公司试用期满,经考核合格后从岗位所在序列最低职级起步,以该岗位起薪作为初始档位,确定转正薪酬。其中试用期薪酬按照转正薪酬的 80% 发放。社招员工参加职位评聘时,外部工龄按 2∶1 折算取整数位后换算为运营公司司龄。

① 转正后的薪酬调整:新入职员工试用期满,考核合格后,调整薪酬。

② 职级变化的薪酬调整:员工受聘新职位后,调整至相应薪级,并根据所在岗位,进入该薪级的起薪档;如果原薪酬水平高于起薪档对应数值,则在新等级中调整档位,取不低于原薪酬水平的档位。

③ 工作业绩的薪酬调整:处在各等级的员工,若未升级,在原职级任职满 1 年、1 年内工资未调整且前 12 个月考核均分为"85 分"及以上,薪酬同级进 1 档,1 年内仅可升档 1 次。

④ 荣誉表彰的薪酬调整:在 N 地铁集团系统内,连续 2 年获得子公司及以上级别"年度先进"的员工另享受同级 2 档薪酬待遇 2 年;若该员工在享受待遇期间月度考核分低于"85 分"或受行政处分的,则次月取消。

月薪酬计算时间为月初的第一天至月末的最后一天,每月 18 日预发当月薪酬,其中绩效工资根据月度考核结果,于次月 18 日进行调整。如遇薪酬发放日为法定节假日,则提前至前一工作日发放,员工自报道之日起薪,离岗之日停薪。其他附加薪酬等随月工资以货币形式支付,通过银行转账方式一并发放。

(5) 员工关系管理制度

N 地铁运营公司实行全员劳动合同制,凡在册员工一律按劳动合同管理制度订立书面劳动合同。人力资源部是劳动合同的主管部门,负责按照本制度组织开展劳动合同订立、续订、变更、终止和解除工作。公司与员工首次签订劳动合同期限为三年,试用期6个月(试用期包括在劳动合同期限内);第二次签订劳动合同期限为五年,第三次签订无固定期限劳动合同。

另外,企业对于职业劳动争议调解、劳动关系预警机制、劳动安全卫生监督、劳动防护用品等涉及员工关系的方面均依据国家相关法律,制定了较为完善的工作制度。

(6)劳务派遣管理制度

劳务派遣人员是指与劳务派遣公司签订劳动合同被派往运营公司工作的人员,安排在临时性、辅助性或者替代性工作岗位上工作。由人力资源部审核派遣人员的劳动合同期限或者个人派遣期限,明确其不长于公司与劳务派遣公司约定的劳务派遣期限;如有前述情况的,人力资源部督促劳务派遣公司调整其与派遣人员签订的劳动合同。同时督促劳务派遣公司及时反馈与劳动派遣人员的劳动关系变动情况,双方劳动关系解除或终止的,及时督促劳务派遣公司完善相关劳动合同,或将派遣人员退回。接受劳务派遣人员的具体部门应当组织劳务派遣人员在上岗前学习、了解公司依法制定的各项规章制度,并签字留存。

各单位的管理职责。人力资源部负责管理劳务派遣人员,根据分公司及各部门具体用工需求,分析劳务派遣用工方式、用工人数等情况,根据公司用工实际需求进行劳务派遣人员优化配置;负责与劳务派遣公司之间的合同签订、履行以及关系维护、沟通协调等工作;协助业务部门处理劳务派遣纠纷、工伤意外等特殊情况;建立劳务派遣人员台账,注意劳务派遣协议期限、劳动合同期限等情况,应于劳务派遣协议期满之前及时处理、安排相关派遣人员,若不延长劳务派遣协议期限的,应及时退回。具体用工单位负责具体对劳务派遣人员的监督和管理,做好劳务派遣人员入职培训、业务培训、日常管理等工作,并对劳务派遣人员进行考核;负责内部资料制作和审核,规范用工,制定相应管理办法及用工制度,明确劳务派遣人员考核指标及相应退回事项。

有关劳务派遣人员的招聘组织,是由运营公司提出劳务派遣的岗位需求,注明岗位(工种)、资格要求及人员数量、薪资福利待遇等。人力资源部及公司其他部门均不参与劳务派遣人员的具体招聘环节。而是由劳务派遣公司负责派遣人员招聘,运营公司人力资源部负责安排派遣人员上岗,如需更换的,及时通知劳务派遣公司进行更换并妥善处理。

有关对劳务派遣公司的检查与考核,未尽事项按照法律法规的规定及与劳务派遣公司之间的合同约定处理。各单位不得违反运营公司制定的劳务派遣管理办法的相关规定,对于执行存在偏差的单位,纳入绩效管理。

3.1.4 N地铁公司的绩效考核体系

(1)组织绩效管理办法

N地铁公司的组织绩效管理通过公平、公正、公开,战略导向,平衡性,过程管理,严肃性原则完成以下管理目标,其中平衡性原则是指在明确绩效管理重点的同时,强调财务指标与非财务指标的平衡、共性指标与个性指标的平衡、短期业绩目标和中长期发展目标的平衡,根据被考核单位不同的业务特点及发展结果,选取最能表现当年度工作业绩和贡献的指标。过程管理原则是指绩效管理是包括绩效计划、绩效监控和辅导、绩效评价和绩效应用的一个持续管理过程,各单位应将绩效管理贯穿于日常管理和监督过程中,充分沟通,及时纠偏,关注组织绩效的持续改进:

① 通过组织绩效管理体系的搭建,统一规范运营公司的绩效指标体系和管理流程,为组织绩效体系向纵深化推进奠定基础。

② 通过对战略目标、年度计划指导纲要的分解及有效的过程监控,使各单位按运营公司既定的战略方向,完成相应任务,确保各年度目标的完成和企业战略的有效落地。

③ 通过组织绩效管理体系的应用,培养各单位的规范化管理能力。

④ 通过良好的绩效文化,充分调动各单位的积极性,促进组织绩效管理的持续完善。

⑤ 通过绩效管理促进各单位间的沟通和团队协作。

⑥ 通过对各单位的工作绩效管理,不断提升各单位工作水平,推动企业整体绩效的有效提升,完成公司阶段性工作目标,完成集团公司下达的各项任务。

运营公司绩效管理的组织机构包括绩效管理委员会、绩效管理办公室、企业管理部、各单位。绩效管理委员会是公司绩效管理工作的领导机构,由运营公司领导组成。绩效管理办公室是绩效管理的工作机构,由绩效管理职能分管领导任主任,企业管理部负责人任副主任,各单位负责人及相关人员任成员。

绩效管理具体的实施方案如下:

① 每年初,企业管理部根据政府及上级主管单位考核要求、集团公司战略规划及年度 KPI 指标、企业战略规划及计划指导纲要、企业高层任期经营目标,完成企业年度绩效管理方案修订工作。

② 绩效管理实施方案主要内容包括工作方针及重点目标、目标责任书、各单位绩效评价指标、各单位归口管理指标。

a. 工作方针及重点目标。根据集团公司战略规划和年度 KPI 指标,综合考量企业在产品和服务、顾客与市场、财务、资源管理、过程有效性、战略领导六个领域的要素,反映各单位重点经营活动并强化企业战略目标的分解。

b. 生产经营管理目标责任书。为确保企业各项经营管理目标、计划及预算顺利实现,企业管理部根据公司年度目标修订《生产经营管理目标责任书》,由企业总经理作为考核方、各单位负责人作为被考核方代表,双方签订《生产经营管理目标责任书》。通过目标责任书的签订,明确双方责任、考核期限及 KPI 指标,促进各单位努力实现责任目标的完成。

c. 各单位绩效管理指标。根据企业年度工作方针及重点工作,结合本单位年度主要工作任务和核心职能,形成各单位的绩效管理指标,指标制定遵循 SMART 原则。

d. 各单位归口管理评价指标。为保障本单位职能的有效发挥,由各归口单位根据本单位职能修订归口管理评价指标,从而达到归口管理指标或事项有疑义,可提报企业管理部,由绩效管理办公室审议,需要时提交绩效管理委员会进行终裁。公司所有单位都有权对其他单位在工作中出现的协调、配合、执行力等方面存在的问题提出考评意见报企业管理部,经绩效管理办公室批准后,由企业管理部归口考核。

③ 绩效管理实施方案的下达。企业年度绩效管理实施方案，由绩效管理办公室审核，经绩效管理委员会审议通过后，以公司文件形式下发执行。

绩效管理实施和评价程序如下，流程如图 3-5 所示。

```
开始
  ↓
制定绩效管理实施方案
  ↓
签订生产经营管理
目标责任书
  ↓
绩效评价
  ↓
绩效述职
  ↓
年度总考评
  ↓
结束
```

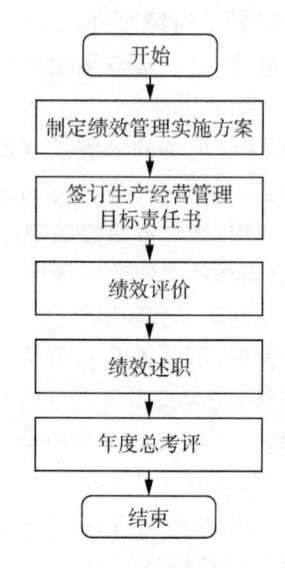

图 3-5　绩效管理实施和评价程序

① 目标责任书的签订。每年年初，继集团公司与运营公司签订集团目标责任状后，企业管理部完成运营公司各单位目标责任书内容的编制，由绩效管理办公室审核，经绩效管理委员会审议通过后，于当年由企业总经理和各单位负责人签订各单位目标责任书。

② 绩效评价。各单位定期填报工作计划及绩效目标完成情况，企业管理部依据各单位绩效目标完成情况和归口评价结果，定期牵头对各单位进行绩效评价，经公司绩效管理例会审议通过后发布评价结果。

③ 绩效述职。各单位定期填写《绩效述职报告》，经分管领导点评后报送企业管理部，企业管理部做好运营公司组织绩效管理的过程控制。

④ 年度总考评。年末，企业管理部根据各单位定期和年度绩效评价结果及集团公司对运营公司考评结果等情况对各单位进行年度总考评，并将考评情况报绩效管理办公室和绩效管理委员会审议。根据最终审议结果，企业管理部形成各单位年度总考评结果报人力资源部和工会工作部。

⑤ 绩效管理工作例会。企业管理部定期组织绩效管理办公室召开绩效管理工作例会，通报当期绩效评价结果、分析存在问题、查找不足并提出完善措施。

⑥ 绩效评价结果的申诉。被考核单位对评价结果有异议时，可在申诉期限内向企业管理部提出申诉，由绩效管理办公室进行审议，需要时提交公司绩效管理委员会终裁。

⑦ 绩效闭环管理。责任单位对未按计划完成的指标项目进行深度原因分析，并提出切实可行的整改措施和计划，形成分析报告，并经分管领导批准同意后，报送企业管理部，纳入问题管理系统，并进行过程跟踪。

⑧ 绩效检查。企业管理部每年开展绩效检查,对各单位绩效管理实施工作进行调研、检查、指导与意见征集。

⑨ 绩效预警与监控。企业管理部定期牵头组织召开绩效管理相关会议,对集团公司KPI关键绩效指标、运营公司年度重点工作完成情况等内容实行过程监控、预警,及时了解存在的问题,提出解决方案。必要时可不定期对各单位绩效目标完成情况进行检查。

⑩ 绩效评价结果的应用。应用于组织绩效改进与目标调整,根据各单位总体阶段性目标达成情况,寻找出现偏差的原因,并制定改进措施,为下一年度战略调整、计划指导纲要、全面预算、绩效考核方案的编制提供参考依据;作为各单位评选公司年度"先进集体"的依据之一;定期绩效评价结果与各单位绩效工资挂钩;年度绩效评价结果与各单位中层绩效工资兑现挂钩,并作为干部人事任免的依据之一。

⑪ 绩效管理纪律。绩效管理办公室和提供归口管理考核结果的相关单位要坚持"公平、公正、公开"的原则,开展绩效评价工作。在绩效评价过程中弄虚作假、隐瞒事实真相的,加重考核;后果极其恶劣的,当事人、本单位分管领导和负责人当期绩效评价成绩为零,取消单位和单位负责人年度各项评先资格。各单位提供的绩效评价材料中的数据与其报表中的数据不一致时,绩效管理办公室将选取最低值作为该项工作的实施完成情况,并视情节轻重进行进一步处理。

(2) 员工绩效考核管理办法

N地铁公司员工绩效考核管理办法的目的是:通过绩效管理督促员工严格遵守运营公司的各项规章制度,规范员工行为准则,促进员工业务技能及素质的全面提升;通过绩效管理全面评价员工工作表现,合理设计薪酬分配机制,使员工通过合法劳动,按生产要素取得相应报酬,激发员工创新意识,提高工作效率;通过绩效管理促进上下级的沟通和交流,增强员工的凝聚力和团队合作精神。通过绩效管理不断提升各单位工作水平和员工综合素质,推动运营公司整体绩效的有效提升,完成月度、年度工作目标,完成N地铁集团有限公司下达的各项任务。依据公平、公正、公开,客观性,差别性,开放沟通、关注未来的原则开展。员工绩效管理的组织机构包括员工绩效管理领导小组、员工绩效管理办公室、各单位绩效考核小组、员工绩效管理监督工作小组。员工绩效管理领导小组是员工绩效管理工作的领导机构,总经理任组长,领导班子副职任领导小组成员。其主要职责如下:

a. 审议员工绩效管理办法;

b. 研究和决定员工绩效管理的有关问题;

c. 裁定员工绩效申诉。

员工绩效管理办公室是员工绩效管理的工作机构,员工绩效管理办公室与人力资源部合署办公。员工绩效管理职能分管领导任主任,人力资源部负责人任副主任,各单位负责人及相关工作人员任成员。其主要职责如下:

a. 制定和修改员工绩效管理办法、建立健全各项考核制度;

b. 检查、指导各单位员工绩效考核工作;

c. 汇总统计考核评分结果;

d. 接受员工申诉处理;

e. 对考核过程中不规范行为进行纠正、指导与考核。

员工考核采用百分制考核的方式,对员工的考核侧重于考核员工的工作业绩、工作能力、工作效率及工作质量。具体考核内容及考核分值标准由各单位自行制定,报审批。各单位制定的《员工绩效管理办法》,应对员工绩效表现情况设置量化指标,注重工作量化写实。

员工待岗(包括但不限于无上岗证等情形)期间考核分为 0 分。员工每旷工 1 天扣减 20 分;员工当月病假 5 天以内(含 5 天)考核分不予扣减,病假 5~15 天(含 15 天)考核分扣减 5 分,病假 15 天以上考核分扣减 10 分;员工当月事假 3 天以内(含 3 天)考核分不予扣减,事假 3~10 天(含 10 天)考核分扣减 5 分,事假 10 天以上,每请 1 天事假考核分扣减 1 分;考核分扣减按实际缺勤工时计算,每 8 小时算 1 天。

在考核期内发生下列情况之一者,按"一票否决"处理,处理月度、季度、年度考核成绩为零,扣发月度、季度和年度的绩效工资。如同一事件涉及"一票否决"中多种情形时,不重复进行考核。"一票否决"包含:

a. 严重违章违纪,包括但不限于:严重违反运营公司及所在分公司管理制度及劳动纪律的,被运营公司或所在分公司给予党纪处分或依据公司内部规章制度予以惩处的;

b. 违反廉洁自律规定的;

c. 发现并查实有弄虚作假现象的;

d. 由公司员工绩效管理领导小组研究确定的其他有严重影响的行为。

考核实施方面,公司实施全员考核,员工考核分为运营公司领导班子副职的考核、中层干部的考核及普通员工的考核。运营公司领导班子副职的考核按 N 地铁集团有限公司考核办法执行;中层干部中各单位负责人及以上岗位的考核分等于所属单位考核分或分管单位考核均分;各单位其他中层干部的考核分依据本单位《员工绩效管理办法》,与分管工作挂钩计算考核分,最终得分不得超过所属单位考核分;普通员工的考核分依据本单位《员工绩效管理办法》,与工作实绩挂钩计算考核分;员工考核分扣减的情况应在绩效工资中考核兑现。各单位应结合实际,制定本单位的《员工绩效管理办法》,且需通过部门全员会议或员工代表大会审议后执行,并对员工进行公示。每年初结合上一年度实施情况进行修订、完善,并报人力资源部备案。

按照不同的时间周期,针对员工的考核分为月度考核、季度考核、季度结算、年度奖惩。

① 月度考核:各单位对员工工作业绩实行月度考核,并根据考核结果,次月绩效兑现。

② 季度考核:各单位对员工工作业绩实行季度考核,并根据考核结果,季度次月绩效兑现。

③ 季度结算:人力资源部每月预发员工绩效工资总额,每季度次月根据季度考核指标完成情况,结算各单位员工实际季度绩效工资总额。各单位根据员工实际季度绩效工资总额在本单位内部进行绩效工资的二次分配。

④ 年度奖惩:各单位对员工工作业绩实行年度考核,并根据考核结果,年终进行绩效兑现。

其中月度与季度考核的流程相同,如图 3-6 所示:每月 9 日前各单位根据本单位《员工绩效管理办法》及组织绩效考核情况,结合员工工作实绩,完成本单位员工考核,形成员工月度考核分。每季度次月9日前人力资源部根据各单位季度考评分进行季度考核结算。每月10日前各单位根据员工月度考核分，完成月度绩效工资分配后报人力资源部，同时将员工考核情况在各单位内部进行公布。每月11日前，将考评结果在月度绩效工资中兑现。每月16日前人力资源部将审核过的员工考核扣减额随工资一并造册报财务部，18日予以兑现。每季度次月18日前人力资源部根据季度组织绩效考核结果，核定各单位季度绩效工资总额并下发。每季度次月25日前各单位将季度绩效工资二次分配的结果反馈至人力资源部，审核造册后报财务部，28日予以兑现。

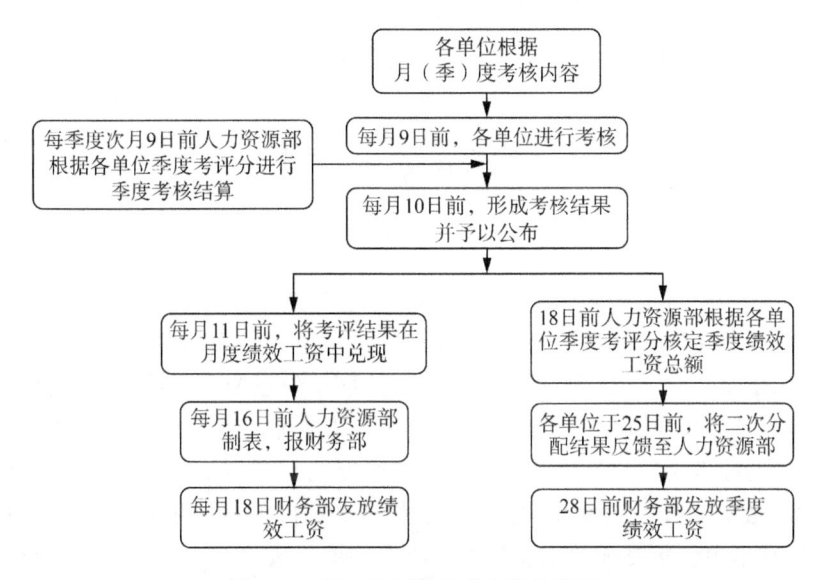

图 3-6　员工月(季)绩效考核流程图

月(季)度绩效应用方面，各单位按本单位全体员工每季度各月绩效工资总额的1/12和管理人员每季度各月绩效工资总额的1/3就低纳入季度考核基数，每季度考核分与季度考核基数挂钩。每季度次月进行季度考核结算。根据各单位季度考核扣分，核算每季度的月绩效工资考核扣减额，本季度的月绩效工资考核扣减额＝本单位本季度考核基数×本单位本季度考核扣分×1%，每季度次月进行季度绩效工资兑现。结合各单位季度考核等情况核定各单位季度绩效工资总额，由各单位根据绩效分配方案二次分配后造册发放。员工待岗（包括但不限于无上岗证等情形）、旷工、病假、事假期间不享受绩效工资。各单位应全面推行生产岗位积分制管理，将考核分较大权重的应用于本单位的积分制管理中，并根据实际适时优化相关积分规则。

年度考核的流程如下：年末企业管理部对各单位进行年度综合考评并形成年度综合得分；年度综合得分公布后，各单位于5个工作日内报送本单位中层个人年度综合考核分至人力资源部，由人力资源部兑现其年终绩效工资；年度综合得分公布后，人力资源部于5个工作日内下发年终绩效工资总额。在本单位年终绩效工资总额下发后，各单位于5个工作日内将本单位普通员工年终绩效工资二次分配结果反馈至人力资源部；财务部于春节前3个工作日，发放员工年终绩效工资。年度考核流程如图3-7所示。

年度绩效应用方面，年终考核95分及以上的各单位，员工享受年终绩效工资；年终

```
           年末企业管理部下发
           各单位年度综合得分
                  │
        ┌─────────┴─────────┐
        ▼                   ▼
  各单位5个工作日内，报      人力资源部5个工作日内，
  送本单位中层个人年度综     下发普通员工年终绩效工
  合考核分至人力资源部       资总额
        │                   │
        ▼                   ▼
  人力资源部根据各中层个     各单位于5个工作日内，将
  人年度综合考核分核定其     普通员工绩效工资二次分
  年终绩效工资               配结果反馈至人力资源部
        └─────────┬─────────┘
                  ▼
           财务部于春节前3个工作日
           发放年终绩效工资
```

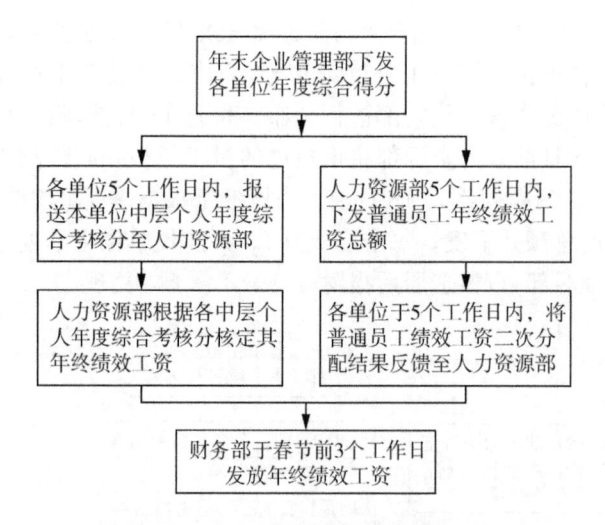

图 3-7　员工年度绩效考核流程图

考核95分以下的各单位，按照所得分数测算各单位年终绩效工资总额。年终考核85分以下的各单位及其正职，不得参加当年度任何先进单位和个人的评选。考核结果作为干部人事任免的依据之一，年终考核分低于85分的该单位正职不再续聘，公司领导对综合评分低于85分的该单位其他中层进行诫勉谈话，视情况决定是否解聘其现任职务。各单位年内结余的绩效工资总额可在年内季度与季度之间调剂使用，也可在年终绩效工资中适度分配。全年度可控工资总额(主要指本单位安排加班发生的加班工资和绩效工资)超出部分在本单位年终绩效工资总额中或下年度工资总额中扣除。在计算各单位年终绩效工资兑现时，按员工实际在岗工作时间计算。员工全年考核结果作为年终各项绩效工资分配的依据之一，普通员工根据所属单位的绩效分配方案进行年终绩效工资兑现；中层干部结合个人年度综合考核分进行年终绩效工资兑现；年终绩效工资兑现金额＝年终绩效工资标准×个人年度综合考核分×1‰；参照年薪制标准享受的分公司负责人，结合个人年度综合考核分进行绩效年薪兑现；绩效年薪兑现金额＝绩效年薪标准×个人年度综合考核分×1‰。一个自然年度内，员工月度考核连续两次或累计三次及以上考核分在75分以下的，由各单位中层干部对其进行诫勉谈话，制订具体绩效改进计划。员工全年考核结果作为下年度培训的依据之一。对全年考核分在75分以下的员工，下年度将注重强化本岗位能力、知识、工作态度的培训；对全年考核分在95分及以上的员工，下年度将注重对其进行提高性培训。

关于绩效申诉处理方面，被考核人不服考核结果，可先向所在单位绩效考核小组提出申诉，如所在单位无法协调解决考核争议，则可向员工绩效管理办公室提出申诉。申诉人填写绩效考核申诉表，经初审通过后，人力资源部组织员工绩效管理办公室相关成员组成调查小组，进行相关调查后，提出处理意见，报员工绩效管理领导小组裁定，并将处理结果以书面形式送达申诉人。

为方便其他文件引用绩效考核结果，特对员工绩效考核等级划分如下：优秀，考核分95分及以上；称职，考核分85分(含85分)至95分的；基本称职，考核分75分(含75分)

至85分的;不称职,75分以下的。

(3) 员工奖惩管理条例

人力资源部负责制定员工奖惩管理条例并牵头实施,负责对条例做出解释。各单位负责根据权限提出对员工的奖惩建议并提供员工因何事何因获奖惩的情况说明。分公司可以开展权限范围内对本单位员工的奖惩(解除劳动合同除外)工作,并将最终结果报人力资源部备案。

奖惩依据及原则:

① 公司员工必须遵守国家的政策、法律等相关法规,遵守公司的各项规章制度,遵守劳动纪律和职业道德,执行劳动安全卫生规程,爱护公共财产,学习和掌握本职工作所需要的文化技术业务知识和技能,团结协作,完成生产任务和工作任务。

② 奖励工作必须以事实为依据,以法律法规及公司规章制度为准绳,做到依法行事,以理服人。

③ 奖励工作以精神奖励、定期奖励为主,物质奖励、及时奖励为辅;惩处工作以教育为主、惩罚为辅。坚持公正合理、奖罚分明的原则。

对于有下列表现之一的员工,应当给予奖励:

① 在完成生产任务或工作任务、提高服务质量、节约公司资财和能源等方面,做出显著成绩的。

② 在改进公司经营管理,提高经济效益方面做出显著成绩,对公司贡献较大的。

③ 保护公共财产,防止或者挽救事故有功,抢险救灾中奋不顾身,使公司利益和员工利益免受重大损失的。

④ 同坏人、坏事作斗争,对维持正常的工作秩序和生产秩序、维持社会治安,有显著功绩的。

⑤ 维护财经纪律、抵制歪风邪气,事迹突出的。

⑥ 其他应当给予奖励的。

对员工的奖励分为:嘉奖、记功、记大功、晋级、授予各类先进荣誉称号。同时按公司《奖励实施办法》,给予一次性奖金。嘉奖、记功、记大功、授予先进工作(生产)者、劳动模范等荣誉称号、给予一次性奖金的,由工会等归口管理单位提出建议,经公司党委会研究后做出决定或报上级有关部门批准。给予员工的奖励应当计入本人档案。

惩处包括通报批评和处分。处分种类为警告、记过、记大过、降级、撤职、留用察看、解除劳动合同。惩处生效时间从公司下发惩处文件之日起计算。员工在受惩处期间,不得晋升职务和级别。员工同时有两种以上需要给予惩处的行为的,应当分别确定其惩处。应当给予惩处的种类不同的,执行其中最重的惩处;应当给予解除劳动合同以外多个相同种类惩处的,执行该惩处,但惩处期应当按照一个惩处期以上、两个惩处期之和以下确定。给予员工降级的处分,降级幅度为一级,同时降低其工资级别。对于受到撤职处分的员工,同时降低其工资级别。

给予员工留用察看的处分,可根据情况重新安排工作岗位,并在受惩处期间按实际从事岗位的月度工资的80%发放。员工受到惩处的,其惩处生效当月、当季、当年绩效工资不予发放。

(4) 奖励实施办法

N地铁公司按照价值引领、服务发展,公开透明、公平公正,严格控制、合法合规,择优奖励、突出重点,精神奖励与物质奖励相结合的原则设置奖励,奖项如下:

① 年度先进集体、先进个人。对年度工作任务完成优异、有突出贡献的集体和个人进行奖励,每年评审一次。

② 科技创新。对运营生产或其他活动中,在知识技能和操作技巧创新、破解生产技术难题、国产化项目研发与改进中做出突出贡献的集体和个人进行的奖励。

③ 管理创新。对运营生产或其他活动中,大胆改革、积极创新,并做出突出贡献的集体和个人进行的奖励。

④ 安全管理奖励。对维护运营生产安全、防止安全事故发生、参加抢险救护等方面做出突出贡献或取得显著成绩的集体和个人进行的奖励。

⑤ 劳动技能竞赛奖励。对在劳动技能竞赛中获得名次的集体和个人进行奖励,不设置纪念奖。

⑥ "五小"创新。对推动公司优化管理、节约成本、提高经济效益和提升服务质量的小发明、小革新、小改造、小设计和小节约进行评选并予以奖励。

⑦ 合理化建议奖励。对公司安全、生产、经营、管理等方面提出的建议进行评选并予以奖励。

⑧ 增收类奖励。增收指充分利用现有资源积极创收,通过新产品、新技术测试等其他各种方式取得的额外收入或超过计划收入,主要包括外接培训、PPP项目或管理咨询服务取得的实际收入,作为公司其他收入入账的上级政府部门给予的奖励基金,其他增收项目(包括资源配合费等)及营销项目取得的经济效益等收入。增收类项目对奖励基数以超额累进方式进行奖励计提。

⑨ 节支类奖励。对通过开展技术改进、自主维修、国产化成果应用与推广、修旧利废、主张业主权益等其他措施,为运营公司节约成本进行的奖励。节支类项目对奖励基数以超额累进方式进行奖励计提。

⑩ 年度专项工作奖励。年度专项工作奖励,是指对完成纳入运营公司"年度经营管理目标"、重点任务的阶段性专项工作或其他涉及全局性、长远性、战略性、突破性的项目的奖励。

⑪ 其他工作奖励。在上述奖项外的,对在处理突发事件、问题管理、承担专项重要工作中做出显著成绩和贡献的或开展阶段性工作成绩显著的,为运营公司创造了经济效益和社会效益的集体或个人,进行一次性奖励。

在奖励实施方面,各归口管理部门于每年9月20日前,完成本部门业务范围内各项奖励的次年度预算总额的测算及统计工作,并填报《奖励预算申报表》至人力资源部。各归口管理部门申报的奖励预算审核通过后,在次年度提报奖励方案至运营公司党委会研究,审批通过后组织实施。各归口管理部门在奖励方案实施后,评审结果提报运营公司党委会研究,审批后方可进行奖励发放。各奖励方案、评审结果在经运营公司党委会审批通过后有变化的,须重新提报至运营公司党委会研究,审批通过后方可组织实施。年度设立的奖项,若该奖项为跨年度工作,次年仍为公司经营目标和主要任务,奖励可延续至次年。如此奖项次年转入正常工作范畴,则不再转入次年度奖励。运营公司内各项奖励标准均参照本办法执行,各单位不得自行设立本办法以外的其他种类的奖励,不得违反本办法标准发放奖励,不得重复发放奖励,不得截留奖励私设小金库,奖励分配、报销手续必须符合财务相关规定。

3.2 N地铁公司"细胞体班组"建设的现状分析

3.2.1 阿米巴模式的实施条件

阿米巴模式的核心理念是让员工形成为建设美好社会而工作的价值观,而不是单纯为了自身的物质享受[75],这就需要"管理哲学"来进行协调[76]。其根本目的是通过赋权实现全员参与经营,从而培养员工的团队精神、促进合作关系[77-78]。其组织运行机制主要包括阿米巴的团队关系、团队激励机制、团队会计机制和团队评价机制等[79]。国外学者的研究认为其模式实施的基本条件包括企业内部的相互信任、管理者严肃认真的态度、能让员工及时得到绩效反馈的相应体制等。

目前国内先行实践阿米巴经营模式的企业有很多,如海尔公司推行的"人—单—酬"合一模式,华为公司的"铁三角模式",韩都衣舍公司的"主经营体模式"等,可以算作是对于阿米巴经营模式的一种变形[80]。国内学者指出企业在借鉴的过程中,应建立以自利为驱动的动力机制,并将自利与利他相协调[81],建立与市场挂钩的核算机制[82],并实施高度透明地经营[83]。树立感恩、仁爱、慷慨、守信的商业价值观[84],重视对内部人才的培育[85],由企业的经营者亲自发起并坚持到底[86]等。同时,企业想成功地实施阿米巴模式并不一定要全面照搬,可对其中的一些规则进行修改。

3.2.2 N地铁公司的实施优势与不足

将阿米巴模式合理导入地铁运营公司的生产经营,N地铁公司已做出了近十年的实践应用,形成了具有自身特色的"细胞体班组"基层管理模式。通过对其建设"初心"的回溯,分析在阿米巴模式导入阶段的公司背景,可以有助于厘清N地铁公司特有的基层管理现状,并为后文的绩效考核体系优化提供支撑。

(1) 班组分工明确,有部门核算的业务基础

N地铁公司根据工作性质的不同将庞大的组织细分为不同的业务单元。针对复杂的地铁运营设备设施,有明确的专业分类及定义,各个业务单元根据线路的不同进行分工,使得班组之间业务边界清晰,不存在业务上的冲突,有信任互助的前提。且同类型的班组工作内容大致相同,大部分工作内容经常重复发生,可以进行评估核算。这就省去了导入阿米巴模式时,讨论如何划分基层阿米巴组织以及考虑是否具有独立核算能力的问题。但需要说明的是,本书探讨的门梯维护班组并没有明确的经济收入,其经济支出所获得的回报更多反馈在设备可靠程度等与运营服务质量有关的指标及带来的社会效益之上,这也与京瓷公司阿米巴模式中的经营核算理念略有不同。

(2) 经营数据透明,有全员参与的内在动力

公司内部有针对不同工作内容的管理信息系统,但缺乏对于各系统之间的整合。如

N地铁公司现在使用的内部OA办公系统、EAM故障管理平台、绩效考核、培训、考勤操作平台、集成员工服务各项内容的"钉钉"软件模块；又如分公司自主开发的微信小程序"云上机电"，内含故障列表、分析系统、问题跟踪等功能；还有各个班组自发制作的微信小程序，能够在巡检过程中便于查找设备状态。由于绝大部分工作已经实现无纸化办公，生产相关信息都会及时通过网络媒介传达至基层班组，只要能够将其有效整合，就能够实现班组经营数据更为透明地反馈给公司全员。另外，公司由于组建时间不长，且基层员工大部分属于应届毕业生直接就业，年龄整体较小，思想相对没有那么固化。公司整体的氛围也鼓励年轻员工参与公司经营，会定期组织下访接待、收集员工合理化建议等，使得员工有参与经营的内在动力。

（3）公司急速发展，有对管理人才的迫切需求

伴随着近些年N地铁公司规模上的爆发式增长，新员工的数量快速增加，从非本行业引进外部人才难以满足企业需求，于是便出现了很多老员工还未积累起足够的经验便"火速"走上班组长岗位的现象。同时，基于公司生产任务的不断膨胀，各部门领导很难事无巨细地处理好每一件事，这也就需要调动基层管理者的积极性与创造性，管好自己的一亩三分地。因此，公司领导始终把基层班组建设放在一个非常重要的位置，能够意识到培养班组长的重要性，高度重视对于班组管理人才的培养，在全公司上下经常组织针对班组长管理能力的相关培训，涵盖角色认知、6S管理、目标管理等方面。阿米巴模式通过管理赋权的形式为快速培养班组管理人才提供助力，有益于解决N地铁公司在爆发式增长环境下的人才需求。

（4）企业自带利他属性，有价值观念的深厚积淀

地铁作为城市的公共基础设施，是用来满足居民出行的基本需要的，对所有人开放、均等化是它的内在需求，可以说N地铁公司从成立之日起就自带"利他"属性，这就与阿米巴模式的管理哲学形成了天然的契合。需要注意的是，企业文化属性往往停留在企业中高层管理层面，难以保障基层在实际执行过程中一以贯之，公司虽在成立之后先后推出"人文地铁"品牌、运营文化建设、"细胞体班组"建设等一系列管理创新举措，并依此形成了"包容、凝聚、奋发、共进"的企业核心价值观与"承恩施善、德贯全程、敢当大任、回馈社会"的企业宗旨，在价值观念方面有一定的深厚积淀，但未能全员有效参与，这也是需要通过实际管理措施逐步解决的问题，最终形成具有中国特色的阿米巴模式管理实践。

3.2.3 "细胞体班组"的现行评价指标体系

公司"细胞体班组"的既有评价指标简称"六化"指标，分为标准化、标杆化、机制化、知识化、自主化、社会化6个模块，分别是指：① 标准化是指针对班组安全、生产、人员、技术、现场、成本、设备、服务管理等各方面工作，对照标准进行创建，实现班组的标准化管理。涉及安全管理、生产管理、人员管理、现场管理、成本管理、服务管理6个一级指标。② 标杆化是指基于标准，建立分公司班组评价体系，识别和表彰表现优异的班组和员工，以便作为全体班组和员工学习榜样。涉及内部荣誉、竞赛、最佳实践3个一级指标。③ 机制化是指通过建立和完善班组内在机制，促使班组集体和员工都能产生内存动力和压力，自觉对照标准，学习先进。涉及目标管理、绩效管理机制、任职管理机制、沟通机制

4个一级指标。④ 知识化是指通过知识沉淀、知识转移、知识创新,使班组工作在实践中获得的感性经验,沉淀为系统化的知识体系,以便传承和改进。涉及知识沉淀、知识转移、知识创新3个一级指标。⑤ 自主化是指将班组外在的标准、标杆、机制和知识,内化为自己的素质、能力和价值观,实现自动、自发、自觉。涉及班组工作法、班组文化2个一级指标。⑥ 社会化是指让班组及员工工作成就增进家庭幸福,让企业文化带动城市精神文明,实现企业管理对社会发展的贡献。涉及品牌班组、展示展览、外部荣誉、内外交流、社会传播、社会公益6个一级指标;构成班组"六化"合计24个一级指标。

在一级指标的基础上再细分出安全组织、安全标准、安全实施,生产组织、生产管理,组织管理,现场管理标准、现场可视化管理、现场设备管理,定额管理、经济分析,服务标准、服务执行,班组荣誉、班组荣誉,竞赛活动,提炼最佳实践,计划管理,绩效考核,胜任力管理,员工技能、人才梯队,合理化建议、横向协调、内部关系,知识库,培训管理、工作轮换、互助培训,行动学习,编写班组管理工作法、企业文化内涵、成长手册、班组文化活动,品牌班组建设,展示交流,荣誉奖项及先进事迹,公司内部交流、行业内外部交流,社会媒体报道、自主对外社会传播,开展公益活动合计42个二级细分指标。并结合二级指标设计出对应的创建工作项与具体内容。

3.2.4 "细胞体班组"的考核流程与应用

"细胞体班组"评定流程以"细胞体班组"星级创建指标及成熟度量表和"六化精进法"特征价值评价表为标准,由班组自评、各单位初审、推进办公室预审、第一轮评定、第二轮评定等环节组成。

(1) 班组自评。各班组根据"细胞体班组"星级创建指标及成熟度量表进行对标自评星级。

(2) 各单位初审。各单位根据所属班组申报四星级和五星级班组的情况,完成初审并填写"细胞体班组"星级评定高星级班组初审表、"细胞体班组"星级评定高星级班组申报表、"细胞体班组"星级评定高星级班组特别推荐表。

(3) 推进办公室预审。推进办根据各单位的申报结果,结合日常检查、抽查情况进行预审。

(4) 第一轮评定。第一轮评定包括班组资料评审和班长演讲答辩两个环节。第一轮评定后,将按预定评定数量1:1.2比例筛选出进入第二轮评定的班组。

(5) 第二轮评定。第二轮评定为班组现场评审环节,评定对象为进入第二轮评定的班组。所有进入第二轮评定的班组参加班组现场评审。

(6) 推进办公室初定名单。推进办汇总全部评定结果,将进入第二轮评定所有班组的各环节得分进行统计,并按照排名初步拟定星级班组名单。填写"细胞体班组"星级评定结果汇总表。

(7) 召开公司党委会审定名单,审定并通过星级班组名单。

(8) 公示。推进办对星级评定结果进行公示,各单位如有意见以书面形式向推进办申诉,推进办在一周内予以答复。

流程如图3-8所示。

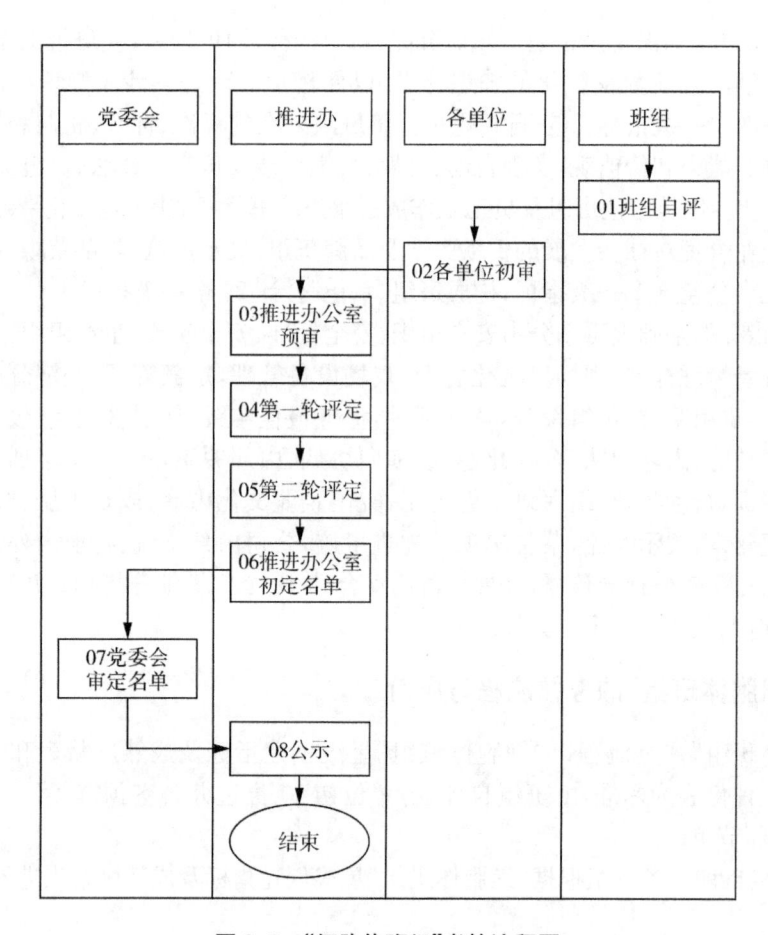

```
党委会        推进办         各单位         班组
                                          ↓
                                      01班组自评
                                          ↓
                        02各单位初审 ←────┘
                             ↓
                        03推进办公室
                           预审
                             ↓
                        04第一轮评定
                             ↓
                        05第二轮评定
                             ↓
                        06推进办公室
                           初定名单
                             ↓
    07党委会 ←──────────────┤
    审定名单                  ↓
         └──────────→  08公示
                             ↓
                            结束
```

图 3-8 "细胞体班组"考核流程图

评定等级及应用。"细胞体班组"星级评定分为一星级、二星级、三星级、四星级、五星级五个等级,其中五星级为最高等级。每年根据年度公司"细胞体班组"星级评定及先进评比实施方案,在获得四星级和五星级班组中评比"先进班组",数量不超过公司班组总数的10%。每年根据年度公司"细胞体班组"星级评定及先进评比实施方案,结合班组星级评定结果,对表现优异及特色显著的班组,授予荣誉称号及表彰。

3.2.5 "细胞体班组"建设与绩效考核结果的内在联系

截至2020年底,机电分公司班组架构为75个工班,实际班组数为63个,其中三星班组22个,四星班组6个,五星班组1个,高星级班组占实际班组总数的11.1%。但门梯维护班组在这一过程中参与程度极低,目前10个班组除极个别班组以外,其他均为N地铁公司班组星级评定中的最低级别二星级班组,时常发生班组为完成中心要求参与当年三星级班组评定,且顺利通过评选,但第二年又因为不愿参与评定又掉回二星级班组的管理怪象。

究其原因,虽有沟通机制为"细胞体班组"实施进行保障,但从顶层设计到基层执行中跨越了分公司、中心这两个层级核心内容难免走样,班组建设职责多为机自中心管理人员兼职承担,如此时各层级班组建设管理员责任心不强,对其深层次理论学习不够,便很难将宣贯执行工作落实到位;虽有考核机制作为激励门梯班组的物质奖励,但一方面对未完成"细胞体"班组建设工作鲜有明确的考核条款,另一方面在星级评定之后的物质奖励又难以及时跟上,造成门梯班组长与组织心灵契约一定程度上的破裂,不相信组织能够兑现创建时的组织承诺,在创建工作中便变得不上不下、毫无动力;虽有星级评定作为班组精神层面的荣誉,但因为整体缺乏创建氛围,且相应的评定指标未能指向门梯设备维护的关键指标,忽略了一些如故障抢修、设备巡检保养等更重要因素的考量,被班组普遍认为是花架子、不实用。另外,参与评定的相关人员较少有从门梯专业出身,对实际工作不能充分了解,在评定过程也没有一套对设备俗成的标准,也造成了星级评定工作在门梯维护班组无法有效开展。以至于门梯班组整体班组建设方面较为薄弱,在参与细胞体班组星级申报过程中不积极、不主动,虽有部分班组能够符合三星级班组创建标准,但不愿意主动申报,存在细胞体"无用论"。

那么班组绩效水平真的与"细胞体"班组创建无关吗?基于此通过对 2020 年各设备管理分公司绩效水平与班组创建成果的对比,年度绩效得分方面车辆分公司为 99.123 分;工务分公司为 98.830 分;通号分公司为 98.605 分;供电分公司为 98.898 分;而机电分公司分数最低为 98.076 分;绩效分值对比如图 3-9 所示,各单位的星级班组(三星级以上)数量如图 3-10 所示。

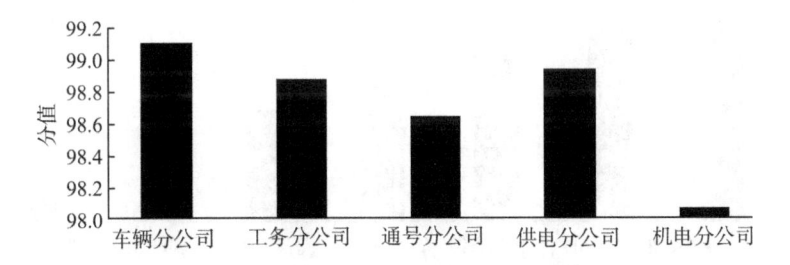

图 3-9　N 地铁公司各分公司 2020 年绩效分值对比图

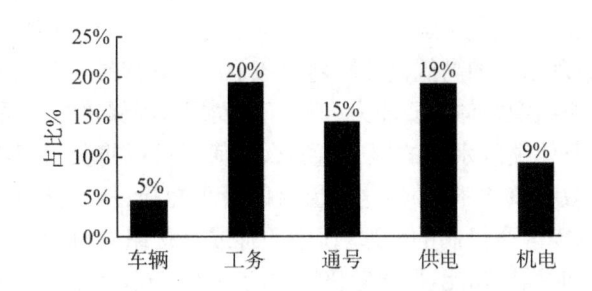

图 3-10　N 地铁公司各分公司星级班组占比图

由数据及对比图可知,除车辆分公司外各家分公司高星级班组占有率基本与年度绩效正相关。经过信息收集,车辆分公司绩效与班组建设不匹配的原因为,一是车辆分公司 2019 年启动一号线架修、二号线维修大修,2020 年老线上线列车基本已完成架修、大修,车辆性能较好,故障率相对较低;二是车辆主要是回库检修、维修,其他分公司设施设备主要是现场维修,对现场服务造成一定的影响,因而考核扣减相对较多,2020 年绩效分值低于车辆分公司。

另外,各生产中心绩效水平按得分如下,宁和线筹备组为99.328分;票务二中心为99.249分;票务三中心为99.213分;票务一中心为99.145分;机自三中心为98.985分;机自二中心为98.922分;机自一中心为98.258分。绩效分值对比如图3-11所示,而各中心的星级班组(三星级以上)数量如图3-12,梳理分析得出结论,由数据及对比图可知,分公司内部星级班组占有率基本与年度绩效正相关。

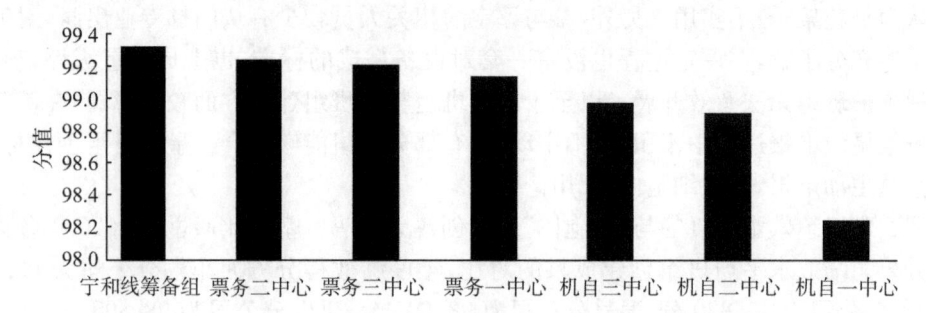

图3-11　机电分公司各中心2020年年度绩效对比图

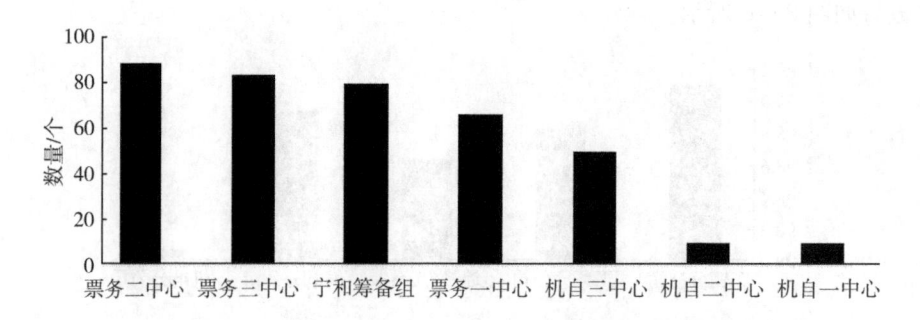

图3-12　N地铁公司机电分公司各中心的星级班组数量图

由上分析不难看出,无论是从运营公司内部设施类分公司对比还是机电分公司内部各中心对比,班组整体管理水平的高低直接影响到各单位绩效成绩。"细胞体"班组建设是为了提升班组员工和班组组织整体素质能力、班组管理水平,确保班组一系列工作的高效能,实际上就是为了班组整体绩效水平的提升。那么为何不可以将其对于细胞体班组的评价机制直接植入班组绩效考核体系,补足这一层级的管理短板;从而充分利用绩效考核在员工认知中的重要性,保障沟通机制的畅通,让中心抑或是班组对班组建设工作予以足够重视;利用绩效考核的及时反馈功能,保障考核机制的有效实施,让细胞体班组的物质奖励直接反映在每月的绩效工资之中;利用绩效考核对生产客观地反映,保障星级评定的系统全面,让员工对班组的现状认真地进行总结反思,为争取班组整体的荣誉凝聚力量。而不是让两者之间的衔接简单停留在"细胞体班组星级评定,获评当月,五星级核心人员加5分,四星级核心人员加3分,三星级核心人员加1分"这一简单的绩效考核条款之中。为此,首先需要回到对N地铁公司班组绩效考核存在问题的思考之中。

第 4 章

门梯维护班组运行的现状及考核的问题分析

本章首先对于研究对象所负责的工作内容、人力资源现状进行详细介绍。之后,对于门梯维护班组人力资源制度执行现状、绩效考核体系以及典型事故及故障展开分析,兼具全面性与科普性。最后,有针对性地指出研究对象目前存在考核理念传统、考核主体错位、考核体系笼统、考核对象被动、考核结果失效五点问题,这不仅存在于地铁行业,而是诸多大型企业的通病。

4.1 门梯维护班组运行与考核的现状分析

4.1.1 门梯维护班组的运行现状

(1) 地铁门梯设备简介

站台屏蔽门(PSD),是安装在地铁站台上的一种专门装置。它在站台边缘以玻璃幕墙的形式包围站台及乘客上落空间,使之与轨道和行车区域隔离。当列车到达时,再通过控制系统开启玻璃幕墙上的电动门供乘客上下列车。站台门有全高式、半高式两种型式。全高式是指在月台上以玻璃幕墙的方式包围铁路月台与列车上落空间。其一方面可以防止乘客发生意外,另一方面可以防止月台空调流失及保持月台温度,主要运用于封闭式车站。半高式只有全高式的一半高度,也可以起到安全防护作用,适合没有安装空调系统的月台或者预算较低的铁路营运者选用。

电扶梯指电梯、自动扶梯及轮椅升降台三种上下交通工具的总称。其中电梯是指服务于建筑物内若干特定的楼层,其轿厢运行在至少两列垂直于水平面或与铅垂线倾斜角小于 15°的刚性轨道的永久运输设备。自动扶梯是由一台特种结构形式的链式输送机和两台特殊结构形式的胶带输送机所组合而成,带有循环运动梯路,用以在建筑物的不同层高间向上或向下倾斜输送乘客的固定电力驱动设备,是运载人员上下的一种连续输送机械。

N 地铁运营公司各线路全高站台门、半高站台门、电扶梯、垂直电梯、轮椅升降台设备数量、厂家如表 4-1、表 4-2、表 4-3、表 4-4、表 4-5 所示。

表 4-1　全高站台门设备情况

线路	数量/侧	厂家
一号线	20	南京康尼机电新技术有限公司
一号线南延	16	方大智创科技有限公司
二号线	39	西屋月台站台门(广州)有限公司
三号线	57	南京康尼机电新技术有限公司
四号线	34	南京康尼机电新技术有限公司
十号线	20	方大智创科技有限公司
机场线	10	南京康尼机电新技术有限公司
宁天线	12	南京康尼机电新技术有限公司
宁和线	20	南京康尼机电新技术有限公司
宁溧线	10	南京康尼机电新技术有限公司
宁高线	—	—
宁句线	14	南京康尼机电股份有限公司

表 4-2　半高站台门设备情况

线路	数量/侧	厂家
一号线	13	南京康尼机电新技术有限公司
一号线南延	14	方大智创科技有限公司
二号线	14	南京康尼机电新技术有限公司
三号线	2	南京康尼机电新技术有限公司
四号线	2	南京康尼机电新技术有限公司
十号线	—	—
机场线	6	南京康尼机电新技术有限公司
宁天线	22	南京康尼机电新技术有限公司
宁和线	18	南京康尼机电新技术有限公司
宁溧线	8	南京康尼机电新技术有限公司
宁高线	12	西屋月台屏蔽门(广州)有限公司
宁句线	14	南京康尼机电股份有限公司

N地铁现有站台屏蔽门合计377侧,其中全高站台门252侧,半高站台门125侧,厂家主要是南京康尼机电新技术有限公司,西屋月台屏蔽门(广州)有限公司、方大智创科技有限公司提供少部分。康尼公司向中国和世界市场提供的主要产品包括干线列车门系统、城轨车辆门系统、城轨车辆内部装饰、地铁站台安全门(屏蔽门)等。目前,具有自主知识产权的康尼车辆门系统分别占据国内干线40%以上和城轨市场50%以上,其中干线列车门系统新品80%由康尼公司研发提供,享有"中国轨道交通第一门"的美誉。

表 4-3 自动扶梯设备情况

线路	数量/台	厂家
一号线	91	苏州迅达电梯有限公司生产的 9700 公共交通型和少量 9300 型
二号线	72	上海富士达电梯有限公司生产的 GS 8000-HVDT-EP 公共交通型
二号线	62	广州日立电梯有限公司生产的 1200EX 公共交通型
三号线	145	富士达公共交通重载型自动扶梯
三号线	96	通力电梯有限公司生产的 TM 140 公共交通型
四号线	66	迅达公共交通重载型自动扶梯
四号线	2	富士达公共交通重载型自动扶梯
四号线	68	通力扶梯公共交通重载型 Transit Master 自动扶梯
十号线	72	富士达 GS 8000-HVDT 重载公共交通型
机场线	52	西子奥的斯 X021NP 重载公共交通型
宁天线	41	通力电梯有限公司生产的 37 台 KONE Monospace 无机房客梯/4 台 KONE 1000 有机房货梯
宁天线	2	天利电梯有限公司生产的 TWJ 200/0.4-AS 杂物电梯
宁和线	37	迅达电梯有限公司生产的 37 台 S 5400 MRL 无机房客货梯
宁溧线	64	苏州迅达电梯有限公司生产的 9700
宁高线	23	迅达电梯有限公司生产的 97003S
宁句线	115	康力 KLXF 重载斜扶手扶梯

表 4-4 电梯设备情况

线路	数量/台	厂家
一号线	28	通力电梯有限公司生产的 KONE 3000 Monospace 无机房电梯
二号线	39	奥的斯电梯有限公司生产的 39 台 GEN 2 无机房电梯
二号线	6	蒂森克虏伯电梯有限公司生产的 2 台 TE-EVOLUTION1 无机房电梯、4 台 TE-E 曳引式货梯
三号线	63	通力电梯有限公司,电梯选用 KONE 3000 MonoSpace
四号线	49	通力电梯
四号线	1	奥的斯电梯
十号线	25	通力电梯有限公司,电梯选用 KONE 3000 MonoSpace
机场线	25	上海三菱电梯有限公司 ELE-NZ31S,ELENZSSA
宁天线	75	通力电梯有限公司生产的 37 台 KONE Monospace 无机房客梯/4 台 KONE 1000 有机房货梯
宁和线	81	迅达公共交通重载型自动扶梯
宁溧线	23	迅达电梯有限公司生产的 5500 MRL 电梯
宁高线	18	迅达电梯有限公司生产的 5500 MRL 电梯
宁句线	40	杭州西奥电梯有限公司生产的 26 台 XO-MRLII 无机房电梯和 14 台 XO-CONG(MRL)无机房观光电梯

表 4-5　轮椅升降台设备情况

线路	数量/部	厂家
一号线	4	德国蒂森电梯有限公司生产的 T 80 型无障碍楼梯升降台
二号线	8	德国蒂森电梯有限公司生产的 SUPRA 型无障碍楼梯升降台

　　N 地铁公司合计拥有自动扶梯 1 008 台,电梯 473 台,轮椅升降台 12 台。主要的设备厂家为通力电梯有限公司、上海富士达电梯有限公司、迅达电梯有限公司等,目前最新运营的线路宁句线大量使用康力电梯国产化设备。康力电梯股份有限公司自 1997 年成立以来,以建树民族品牌为己任,企业、产品及技术发展稳步上升,达到了国内的领先水平,有些甚至达到国际先进水平。

　　不难看出,门梯设备厂家门类多,需要掌握的检修技术复杂,对于设备维护的公司资质也有一定的要求。门梯维护班组的生产工作主要为保养、修理、巡检、检修等。其中保养指门梯设备交付后,为保证门梯设备能安全正常运行,而按计划进行的所有必要的操作,如:润滑、紧固、检查、清洁等。修理指为保证在用门梯设备安全正常运行,以相应新零部件取代旧零部件或对旧零部件进行加工、修配的操作,这些操作不应改变电梯的特性。巡检指及时发现系统设备运行异常,并在不影响安全和正常运营的情况下及时进行维修,以确保系统正常运营为目的的巡视及检查。检修即维修保养,指保证设备安全正常运行,对设备各部件所做的检测、修理和保养操作。

　　本节将对门梯维护班组的巡检、检修规程进行说明。其总则是巡检、检修要做到责任到人、按计划进行。维保人员检修保养前须到电扶梯使用管理部门了解设备运行情况,并填写施工登记表及钥匙登记表领取机房及控制柜钥匙。检修操作前,须根据需要设置安全警示,安全围栏。检修操作完成后清点工器具,确保无遗漏,并清理现场恢复设备运行。检修作业完成后须到电扶梯使用管理部门登记归还钥匙,填写工作记录,双方责任人签字。检修周期及工作内容可根据电扶梯实际使用情况如使用频率及载荷较高,可适当增加单次保养中易磨损件相关的维保项目。"检修工时"中所标注时间是完成单项作业的建议耗时,多项作业穿插开展时不可简单累加。以巡检为例,站台门巡检按每周两次(每次间隔不小于 3 天)进行。全高站台门巡检主要包括滑动门巡检、应急门巡检、端门巡检、各类标识巡检、司机观察灯带巡检、防踏空装置巡检、PSA 巡检、IBP 巡检、设备房巡检;半高站台门巡检主要包括滑动门巡检、应急门巡检、端门巡检、各类标识巡检、防踏空装置巡检、PSA 巡检、IBP 巡检、设备房巡检。电扶梯巡检按周进行。曳引电梯巡检项包括基站锁匙开关,受控层开关,厅外、轿内呼盒及按钮,内外楼层显示器,厅门、轿门、轿厢及其附属设施。自动扶梯巡检项包括机房、标识标牌、梳齿板、梯级与扶手带、附属装置、运行状态等。

(2) 站台门设备巡检周期与工作内容

表 4-6　站台门巡检周期与工作内容

序号	周期	设备名称	巡检内容	巡检要求
1	每周两次（每次间隔不小于3天）	全高站台门	检查滑动门的运作	目测滑动门平滑开关门
			检查滑动门门槛导槽是否有异物	切除此滑动门,单门模式开关操作,打开滑动门,用一字起取出异物
			检查滑动门门头灯是否正常	列车联动开门,开关门过程中门头灯慢闪（每秒闪烁一次）,打开常亮,关闭常闭
			检查是否有应急门处于打开状态	相邻滑动门门头灯未亮,门处于锁死状态
			检查是否有端门活动门处于打开状态	端门打开,门头灯亮
			检查端门钥匙与缩杆是否正常	用手动解锁钥匙和推杆进行开关门,易于打开正常,卡涩需要调整
			警示标识位置是否缺失、损坏	目测标识完好,无破损
			检查司机观察灯带运行是否正常	司机观察灯带常亮
			检查防踏空胶条状态	防踏空胶条安装无移位
			检查防踏空灯带状态	防踏空灯带开门时正常打开
			检查车站控制室内IBP指示灯、开关状态是否正常	IBP盘各指示灯显示正常,钥匙开关在正常功能位置
			检查站台门设备室内温湿度	观察设备房设备温度湿度是否合格,温度18～29℃,相对湿度30%～75%
			观察设备房指示灯状态是否工作正常	观察设备房设备在站台门开关时各个指示灯正常亮起
			检查站台门设备室内的UPS报警是否工作正常	检查UPS故障报警信息
			检查站台门设备室内的UPS监视系统是否工作正常	检查PSC机柜监控系统报警信息
			检查站台门设备室内的电源柜、控制柜各电压表指示	检查各配电柜电压表读数是否正常,三相电路电压380 V±5%；两相电路电压220 V±5%
2	每周两次（每次间隔不小于3天）	半高站台门	检查滑动门的运作	目测滑动门平滑开关门
			检查滑动门门槛导槽是否有异物	切除此滑动门,单门模式开关操作,打开滑动门,用一字起取出异物
			检查滑动门门头灯是否正常	列车联动开门,开关门过程中门头灯1 Hz频率闪烁,打开常亮,关闭常闭
			检查是否有应急门处于打开状态	相邻滑动门门头灯未亮,门处于锁死状态
			检查是否有端门活动门处于打开状态	端门打开,门头灯亮
			检查端门钥匙与缩杆是否正常	用手动解锁钥匙和推杆进行开关门,易于打开正常,卡涩需要调整
			警示标识位置是否缺失、损坏	目测标识完好,无破损
			防踏空胶条状态	防踏空胶条安装无移位

续表

序号	周期	设备名称	巡检内容	巡检要求
2	每周两次（每次间隔不小于3天）	半高站台门	检查车站控制室内IBP指示灯、开关状态是否正常	IBP盘各指示灯显示正常,钥匙开关在正常功能位置
			检查站台门设备室内温湿度	观察设备房设备温度湿度是否合格,温度18～29℃,相对湿度30%～75%
			观察设备房指示灯状态是否工作正常	观察设备房设备在站台门开关时各个指示灯正常亮起
			检查站台门设备室内的UPS报警是否工作正常	检查UPS故障报警信息
			检查站台门设备室内的UPS监视系统是否工作正常	检查PSC机柜监控系统报警信息
			检查站台门设备室内的电源柜、控制柜各电压表指示	检查各配电柜电压表读数是否正常,三相电路电压380 V±5%;两相电路电压220 V±5%

（3）电扶梯设备巡检周期与工作内容

表4-7 电扶梯巡检周期与工作内容

序号	周期	设备名称	巡检内容	巡检要求
1	周	曳引电梯	基站锁匙开关、受控层开关外观	开关外观完好
			厅外、轿内呼盒及按钮外观,内外楼层显示器显示是否正确	呼盒及按钮完好,内外楼层显示正确
			厅门套、厅门地坎、轿门地坎外观,目测确认平层是否准确	厅门套、厅门地坎、轿门地坎完好,目测确认平层准确
			厅门、轿门外观,开关门状态	外观完好,开关门畅顺、无异响
			轿门防夹装置功能	功能健全
			电梯启动、运行、停止时轿厢状态	运行中畅顺,轿厢在启动、运行、停止时无异常
			轿箱照明、通风系统状态	状态完好
			确认报警按钮、通话装置功能	功能良好
			警示标识标志外观	清晰完好
			报站语音功能	清晰正确
2	周	自动扶梯	机房盖板外观	外观完好并摆放平整
			警示标志、报修牌、检验合格证、使用安全提示外观	位置正确,文字清晰
			梳齿板外观	外观清洁,无断齿
			梯级外观	外观清洁,无破损
			梯级运行状态	运行平稳,运行时梯级与其他梯级、梳齿板、裙板之间无碰擦
			扶手带与梯级运行同步情况	同步
			梯级、扶手带周边槽缝状态	无卡夹杂物,无开裂发热
			凸台装饰板外观	外观清洁

续表

序号	周期	设备名称	巡检内容	巡检要求
2	周	自动扶梯	毛刷外观	外观清洁,无破损缺失
			乘客探测装置状态	工作正常
			运行中是否有异味或异响	无异味或异响
			运行指示灯状态	指示正确

(4) 站台门设备检修周期与工作内容

表 4-8 站台门检修周期与工作内容

序号	检修周期	设备	检修内容	检修要求	备注
1	月	全高站台门	检查端头控制盘(PSL)指示灯是否正常	盘上各指示灯点亮和熄灭正常	
			检查端头控制盘(PSL)开关钥匙是否正常	盘上各钥匙开关(操作开/关门、互锁解除等)旋转灵活,无卡滞阻塞或松动现象	
			观察检查端头控制盘(PSL)指示灯	不操作时,控制盘面板上的关闭且锁紧状态指示灯能真实反映站台门的状态	
			测试检查端头控制盘(PSL)指示灯	指示灯测试按钮按压、复位正常,无阻塞现象,能检测盘上的所有指示灯	
			检查端头控制盘(PSL)操作	在允许操作状态下,控制盘能控制站台门进行开门、关门操作,可以向信号系统发送互锁解除信息	
			检查监视系统显示正常	站台门监控系统可以探测到端头控制盘的操作状态信息	
			检查滑动门门槛状态	门槛表面无损伤,无明显变形	
			检查、测试滑动门门槛状态	门槛分为内外两块,中间形成自然导槽,滑动门的导靴在其中滑动自如,无明显摩擦噪声现象;导槽内无细小杂物和尘土,无阻塞滑动门导靴现象	
			测试滑动门电磁铁动作状态	电磁铁吸合、释放活动自如,弹簧复位无卡滞阻塞现象	
			检查滑动门锁到位行程开关状态	锁到位行程开关触头开合正常,接线端头完好,无熔焊、过热、磨损现象	
			检查滑动门锁机构位置状态	锁机构位置适宜,锁紧/解锁时门钩、锁销等运动自如无阻	
			测试滑动门手动解锁装置是否正常	手动解锁装置安装牢固不移位,外部伸缩杆活动自如,手动解锁标识清晰完好	
			检查滑动门密封胶条状态	滑动门密封胶条无膨胀鼓包现象,门关闭时密封胶条能相互紧咬吻合,无缝隙	
			检查滑动门与两侧立柱的间隙处矩形防夹胶条状态	滑动门与两侧立柱的间隙处矩形防夹胶条应无膨胀鼓包现象	
			检查滑动门外侧竖边上的防护毛刷状态	滑动门外侧竖边上的防护毛刷无变形、脱落等现象	

续表

序号	检修周期	设备	检修内容	检修要求	备注
1	月	全高站台门	检查滑动门开关门功能	滑动门开关门时平稳运行,运行时间在设计允许时间内,无前后左右摆动现象,无异常杂音	
			检查滑动门开度	两扇标准滑动门可完全打开	
			检查非标滑动门开度	两扇非标滑动门可完全打开	
			检查滑动门障碍物探测	滑动门关门遇到障碍物时立即停止移动并释放关门力,再次关门。当重复关门3次滑动门仍不能关闭时,滑动门应全开到位并报警处理	
			检查滑动门关门力	滑动门在关门过程中,当滑动门行程超过三分之一后,用推拉力计测量此时的关门力,应不大于150 N(抽检模式,抽检比例不小于10%,全年覆盖所有单元门)	推拉力计
			检查滑动门手动解锁力	用推拉力计测量人工解锁需要的力,应≤67 N,手动将滑动门打开到全开度过程所需要的力最大值≤133 N(抽检模式,抽检比例不小于10%,全年覆盖所有单元门)	推拉力计
			检查滑动门开关门	开关门运行匀速平稳	
			检查滑动门玻璃和标识	滑动门玻璃内外光亮整洁,表面无污染杂渍,无灰尘,标识无缺失	
			检查模式开关钥匙的功能	模式开关用配套的钥匙能旋转灵活,切换至自动/隔离/手动等档位无卡滞阻塞现象	
			检查模式开关按钮的功能	开/关门控制按钮完好无破损,控制按钮按压、复位正常,无卡滞阻塞现象	
			检查模式开关蜂鸣器的功能	蜂鸣器声音响亮正常,与门状态指示灯频率同步	
			检查模式开关进出线的功能	进出线完好,无破损,接线头牢固不松动,无过热现象	
			检查综合后备盘(IBP)的指示灯状态	盘上的各指示灯(门打开、关门闭锁等)点亮和熄灭正常,并与现场的情况实时同步	
			检查综合后备盘(IBP)的开关功能	紧急开门钥匙开关旋转灵活,无卡滞阻塞或松动现象,功能正常	
			检查综合后备盘(IBP)的测试按钮功能	指示灯测试按钮按压、复位正常,功能有效	
			检查综合后备盘(IBP)的蜂鸣器功能	报警蜂鸣器发声功能正常,消音/复位按钮按压、复位正常,无阻塞现象	
			检查综合后备盘(IBP)的进出线状态	进出线端子排接头牢固不松动,无过热现象	
			检查综合后备盘(IBP)继电器状态	中间继电器外壳完好无破损,接线头牢固不松动,无过热现象	

续表

序号	检修周期	设备	检修内容	检修要求	备注
1	月	全高站台门	检查、调整应急门/司机手推门运行状态	应急门/手推门在正常运行时关闭并锁紧,门体下部与站台地面的间隙用塞尺进行测量,应不大于 10 mm,在开关门时门体与地面不产生摩擦	
			检查应急门/司机手推门开关功能	应急门/手推门能向站台侧旋转 90°平开,并且在无外力的情况下能定位保持在 90°开度,不会自动复位	
			检查应急门/司机手推门钥匙开关功能	应急门/手推门在站台侧用钥匙开门时活动无阻塞现象,在轨道侧推压开门推杆能将门打开无阻塞现象,推杆标识清晰完好	
			检查、调整、润滑应急门/司机手推门铰链状态	应急门/手推门上铰链和下铰链转动自如无阻塞现象	
			检查应急门/司机手推门玻、门槛状态	应急门/手推门玻璃内外光亮整洁,表面无污染杂渍,无灰尘,门槛无异物	
			检查应急门/司机手推门锁闭信号状态	应急门/手推门锁闭和解锁信号能反馈到 PSC 和 PSA 上进行显示	
			检查应急门/司机手推门报警功能	应急门/手推门开启时应报警,门状态指示灯亮	
			检查端门关闭功能	端门在正常运行时关闭并锁紧,用塞尺测量门体下部与站台地面,应留有 10 mm 的间隙,开关门时门体与站台地面不产生摩擦	
			检查端门限位功能	端门在关门方向设置有限位挡块,使端门关闭到位时拥有限位功能	
			检查端门开度功能	端门向站台侧旋转 90°平开,能定位保持在 90°开度,在打开后开度不足 90°时能自动复位至关闭	
			检查端门钥匙开关功能	端门在站台侧用钥匙开门时活动无阻塞现象,在轨道侧推压开门推杆能将门打开无阻塞现象	
			检查端门信号锁闭状态	端门开启/关闭信号能反馈至 PSC 和 PSA 并进行显示	
			检查端门指示灯状态	端门上方的门状态指示灯在门开启时显示常亮,在门关闭时熄灭	
			检查端门绝缘状态	端门立柱与端墙之间的绝缘衬垫完好,立柱与墙体之间的绝缘完好	
			检查端门玻璃状态	端门玻璃内外侧光亮整洁,表面无污染杂渍,无灰尘	
			检查丝杆状态	丝杆表面光滑,无裂纹,无磨损坑槽,两根丝杆无弯曲现象	
			检查丝杆运行功能	丝杆转动灵活、平稳,无异常振动抖动,低噪音,润滑油脂润滑自如,油质不发黑,无颗粒物现象	

续表

序号	检修周期	设备	检修内容	检修要求	备注
1	月	全高站台门	检查螺母传动装置状态	螺母固定不松动,水平滑动灵活,自润滑良好,与丝杆传动时无异常摩擦声响	
			检查电机运行状态	直流无刷运行无异常声音,电机轴旋转时无抖动现象,电机无异味	
			检查减速装置状态	减速装置连接牢固无松动,润滑良好,转动灵活无异响	
			检查电机联轴器状态	电机联轴器完好,无裂纹,紧固螺丝紧固无松动,转动部位润滑良好	
			检查电机进出线状态	电机电源进出线缆应绝缘良好无破损,接插线头连接良好,无松动发热现象	
			检查门控器信息状态	能够正确执行系统控制和就地控制设备发来的控制命令,能够采集并发送门状态信息及各种故障信息	
			检查门控器进出线状态	输出/输入电源线、数据总线等接线完好无破损,接线头牢固不松动,无过热现象	
			检查门控器指示灯状态	门状态指示灯点亮和熄灭正常,外壳完整无破损	
			检查门控器安装状态	门控单元安装牢固不松动,外壳清洁无灰尘,无破损裂纹	
			检查主控制柜指示灯状态	控制柜上的各指示灯(开门状态、门关闭且锁紧状态、PSL操作状态等)能正常点亮和熄灭	
			检查主控制柜按钮功能	控制柜盘面上的各按钮(报警复位、指示灯测试等)按压和复位正常,无卡滞阻塞或松动现象	
			检查主控制柜柜内的逻辑控制部件状态	柜内的逻辑控制部件外部完好,无破损无过热现象,进出硬线完好无损伤,接头牢固不松动	
			检查主控制柜继电器组状态	继电器组中所有继电器外壳完好无破损,接线头牢固不松动,无过热现象	
			检查主控制柜监控主机状态	监控主机运行良好,无异常噪音,连接线完好无破损,能够自动检测站台门系统内部的一些重要故障,包括电源故障报警和UPS故障报警、控制网络故障、DCU等相关设备故障,并进行故障显示或故障记录	
			检查主控制柜整洁度	柜内清洁无灰尘,进出线排列整齐,端子排所有接线头牢固不松动,无过热现象	
			检查主控制柜电气元件状态	机柜上的所有电气元件工作正常	
			检查主控制柜监控状态	系统工作状态在本地监控界面上有正确的显示	

续表

序号	检修周期	设备	检修内容	检修要求	备注
1	月	全高站台门	检查主控制柜监控数据下载功能	从监控软件中可以下载运行记录和工作日志	
			检查主控制柜运营记录保存时效	运营记录能保存最近7天的站台门运营事件	
			检查主控制柜工作日志保存时效	工作日志能保存最近7天的软件操作日志	
			清扫机柜	用毛刷清扫机柜灰尘,毛刷金属部分需要用绝缘胶布包裹	
			清理机柜灰尘	用吸尘器将机柜灰尘吸出,如无吸尘器,可用毛刷清扫出	
			检查防踏空胶条表面是否清洁	清理胶条表面异物	
			检查防踏空胶条是否牢固	紧固胶条支持支架	
			检查防踏空灯带是否清洁	清理灯带表面异物	
			检查防踏空灯带是否牢固	紧固灯带固定支架	
			检查防踏空灯带开关功能	检查灯带回路、开关正常	
			顶箱盖板表面卫生清理、锁闭	用无纺布清洁顶箱油污,用钥匙进行锁闭	
			清扫站台门设备室	清扫站台门设备房地面灰尘和机柜灰尘	
2	季	全高站台门	检查滑动门机械部件的磨损情况	检查各滑动门运动部件磨损情况,磨损严重的进行更换	
			检查导轨、携门架及滚轮模块	导轨、携门架及滚轮模块无磨损	
			测量、调整门体间隙(包括滑动门与门槛、滑动门与立柱之间)	用塞尺测量门体间隙,应在4~6 mm之间,不满足的进行调整	
			检查门体、防踏空胶条的绝缘性能	在500 V直流试验电压下,站台门门体和防踏空胶条利用绝缘电阻测试仪测量绝缘电阻≥0.5 MΩ	
			检查UPS失电报警	市电一路失电和两路失电后报警	
			检查UPS故障报警功能	UPS故障后报警	
			检查UPS开关功能	UPS各开关正常操作	
			检查UPS主旁路功能	主旁路功能切换正常	
			检查驱动电源报警	驱动电源失电后设备房和车控室报警	
			检查控制电源报警	控制电源失电后设备房和车控室报警	
			检查电源开关功能	电源各开关正常操作	
			检查站台门设备互锁解除功能	互锁解除操作正常,显示正常	
			检查驱动电源柜指示灯状态	电源柜盘面上的指示灯、表计、显示屏等功能正常	

续表

序号	检修周期	设备	检修内容	检修要求	备注
2	季	全高站台门	检查驱动电源柜开关状态	各馈电开关状态良好,无过热现象	
			检查驱动电源柜进出线状态	柜内进出线端子排接头牢固不松动,各类接线完好、无破损、无异味、无过热现象	
			检查驱动电源柜电气元件状态	柜内各类电气设备、电气元件运行良好,整齐整洁,无灰尘	
			检查控制电源柜指示灯状态	电源柜盘面上柜的指示灯、表计、显示屏等功能正常	
			检查控制电源柜开关状态	各馈电开关状态显示良好,无过热现象	
			检查控制电源柜进出线状态	柜内进出线端子排接头牢固不松动,各类接线完好、无破损、无异味、无过热现象	
			检查控制电源柜电气元件状态	柜内各类电气设备、电气元件运行良好,整齐整洁,无灰尘	
			检查蓄电池接线状态	正负电源馈线及接头连接良好,无过热、过电流等现象	
			检查蓄电池外观状态	蓄电池外观无变形,外表清洁,无油迹无灰尘,无液体泄漏,无酸性气体逸出现象	
3	半年	全高站台门	检查滑动门的障碍物探测功能	在滑动门关闭过程中,把 5 mm 厚的板形硬质障碍物(如木板、钢板等)放置在左右门之间,阻碍门体关闭到位;障碍物需在门体中缝的上、中、下部分别放置至少 1 次,以检测不同部位的探测功能;检查完毕后,用专用钥匙操作被测滑动门单元的模式开关,通过手动模式把因防夹保护而完全打开的门体关上,然后恢复被测滑动门单元到自动模式	
			检查滑动门钥匙开关门功能	用专用钥匙操作被测滑动门单元的模式开关,通过手动模式来控制门体的运动	
			检查滑动门行程	用卷尺确定单扇门体行程的三分点的具体位置	
			检查滑动门开关门时间	操作模式开关手动开门,秒表记录门体开启和关闭的时间,开启时间应在 2.5 至 3.5 s 之间,关闭时间应在 3.2 s 至 4.0 s 之间	
			恢复滑动门	恢复被测滑动门单元到自动模式	
			确认滑动门模式	被测滑动门单元保持自动模式	
			检查滑动门的人工解锁功能	在站台侧把专用钥匙插入被测滑动门上的对应锁孔,转动钥匙解锁并人工推拉打开滑动门	
			检查滑动门的人工解锁装置和标识	在轨道侧用手按压被测滑动门上的人工解锁装置,解锁并人工推拉打开滑动门,手动解锁标识清晰完好	

续表

序号	检修周期	设备	检修内容	检修要求	备注
3	半年	全高站台门	恢复滑动门	检查结束后须确认被测滑动门关闭且锁紧	
			检查非运动处部件螺钉是否松脱	紧固螺钉,记号笔标记	
			检查固定门玻璃状态	固定门玻璃无破损、坑洞	
			检查固定门外观是否有损坏	固定门下部的百叶窗结构应完好无损坏,不堵塞气流	
			检查UPS主机状态	UPS主机运行平稳,无异常声响,逆变输出电源电压正常	
			检查UPS主机显示功能	UPS主机显示屏能全面显示设备运行中的各项性能指标、运行数据和故障状态	
			检查UPS旁路功能	UPS故障影响运行时能自动转为旁路供电	
			检查UPS释放功能	交流输入不正常或失电时,UPS能从蓄电池组输出	
			检查蓄电池放电功能	★蓄电池放电。 放电前电池电压:<12 V+15%; 放电后电池电压:>10.8 V; 放电时间≥1 h	
			检查蓄电池监测系统	检测电池组电压、内阻,校准电池检测系统电池电压、内阻。每节电池电压小于12 V+15%,电池间压差小于1 V;电池内阻小于初始值+10%	
4	年	全高站台门	检查双电源供电状态	确认双电源切换装置的两路输入电源均有电,设当前投入在用的一路电源为A路,另一路为B路	
			检查双电源切换功能	分断A路电源的输入空气开关,使装置切换到B路电源上; 重新合上A路电源的输入空气开关; 分断B路电源的输入空气开关,使装置切换回A路电源; 重新合上B路电源的输入空气开关	
			检查柜体接地	接地电阻测试仪测量控制设备的外壳及电缆屏蔽层和金属管线的接地电阻,应≤1 Ω	接地电阻测试仪
			检查门体等电位	等电位连接电阻测试仪测量门体以及门体上的设备外壳、金属保护管等与钢轨的连接电阻,应≤0.5 Ω	等电位连接电阻测试仪
			检查单元门等电位	等电位连接电阻测试仪测量各个单元门体之间的连接电阻,应≤0.5 Ω	等电位连接电阻测试仪
5	月	半高站台门	检查端头控制盘(PSL)指示灯是否正常	盘上各指示灯点亮和熄灭正常	
			检查端头控制盘(PSL)开关钥匙是否正常	盘上各钥匙开关(操作允许、开/关门、互锁解除等)旋转灵活,无卡滞阻塞或松动现象	

续表

序号	检修周期	设备	检修内容	检修要求	备注
5	月	半高站台门	观察检查端头控制盘（PSL）指示灯	不操作时,控制盘面板上的关闭且锁紧状态指示灯能真实反映站台门的状态	
			测试检查端头控制盘（PSL）指示灯	指示灯测试按钮按压,复位正常,无阻塞现象,能检测盘上的所有指示灯	
			检查端头控制盘（PSL）操作	在允许操作状态下,控制盘能控制站台门进行开门、关门操作,可以向信号系统发送互锁解除信息	
			检查监视系统显示正常	站台门监控系统可以探测到端头控制盘的操作状态信息	
			检查滑动门门槛状态	门槛无明显的缺损	
			检查、测试滑动门门槛状态	门槛上和门槛滑道内无阻碍门扇运行的障碍物	
			测试滑动门电磁铁动作状态	电磁铁吸合、释放活动自如,弹簧复位无卡滞阻塞现象	
			检查滑动门锁到位行程开关状态	锁到位行程开关触头开合正常,接线端头完好,无熔焊、过热、磨损现象	
			检查滑动门锁机构位置状态	锁机构位置适宜,锁紧/解锁时门钩、锁销等运动自如无阻滞	
			测试滑动门手动解锁装置是否正常	手动解锁装置安装牢固不移位,牵引线、门销等活动自如,手动解锁标识清晰完好	
			检查滑动门玻璃状态	门体玻璃无裂痕	
			检查滑动门开关状态	滑动门正常开关且运行平稳	
			检查滑动门运行噪音	滑动门运行时无异常噪音	
			检查滑动门导轮状态	滑动门导向轮无损坏、开裂	
			检查滑动门胶条状态	前挡胶条无变形、开裂和气泡现象	
			检查滑动门胶条状态	门胶条完好且不会在滑动门运作中松脱	
			检查滑动门开度	两扇标准滑动门可完全打开	
			检查非标滑动门开度	两扇非标准滑动门可完全打开	
			检查滑动门开关门	开关门运行匀速平稳	
			检查滑动门下端间隙	用塞尺对门扇底部与门槛表面之间的距离进行测量,结果应为 10~14 mm	
			检查滑动门障碍物探测	滑动门关门遇到障碍物时立即停止移动并释放关门力,之后再次关门。当重复关门 3 次滑动门仍不能关闭时,滑动门应全开到位并报警处理	
			检查滑动门关门力	滑动门在关门过程中,当滑动门行程超过三分之一后,用推拉力计测量此时的关门力,应不大于 150 N(抽检模式,抽检比例不小于 10%,全年覆盖所有单元门)	推拉力计

续表

序号	检修周期	设备	检修内容	检修要求	备注
5	月	半高站台门	检查滑动门手动解锁力	用推拉力计测量人工解锁需要的力,应≤67 N,手动将滑动门打开到全开度过程所需要的力最大值≤133 N(抽检模式,抽检比例不小于10%,全年覆盖所有单元门)	推拉力计
			检查滑动门导轨状态	承载钢管、导轨安装螺钉无松动,并达到扭力要求	
			检查滑动门手动解锁功能	压下滑动门上的手动解锁手柄或旋转专用钥匙,可以使电动锁解锁	
			检查滑动门手动解锁后状态	解锁后手动能打开滑动门	
			检查滑动门锁紧状态	滑动门关闭后,拉动门扇,门扇不能被打开	
			检查滑动门标识状态	门上的导向标识完整清晰	
			检查模式开关钥匙的功能	模式开关用配套的钥匙能旋转灵活,切换至自动/隔离/手动等档位无卡滞阻塞现象	
			检查模式开关按钮的功能	开/关门控制按钮完好无破损,控制按钮按压、复位正常,无卡滞阻塞现象	
			检查模式开关蜂鸣器的功能	蜂鸣器声音响亮正常,与门状态指示灯频率同步	
			检查模式开关进出线的功能	进出线完好,无破损,接线头牢固不松动,无过热现象	
			检查综合后备盘(IBP)的指示灯状态	盘上的各指示灯(门打开、关门闭锁等)点亮和熄灭正常,并与现场的情况实时同步	
			检查综合后备盘(IBP)的开关功能	紧急开门钥匙开关旋转灵活,无卡滞阻塞或松动现象,功能正常	
			检查综合后备盘(IBP)的测试按钮功能	指示灯测试按钮按压、复位正常自如,功能有效	
			检查综合后备盘(IBP)的蜂鸣器功能	报警蜂鸣器发声功能正常,消音/复位按钮按压、复位正常,无阻塞现象	
			检查综合后备盘(IBP)的进出线状态	进出线端子排接头牢固不松动,无过热现象	
			检查综合后备盘(IBP)继电器状态	中间继电器外壳完好无破损,接线头牢固不松动,无过热现象	
			检查应急门玻璃状态	门体玻璃无裂痕,门槛无异物	
			检查应急门密封胶条状态	密封胶条无变形、开裂和气泡现象	
			检查应急门标识状态	门上的导向标识完整清晰	
			检查应急门开关门功能	开关组件固定无松动	
			检查应急门动作状态	开关活动触点压下和弹起动作灵活可靠	
			检查应急门接线状态	接线无松动	
			检查应急门开关门功能	应急门关到位后,开关正常动作	

续表

序号	检修周期	设备	检修内容	检修要求	备注
5	月	半高站台门	检查应急门监控状态	应急门的开关门状态在监控界面上有正确的显示	
			检查应急门钥匙开关功能	当推动轨道侧的应急推杆或旋转站台侧的应急门手柄钥匙时,应急门锁紧装置能解锁,且应急门能打开到90°位置,推杆标识清晰完好	
			检查应急门锁紧功能	应急门关闭后,手动推拉门扇,应急门不应被打开	
			检查端门玻璃状态	门体玻璃无裂痕	
			检查端门关闭功能	开关组件固定无松动	
			检查端门开度功能	开关活动触点压下和弹起动作灵活可靠	
			检查端门接线状态	接线无松动	
			检查端门开关功能	端门活动门关到位后,开关正常动作	
			检查端门信号锁闭状态	端门活动门的开关门状态在监控界面上有正确的显示	
			检查端门解锁功能	当推动应急推杆或旋转站台侧的手柄钥匙时,端门活动门的锁紧装置能解锁,且端门活动门能打开到90°位置并定位	
			检查端门指示灯状态	端门的门状态指示灯在门开启时显示常亮,在门关闭时熄灭	
			检查端门绝缘状态	端门立柱与端墙之间的绝缘衬垫完好,立柱与墙体之间的绝缘阻值利用绝缘电阻测试仪检查绝缘电阻大于 0.5 MΩ	
			检查端门开闭功能	轻推端门活动门,其能自动关闭并锁闭	
			检查端门锁紧功能	当端门活动门关闭后,手动推拉门扇,门扇不应被打开	
			检查皮带外观状态	齿形皮带外观完好,无磨损、开裂、鼓包等异常现象	
			检查皮带夹具状态	连接滑动门承载梁的皮带夹具牢固无松动	
			检查皮带挠度	在皮带中段加挂 1 kg 的标准重量块后,用直尺测量悬挂点处的挠度,应在 10~15 mm 之间	
			检查皮带滑块、滚轮状态	滑块、滚轮滑动正常,无阻碍异响	
			检查电机运行状态	直流无刷电机运行无异常声音,电机轴旋转时无抖动现象	
			检查电机状态	电机无异常气味	
			检查减速装置状态	减速装置连接牢固无松动,润滑良好,转动灵活无异响	
			检查电机进出线状态	电机电源进出线缆应绝缘良好无破损,接插线头连接良好,无松动发热现象	

续表

序号	检修周期	设备	检修内容	检修要求	备注
5	月	半高站台门	检查红外探测或激光装置安装状态	红外线或激光发射、接收探头安装牢固无松动	
			红外探测或激光装置功能	发射、接收探头对位准确,红外线发射、接收正常	
			红外探测或激光装置告警功能	控制器工作正常,红外或激光光束被遮挡时能发出告警信号	
			检查门控器信息状态	能够正确执行系统控制和就地控制设备发来的控制命令,能够采集并发送门状态信息及各种故障信息	
			检查门控器进出线状态	输出/输入电源线、数据总线等接线完好无破损,接头牢固不松动,无过热现象	
			检查门控器指示灯状态	门状态指示灯点亮和熄灭正常,外壳完整无破损	
			检查门控器安装状态	门控单元安装牢固不松动,外壳清洁无灰尘,无破损裂纹	
			检查主控制柜指示灯状态	控制柜上的各指示灯(开门状态、门关闭且锁紧状态、PSL 操作状态等)能正常点亮和熄灭	
			检查主控制柜按钮功能	控制柜盘面上的各按钮(报警复位、指示灯测试等)按压和复位正常,无卡滞阻塞或松动现象	
			检查主控制柜柜内的逻辑控制部件状态	柜内的逻辑控制部件外部完好,无破损无过热现象,进出硬线完好无损伤,接头牢固不松动	
			检查主控制柜继电器组状态	继电器组中所有继电器外壳完好无破损,接线头牢固不松动,无过热现象	
			检查主控制柜监控主机状态	监控主机运行良好,无异常噪音,连接线完好无破损,能够自动检测站台门系统内部的一些重要故障,包括电源故障报警和 UPS 故障报警、控制网络故障、DCU 等相关设备故障,并进行故障显示或故障记录	
			检查主控制柜整洁度	柜内清洁无灰尘,进出线排列整齐,端子排所有接线头牢固不松动,无过热现象	
			检查主控制柜电气元件状态	机柜上的所有电气元件工作正常	
			检查主控制柜监控状态	系统工作状态在本地监控界面上有正确的显示	
			检查主控制柜监控数据下载功能	从监控软件中可以下载运行记录和工作日志	
			检查主控制柜运营记录保存时效	运营记录保存了最近 7 天的站台门运营事件	

续表

序号	检修周期	设备	检修内容	检修要求	备注
5	月	半高站台门	检查主控制柜工作日志保存时效	工作日志保存了最近7天的软件操作日志	
			清扫机柜	用毛刷清扫机柜灰尘,毛刷金属部分需要用绝缘胶布包裹	
			清理机柜灰尘	用吸尘器将机柜灰尘吸出,如无吸尘器,可用毛刷清扫出	
			检查防踏空胶条表面是否清洁	清理胶条表面异物	
			检查防踏空胶条是否牢固	紧固胶条支持支架	
			固定侧盒表面卫生清理、锁闭	用无纺布清洁固定侧盒油污,用钥匙进行锁闭	
			检查滑动门机械部件的磨损情况	检查各滑动门运动部件磨损情况,磨损严重的进行更换	
			检查承载钢管、导轨安装螺钉及滑动门导向轮	导轨、承载钢管及滑动门导向轮无磨损	
			测量、调整门体间隙(包括滑动门与门槛、滑动门与立柱之间)	用塞尺测量门体间隙,应在4～6 mm之间,不满足的现场进行调整	
			检查门体、防踏空胶条的绝缘性能	在500 V直流试验电压下,站台门门体和防踏空胶条利用绝缘电阻测试仪测量绝缘电阻≥0.5 MΩ	
			检查UPS失电报警	市电一路失电和两路失电后报警	
			检查UPS故障报警功能	UPS故障后报警	
			检查UPS开关功能	UPS各开关正常操作	
			检查UPS主旁路功能	主旁路功能切换正常	
			检查驱动电源报警	驱动电源失电后设备房和车控室报警	
			检查控制电源报警	控制电源失电后设备房和车控室报警	
			检查电源开关功能	电源各开关正常操作	
			检查站台门设备互锁解除功能	互锁解除操作正常,显示正常	
			检查驱动电源柜指示灯状态	电源柜盘面上的指示灯、表计、显示屏等功能正常	
			检查驱动电源柜开关状态	各馈电开关状态良好,无过热现象	
			检查驱动电源柜进出线状态	柜内进出线端子排接头牢固不松动,各类接线完好,无破损、无异味、无过热现象	
			检查驱动电源柜电气元件状态	柜内各类电气设备、电气元件运行良好,整齐整洁,无灰尘	
			检查控制电源柜指示灯状态	电源柜盘面上柜的指示灯、表计、显示屏等功能正常	

续表

序号	检修周期	设备	检修内容	检修要求	备注
5	月	半高站台门	检查控制电源柜开关状态	各馈电开关状态显示良好,无过热现象	
			检查控制电源柜进出线状态	柜内进出线端子排接头牢固不松动,各类接线完好,无破损、无异味、无过热现象	
			检查控制电源柜电气元件状态	柜内各类电气设备、电气元件运行良好,整齐整洁,无灰尘	
			检查蓄电池接线状态	正负电源馈线及接头连接良好,无过热、过电流等现象	
			检查蓄电池外观状态	蓄电池外观无变形,外表清洁,无油迹无灰尘,无液体泄漏,无酸性气体逸出现象	
			清扫站台门设备室	清扫站台门设备房地面灰尘和机柜灰尘	
6	半年	半高站台门	检查滑动门的障碍物探测功能	在滑动门关闭过程中,把 5 mm 厚的板形硬质障碍物(如木板、钢板等)放置在左右门之间,阻碍门体关闭到位;障碍物需在门体中缝的上、中、下部分别放置至少 1 次,以检测不同部位的探测功能;检查完毕后,用专用钥匙操作被测滑动门单元的模式开关,通过手动模式把因防夹保护而完全打开的门体关上,然后恢复被测滑动门单元到自动模式	
			检查滑动门钥匙开关门功能	用专用钥匙操作被测滑动门单元的模式开关,通过手动模式来控制门体的运动	
			检查滑动门行程	用卷尺确定单扇门体行程的三分点的具体位置	
			检查滑动门开关门时间	操作模式开关手动开门,秒表记录门体开启和关闭的时间,开启时间应在 2.5 至 3.5 s 之间,关闭时间应在 3.2 至 4.0 s 之间	
			检查滑动门速度	根据相关公式计算出门体开启(或关闭)过程中的平均速度,应不大于 1.0 m/s	
			恢复滑动门	恢复被测滑动门单元到自动模式	
			确认滑动门模式	被测滑动门单元保持自动模式	
			检查滑动门的人工解锁功能	在站台侧把专用钥匙插入被测滑动门上的对应锁孔,转动钥匙解锁并人工推拉打开滑动门	
			检查滑动门的人工解锁装置和标识	在轨道侧用手按压被测滑动门上的人工解锁装置,解锁并人工推拉打开滑动门,手动解锁标识清晰完好	
			恢复滑动门	检查结束后须确认被测滑动门关闭且锁紧	
			检查非运动处部件螺钉是否松脱	用扳手紧固螺栓,用记号笔进行标记	
			检查固定侧盒玻璃状态	侧盒玻璃无裂痕	

续表

序号	检修周期	设备	检修内容	检修要求	备注
6	半年	半高站台门	检查固定门门锁状态	前维修门无变形,门锁工作正常	
			检查固定门胶条状态	前维修门内的密封胶条完整,无脱落	
			检查固定门间隙状态	用塞尺测量固定侧盒与滑动门之间的间隙,应为4～6 mm	
			检查固定门玻璃状态	门体玻璃无裂痕	
			检查固定门胶条是否有损坏	密封胶条无变形、开裂和气泡现象	
			检查固定门标识	门上的导向标识完整清晰	
			检查UPS主机状态	UPS主机运行平稳,无异常声响,逆变输出电源电压正常	
			检查UPS主机显示功能	UPS主机显示屏能全面显示设备运行中的各项性能指标、运行数据和故障状态	
			检查UPS旁路功能	UPS故障影响运行时能自动转为旁路供电	
			检查UPS释放功能	交流输入不正常或失电时,UPS能从蓄电池组输出	
			检查蓄电池放电功能	★蓄电池放电。放电前电池电压:<12 V+15%;放电后电池电压:>10.8 V;放电时间>1 h	
			检查蓄电池监测系统	检测电池组电压、内阻,校准电池检测系统电池电压、内阻。每节电池电压小于12 V+15%,电池间压差小于1 V;电池内阻小于初始值+10%	
7	年	半高站台门	检查双电源供电状态	确认双电源切换装置的两路输入电源均有电,设当前投入在用的一路电源为A路,另一路为B路	
			检查双电源切换功能	分断A路电源的输入空气开关,使装置切换到B路电源上;重新合上A路电源的输入空气开关;分断B路电源的输入空气开关,使装置切换回A路电源;重新合上B路电源的输入空气开关	
			检查柜体接地	用接地电阻测试仪测量控制设备的外壳及电缆屏蔽层与金属管线的接地电阻,应≤1 Ω	
			检查门体等电位	用等电位连接电阻测试仪测量门体以及门体上的设备外壳、金属保护管等与钢轨的连接电阻,应≤0.5 Ω	
			检查单元门等电位	用等电位连接电阻测试仪测量各个单元门体之间的连接电阻,应≤0.5 Ω	

注:★为在作业过程中需重点关注的检修项目。

(5)电扶梯设备检修周期与工作内容

表 4-9 电扶梯检修周期与工作内容

序号	周期	设备名称	检修内容	检修标准	备注
1	15天	曳引式电梯	目测机房、滑轮间出入口门、窗、锁外观;测试应急照明功能	外观完好,功能正常	
			检查手动紧急操作装置位置,按动手动紧急操作装置,安全回路指示灯能否正常点亮	位置正确,指示灯正常点亮	
			检查曳引机运行状态	无异常振动和异常声响,与承重梁连接牢固可靠	
			检查制动器、限速器各销轴部位外观及润滑情况	外观清洁无污渍,润滑良好润滑油不足时,用油枪加注二硫化钼润滑油至各销轴部位	
			检查抱闸制动器运行状态	松闸时,闸瓦应同时离开制动轮的工作表面,不得有局部摩擦	
			检查制动力自监测系统状态	有数据记录	
			检查编码器状态	外观清洁,安装牢固,各连接线连接应牢固、可靠	
			观察电梯在检修速度运行下,限速器工作状态;人为使限速器动作,限速器电气开关状态	限速器转动灵活;限速器电气开关正常动作	
			用毛刷清理轿顶,在轿顶用手轻轻摇晃防护栏,观察防护栏安装状态	轿顶清洁,防护栏牢固可靠	
			轿顶检修开关在检修位置时,按控制盘方向键,观察电梯运行情况	电梯正常运行	
			在轿顶用检修速度运行电梯时,按下急停开关,观察轿厢运行情况	轿厢停止运行	
			检查导靴上油杯状态	吸油毛毡齐全,油量至油杯刻度线中位处,油杯无泄漏	
			检查井道对重块及其压板	对重块无松动,压板紧固	
			打开并检查井道照明	照明灯具无损坏	
			打开轿厢照明、风扇开关,观察其状态	设备工作正常	
			在机房内关闭轿厢照明开关,检查应急照明设备状态	应急照明设备工作正常	
			检查层门和轿门旁路装置工作状态	工作正常	
			检查紧急电动运行状态	工作正常	
			二个维保人员用轿内报警装置、对讲系统相互通话验证轿内报警装置、对讲系统功能	功能正常	
			观察轿内显示、指令按钮;在轿厢内,按下所有楼层指令,电梯运行时,观察电梯停靠、轿内显示情况	显示屏完好,楼层指示正确;指令按钮齐全有效	

续表

序号	周期	设备名称	检修内容	检修标准	备注
1	15天	曳引式电梯	按一下电梯关门开关,使电梯自动关门,用工具轻轻碰撞安全触板,使安全触板开关动作,观察电梯门是否重开,验证安全触板功能;用同样的方法,用工具遮挡光幕、光电观察电梯门是否重开,验证光幕、光电功能	功能正常有效	
			用毛刷清理轿门门锁电气触点灰尘,必要时可用细锉(或细砂纸)轻轻地锉轿门门锁电气触点;在检修状态下,按住关门按钮,使电梯门关到位,观察电气触点状态;观察接线情况	门锁电器触点接触良好,接线可靠	
			电梯在正常情况下,按一下关门或开门按钮,观察电梯轿门运行情况	轿门开启和关闭正常	
			使电梯上下正常运行,停靠每层站,测量平层精度	平层精度为_____ mm(平层准确度为±10 mm,平层保持精度为±20 mm)	使用钢直尺测量层门地坎与轿门门槛上凸或者下凹距离
			各层站进行召唤,观察电梯停靠及层站显示情况	层站召唤、显示完好且有效	
			用毛刷或工具清理层门地坎内的灰尘和异物,观察地坎及层门开、关情况	层门开、关无卡阻现象,地坎无变形	
			将轿厢运行至开锁区域外,打开层门,观察每层层门关闭情况及防止重块坠落措施情况	正常有效	
			用钥匙操作手动开锁装置,在每个层门处验证层门门锁功能	层门门锁能自动复位	
			用毛刷清理层门门锁电气触点灰尘,必要时可用细锉轻轻地清理层门门锁电气触点,观察触点接触情况及接线情况	层门门锁电气触点接触良好,接线可靠	
			测量层门锁紧元件啮合长度	长度为_____ mm(不小于7 mm)	使用钢直尺测量
			使电梯以检修速度运行,打开层门,观察电梯运行状态	电梯停止运行	
			清理底坑	底坑环境清洁,无渗水、积水	
			验证底坑照明	工作正常	
			使电梯以检修速度向上运行,操作底坑急停开关,观察电梯运行状态	电梯停止运行	
2	季		把电梯轿厢停靠在最高层站,拆卸一边制动臂,清理制动衬和制动,必要时可用细砂纸打磨制动衬,然后装好制动臂并调整间隙;同样方法清理另一边的制动衬	磨损量不超过制造单位要求,制动衬厚度不小于4 mm	
			电梯以正常速度运行,观察位置脉冲发生器及其接线情况	无异常,接线牢固、可靠	

续表

序号	周期	设备名称	检修内容	检修标准	备注
2	季	曳引式电梯	清理选层器上灰尘,观察选层器功能及接线情况	动作正常,接线牢固、可靠	
			观察曳引轮槽磨损情况;观察曳引钢丝绳外观,必要时可用煤油清洗曳引钢丝绳;用扳手调整绳头螺栓,调节曳引钢丝绳张力	曳引轮槽磨损均匀,曳引钢丝绳不与轮槽底相摩擦;曳引钢丝绳外观清洁、干净,张力均匀	
			观察限速器轮槽、限速器钢丝绳外观,必要时可用煤油清洗限速器轮槽、限速器钢丝绳	外观清洁,无油腻	
			观察靴衬、滚轮外观,必要时可拆下靴衬用煤油清洗;测量靴衬、滚轮磨损量,观察轿厢前后晃动情况,必要时可更换靴衬或滚轮	外观清洁,经调整后轿厢前后晃动不大	
			电梯以正常速度运行,观察电梯关门过程应正常;电梯以检修状态下,观察轿门关闭的电气安全装置工作情况,观察电气触点接触状态	电梯关门过程正常;电气安全装置工作正常,电气触点接触良好	
			清理层门、轿门系统中传动钢丝绳、链条、胶带上的灰尘;查看层门、轿门系统中传动钢丝绳、链条、胶带位置,必要时调整位置保证层门、轿门开、关正常	外观清洁,位置正确,层门、轿门开、关正常	
			查看层门门导靴,对磨损量较大影响门运行的必须更换层门门导靴	层门运行正常	
			测试/检查消防开关功能	工作正常,功能有效	
			将限位开关、极限开关短接,以检修速度下降空载轿厢,将缓冲器压缩,检查电气安全装置动作;查看油量及柱塞外观	电气安全装置动作有效、油量适宜,柱塞不锈蚀	
			检查限速器张紧轮装置位置;观察电气安全装置工作状态	限速器张紧轮位置合理,电气安全装置工作正常	
			关闭电梯电源,用扳手试证电动机与减速机联轴器螺栓	螺栓无松动	
3	半年		电梯以正常速度上下运行,观察曳引轮、导向轮轴承部工作状态	无异响、振动,润滑良好	
			检查曳引轮槽的工作表面状态,检查钢丝绳卧入曳引轮槽内的深度,以衡量每根钢绳的受力,把直尺沿轴向紧贴曳引轮外圆面,然后测量槽内钢丝绳顶点至直尺距离,超过1.5 mm时,应就地重新车削或更换轮缘。检查曳引槽内钢丝绳是否落底并产生打滑现象,测量绳槽共同磨损至钢丝绳与槽底的间隙距离,减缩至1 mm时,轮槽需重新车削。绳槽在切口下面的轮缘厚度,大于相应钢丝绳直径	曳引轮槽工作表面平滑;钢丝绳卧入曳引轮槽内的深度一致,每根钢绳受力均匀;槽内钢丝绳顶点至直尺距离为_____mm(应小于1.5 mm),未落底,未产生打滑现象,绳槽共同磨损至钢丝绳与槽底的间隙距离为_____mm(应大于1 mm),绳槽在切口下面的轮缘厚度大于相应钢丝绳直径	使用塞尺测量

续表

序号	周期	设备名称	检修内容	检修标准	备注
3	半年	曳引式电梯	在电梯正常上下运行时,检查制动器上检测开关工作情况	工作正常,动作可靠	使用塞尺测量
			检查控制柜内各接线端子	接线紧固、整齐,线号齐全清晰	
			检查电梯运行时控制柜各仪表显示情况	显示正确	
			检查限速器钢丝绳磨损量、断丝数	磨损量为_____mm,断丝数为_____(磨损量不超过公称直径的10%,断丝在任何一个捻距内,平均每股断丝数不得超过2根,断丝数之和不超过12根)	
			检查井道、对重、轿顶各反绳轮的润滑装置及轴承	润滑装置完整良好,并注满钙基润滑脂,每年清洗更换一次;轴承无异响,无振动	
			检查曳引绳、补偿绳磨损量、断丝数	曳引绳磨损量为_____mm,断丝数为_____根,补偿绳磨损量为_____mm,断丝数为_____根(磨损量不超过公称直径的10%,断丝在任何一个捻距内,平均每股断丝数不得超过2根,断丝数之和不超过16根)	
			检查曳引绳绳头组合螺母	组合螺母无松动	
			测量层门、轿厢门扇各相关间隙宽度	间隙宽度为_____mm(客梯不得大于6 mm,货梯不得大于10 mm)	使用塞尺测量
			将轿厢停在开锁区域外,测试在轿厢内是否可以打开轿门离开轿厢	无法打开轿门离开轿厢	
			检查补偿链(绳)与轿厢、对重接合处	接合处固定、无松动	
			电梯以检修速度运行测试上、下极限开关工作情况	工作正常、有效	
4	年		更换减速机润滑油	按照制造单位要求适时更换,保证油质符合要求(可按照品牌区分)	
			关闭电梯电源,用吸尘设备清理控制柜内的灰尘;电梯在正常运行下,检查控制柜接触器,继电器,检查各触点	控制柜内清洁,接触器、继电器动作正常,各触点接触良好	
			清理制动器铁芯(柱塞)油污和灰尘,必要时应用油枪加注润滑油	保证制动器铁芯(柱塞)动作无卡阻现象	

续表

序号	周期	设备名称	检修内容	检修标准	备注
4	年	曳引式电梯	调整制动器弹簧力	电梯在满载下行时应能提供足够的制动力使轿厢迅速停位,在满载上升时,要平滑地从平层速度过渡到准确停层于欲停楼面上	
			用500 V绝缘电阻表测量各导电回路绝缘电阻,保证各导电回路绝缘电阻符合绝缘标准	绝缘电阻大于等于0.5 MΩ	
			★进行限速器安全钳联动试验(每2年进行一次,15年以上每年进行一次限速器动作速度校验)	无异常	
			★进行曳引钢丝绳的钢丝绳制动器试验	无异常	
			★进行轿厢意外移动保护装置验证	无异常	
			检查轿顶、轿厢架、轿门及其附件安装螺栓	轿顶、轿厢架、轿门及其附件安装螺栓均紧固,必要时用扳手试旋各螺栓,确认螺栓紧固	
			检查轿厢和对重的导轨支架	导轨支架固定牢固,无松动现象	
			用擦机布、煤油清理导轨上油垢;检查导轨压板	导轨清洁,导轨压板牢固	
			让轿厢在检修模式下运行,查看随行电缆	电缆无碰擦、损伤	
			★测试轿厢称重装置	装置准确有效	
			检查安全钳钳座固定情况	钳座固定无松动	
			检查层门装置和地坎及各安装螺栓	层门装置和地坎无影响正常使用的变形,螺栓紧固	
			检查轿底各安装螺栓	螺栓紧固	
			检查缓冲器	缓冲器无松动	
5	15天	自动扶梯	用起子复核紧固接线螺丝,毛刷和吸尘器清除灰尘	接线螺丝紧固,无松动,表面清洁	
			清除表面灰尘积垢	表面清洁	
			主驱动链运行无卡阻,用钢直尺测量松边下沉量	润滑正常,松边下沉10~15 mm	用钢直尺测量
			制动器机械装置清洁表面,对轴销部位润滑,试验制动器动作情况	制动器机械装置外观清洁,轴销部位润滑良好,制动器动作灵活	
			查看制动器状态检测开关,调整距离,试验其失效时保护停梯功能	开关完好,调整距离正常,保护停梯功能有效	

续表

序号	周期	设备名称	检修内容	检修标准	备注
5	15天	自动扶梯	检查齿轮减速箱,齿轮油的油量,观察齿轮油的油质	减速箱无异响,油量保持在要求的水平,发现油减少时,应及时加油,齿轮油的油质无浑浊,异常时应及时更换	
			用毛刷清洁通风口灰尘积垢	通风口清洁	
			检查操纵盒,分别试验上、下行和急停开关,观察扶梯动作	操纵盒完好,附体动作正常	
			检查自动润滑油罐油位,油泵及管路	油位正常,油泵正常,管路无泄漏,出口油刷无堵塞,否则清洁疏通	
			检查超速或非操纵逆转监测装置	工作正常	
			检查检修盖板和楼层板防倾覆或者翻转措施和监控装置	有效、可靠	
			检查梳齿板开关位置,试验梳齿板开关动作	位置正常,动作有效	
			检查梳齿板照明	照明正常	
			检查正常运行中梳齿与梯级或踏板啮合情况	正常运行中梳齿与梯级或踏板啮合居中,两边间隙相同,高度与间隙前后一致及时更换断裂损坏的梳齿轮	
			检查梯级或者踏板下陷开关	开关完好,距离调整符合制造单位标准	
			正常启动扶梯并试乘	梯级无异常声音及振动	
			检查梯级或者踏板缺失监测装置	工作正常	
			检查梯级链张紧开关	位置正确,动作正常	
			检查梯级滚轮和梯级导轨	工作正常	
			检查梯级、踏板与围裙板连接驳口;测量梯级与裙板之间间隙	梯级、踏板与围裙板连接驳口平滑无变形;梯级与裙板之间无摩擦,两边间隙为_____mm 和_____mm。(单边间隙保持不超过 4 mm,或两边间隙之和不大于 7 mm)	停梯,使用塞尺测量
			检查扶手带入口,用起子模拟试验保护开关动作情况	扶手带入口运行居中无碰擦,保护开关动作灵敏	
			检查扶手带外观及表面温度	扶手带表面无损坏或裂口,扶手带外表面及内表面应干净无污渍,应及时清除扶手带上的脏物,内表面的摩擦层应摩擦良好;用手触摸其表面,其温度不能过高	

续表

序号	周期	设备名称	检修内容	检修标准	备注
5	15天	自动扶梯	检查扶手带张紧装置;检查摩擦轮侧面垂线是否与扶壁板垂线一致;检查扶手压带装置;检查扶手带托辊的轴线与摩擦轮侧面垂线(垂直基线)应垂直	扶手带张紧装置,弹簧张紧应适度;摩擦轮侧面垂线与扶壁板垂线一致;扶手压带装置的弹簧张紧适度,压带应无裂损;扶手带托辊的轴线与摩擦轮侧面垂线(垂直基线)应垂直	
			检查扶手护壁板	牢固可靠	
			检查上下出入口处的照明	工作正常	
			检查上下出入口和扶梯之间保护栏杆	完好无损害	
			检查出入口安全警示标志	位置应正确,文字应清晰	
			检查自动运行功能(及)正反向开机试验	显示正常	
			检查紧急停止开关	外观良好,按下后扶梯不能启动	
6	季		检查扶手带的运行	速度正常	
			检查梯级链张紧装置弹簧压缩量、开关位置及其功能	弹簧压缩量符合制造单位要求,开关位置正确,动作正常	
			检查梯级轴衬外观及润滑	目测轴衬完好,有机油实施润滑	
			检查梯级链润滑及工况	润滑良好,运行工况正常	
			★试验水位保护开关功能	开关有效,排水正常	
7	半年		测量制动衬厚度	厚度为_____mm(在制动衬面磨损监控装置工作后或者内衬材料的厚度<3 mm时更换)	
			清洁污垢,润滑;检查张紧和对中状况	机舱内部清洁,润滑良好,无锈蚀;主驱动链与主驱动轮应无偏移。如有偏移情况,应通过调整机座或张紧装置及时调整驱动链的伸长。如果驱动链的调整余量已全部消失,应立即更换驱动链	
			主驱动链光电开关清洁与调整	主驱动链光电开关与主驱动链对中,距离8~12 mm	
			检查电动机与减速机联轴器	连接无松动,弹性元件外观良好,无老化等现象	
			对制动器机械装置的活动轴销润滑	保证动作灵活	
			对附加制动器表面进行清洁,并进行功能试验	表面清洁,功能正常	
			检查减速机润滑油	按照制造单位的要求进行检查、更换	460号重负荷工业齿轮油

续表

序号	周期	设备名称	检修内容	检修标准	备注
7	半年		调整梳齿板梳齿与踏板面齿槽啮合深度和间隙	梳齿板梳齿与踏板面啮合深度3～4 mm(h6尺寸值),梳齿与梯级齿两边间隙均>0.5 mm	
			测量扶手带张紧度张紧弹簧负荷长度	符合标签上尺寸值要求	
			观察扶手带速度监控器系统运行情况;使测量元件失效,试验电梯运行情况	信号正常;电梯能够停止	
			梯级踏板加热装置紧固接线,并进行功能试验	接线紧固,无松动,试验功能正常	
8	年	自动扶梯	主接触器断电后清除积尘,紧固接线,检查触点	外观清洁,接线紧固,无松动,触点良好无烧蚀	
			观察主机速度检测功能运行情况;使测量元件失效,试验电梯应能够停止	信号正常;电梯能够停止	
			检查电缆外观及固定情况	外观无破损,固定牢固	
			检查电气安全装置,并进行功能试验	外观完好,安装牢固,功能正常	
			调整梳齿板与梯级位置,测量梯级与齿(板)间隙,测量梯级与导向间隙,观察扶梯运行状态	使梯级位置居中,梯级与梳齿间隙为_____mm(应不大于4 mm),梯级与导向间隙为_____mm(应不大于7 mm),扶梯运行中,梯级与梳齿板无撞击	
			检查围裙板安全开关外观及位置	外观完好,固定位置正确	
			检查围裙板外观,测量连接处的凸台缝隙	外观完好,连接缝隙紧密,缝隙宽度为_____mm(应小于等于0.5 mm)	使用塞尺测量
			清洁扶手带托轮、滑轮群、防静电轮,调整其接触松紧	表面无污垢,接触松紧合适	
			清洁扶手带内侧凸缘处,检查内侧扶手带外观	表面清洁,无损伤	
			检查扶手带断带保护开关	功能正常	
			检查扶手带导向块和导向轮外观、位置及功能	表面清洁,导向块无磨损,位置居中,导向轮转动灵活,位置居中	
			试乘扶梯	梯级运行平稳,无异常抖动,无异响	

注:★为在作业过程中需重点关注的检修项目。

4.1.2 门梯维护班组人力资源现状分析

机电分公司共计 75 个班,共计 174 个组。而本书讨论门梯维护班组隶属于机自一中心、机自二中心、机自三中心的生产序列。其中一号线、二号线、十号线门梯维护班组受机自一中心管辖,三号线、四号线、宁天线门梯维护班组受机自二中心管辖,机场线、宁高线、宁溧线受机自三中心管辖。宁和线由于推行检养分离管理模式,将班组巡检与保养工作拆开,部分人员专职负责巡检、另外一部分专职负责保养,受宁和筹备组进行管理,其模式不在本书讨论范围。

门梯维护班组全体人员合计 117 名(数据截至 2020 年末),是在机电分公司中人数相对较少的一类工作团队。在班组之外,还有 34 名门梯技术管理人员辅助班组开展门梯相应工作,主要分布于安全技术科、各中心以及各班组生产现场。承担对于班组的技术指导、监督、检查、验收,技术标准编制与修订,电梯安装许可维修证以及电扶梯设备年检等工作职责。本书在讨论门梯维护班组的绩效考核情况时不主要讨论此类人员的工作内容,所讨论的人员均是生产岗位员工。按照不同的分类标准,对 N 地铁公司门梯维护班组人力资源状况分析如下:

(1) 各岗位职责

门梯维护工班长作为班组的负责人,具体岗位职责如下:

① 班组建设:班组思想政治和民主生活建设;培训管理;宣传并落实运营公司企业文化及管理精神;组织召开班会。

② 班组安全管理:组织开展班组风险的识别、评价和控制工作;组织开展班组安全活动;组织开展班组劳动保护工作;组织开展班组安全生产监督工作。

③ 班组生产技术管理:开展应急处置;事故处理;开展班组 QC 活动;班组节能降耗管理;班组维修难点攻关;协调班组与其他专业或工班配合作业。

④ 班组计划管理:制定落实班组生产计划,并检查完成情况;预算管理。

⑤ 班组绩效管理:制定班组目标和指标;开展班组绩效考核工作。

⑥ 班组现场管理:参与班组工作质量检查;负责班组工作总结与改进。

⑦ 门梯设备计划检修、故障抢修和工作总结,完成上级交办的其他工作。

门梯维护组长作为班组工作的辅助管理者,其岗位职责如下:配合工班长完成班组建设、安全管理、生产技术管理、计划管理、绩效管理、现场管理;配合完成门梯设备计划检修、故障抢修的实施和工作总结;完成上级交办的其他工作。

门梯维护工作为班组工作的具体执行者,其岗位职责如下:负责电扶梯、站台门设备巡检、保养、临修工作,协助做好班组建设、安全技术管理、绩效管理、现场管理工作,完成上级交办的其他任务。

(2) 人员分布与维保模式

各个岗位人数如下:门梯班长 10 名,门梯组长 27 名,门梯维护工 77 名,另有 3 名员工被借调至外单位。其中二号线门梯维护班组由于所在线路长且安全门设备依靠自主维保,总人数达 30 人是所有工班中的人数之最,其他班组如四号线、十号线、宁天线、宁溧线、宁和线由于线路成立时间不长且维保模式为全委外维保因此人员相对较少。具体人员分布与维保模式如表 4-10 所示。

表 4-10　门梯维护班组人员分布及维保模式

所属线路	所属部门	班长	组长	维护工	合计	维保性质
一号线	机自一中心	1	6	5	11	委外维保
二号线		1	3	26	30	混合维保(自主维保门)
十号线		1	2	4	7	委外维保
三号线	机自二中心	1	4	4	9	委外维保
四号线		1	2	4	7	委外维保
宁天线		1	2	4	7	委外维保
机场线	机自三中心	1	2	15	18	混合维保(自主维保门)
宁溧线		1	2	3	6	委外维保
宁高线		1	3	8	12	混合维保(自主维保梯)
宁和线	宁和筹备组	1	1	4	6	委外维保

（3）人员的年龄与工龄

平均年龄 30.61 岁。其中 30 岁以下员工 72 名，31～40 岁员工 39 名，41 岁以上员工 6 名。年龄分布呈现"金字塔"形，"90 后"员工占总数的 62%，40 岁以下员工占 95%，员工整体较为年轻，自我表达意识较强。其中进入公司超过 10 年以上员工 26 名，超过 5 年但未达 10 年员工 71 名，5 年之内员工 20 名。78% 的员工进入企业工作时间不足 10 年，相对来说对于管理模式的创新有着较高的接受度。年龄分布与工龄分布情况如图 4-1、图 4-2 所示。

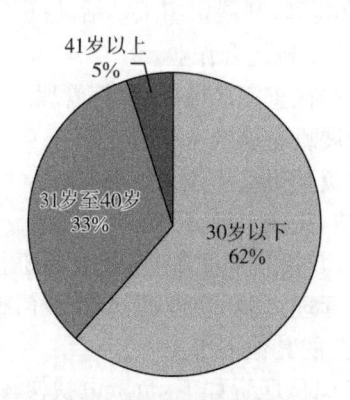

图 4-1　门梯维护班组年龄分布 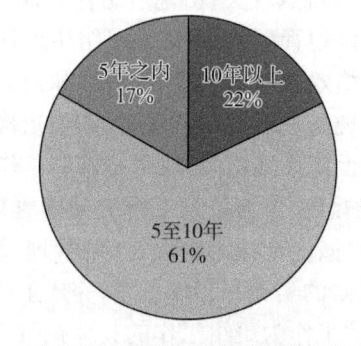　　图 4-2　门梯维护班组工龄分布

（4）人员的学历和职称

本科 87 名，大专 30 名。拥有本科学历人群占总数的 74%，在地铁设备维护这一行业中属较高水平，能够在满足生产需要的前提之下，再满足未来管理人才储备的需要。本科学历工作满一年便可直接定为助理工程师职称，共 78 名员工拥有助理工程师职称，1 名员工拥有助理经济师职称，拥有职称人数占总数的 68%。学历分布与职称分布情况如图 4-3、图 4-4 所示。

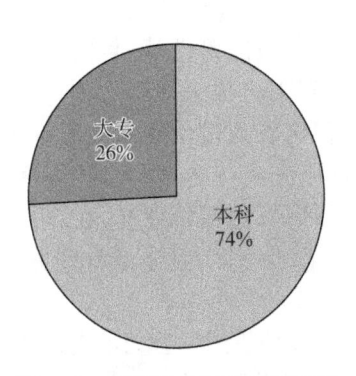

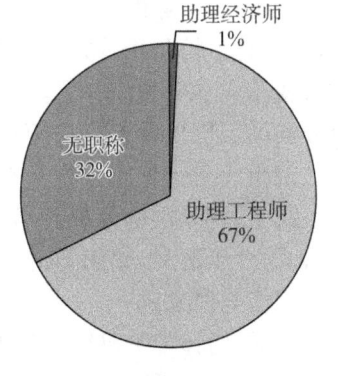

图 4-3　门梯维护班组学历分布　　图 4-4　门梯维护班组职称分布

(5) 人员的技能序列

拥有技能等级的人员 108 名,占总人数的 92%。其中高级技师 1 名,技师 4 名,高级工 55 名,中级工 45 名,初级工 3 名。在技能水平分布上呈现"纺锤型",总体水平较高,能够较为出色地承接相应的生产任务,且拥有高级工技能等级以上员工占拥有技能等级人员的 56%,也方便从培训人才的角度进行师徒结对。技能序列分布情况如图 4-5 所示。

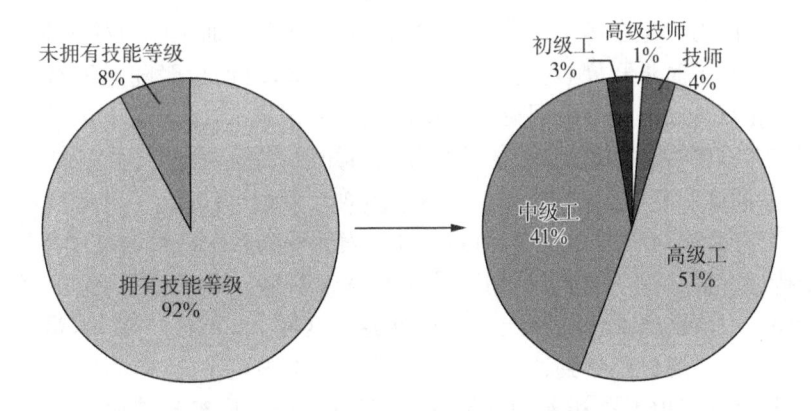

图 4-5　门梯维护班组技能序列分布

4.2　N 地铁公司门梯维护班组绩效考核体系的现状分析

4.2.1　门梯维护班组人力资源管理制度执行现状

在招聘录用与岗位履职方面,一方面 N 地铁公司由于属于大型国有企业,社会地位相对较高、工作相对稳定、各项福利待遇有保障,在愈发严峻的就业形势之下颇受青睐。近些年出现校园招聘对于院校层次要求逐步提高,社会招聘生产岗位报录比过百的情况。目前的门梯工班长大部分是由电梯、站台门厂家直接招募的管理人员,具备一定的技术经验。现有的组长及维护工多半是 2013 年至 2015 年期间由校招渠道进入 N 地铁公司工作。近五年由于人员配置饱和,很少进行相关的社会招聘。另一方面,工班长作为班组管理的第一责任人，除岗位职责规定的任务以外，还需要负责其他管理工作及时贯彻至班组，如常态化疫情防控、考勤考核管理、设备故障管理等，且由于班组近几年招募的工程师多是校招大学生，技术经验不足，以至于工班长工作压力较大。部分较年轻的组长能够有效辅助工班长承担班组管理工作，但组长人员由于岗位职责不够明确，以至一些年龄较大的组长未能有效履职。工班内部原先实行的"六大员"制度即安全质量员、学习宣传员、民主管理员、统计核算员、材料管理员、生活管理员，在现行执行过程中多数班组浮于形式，分工紊乱，责任不明，存在一人身兼多职，且生活管理员、民主管理员等存在并无实际工作等现象。

在培训管理方面，门梯维护班组培训体系基于N地铁运营公司的培训体系。门梯维护工必须取得电工作业（低压）、电梯修理（T）证，班组需要有部分人员取得电焊气焊、高处作业、电梯安全质量检验员、电梯内审员、特种设备安全管理A证，无证人员不得从事相应特种作业。门梯维护班组在N地铁运营一培训管理体系下主要承担根据上级下发的培训计划对本班组新、老员工按计划开展培训工作，并接受中心培训管理员的监督，在计划外有针对性地进行季节性工作、典型故障的班组与委外培训。各中心、班组积极组织应知应会题库开发与定期测评工作，将班组人员应当掌握的技能通过详尽的评分标准进行打分公示，根据反应来看具备一定的效果，能够有效提升工班与委外人员在应急处突过程中的响应能力。但在实际工作过程中，由于对班组培训工作考核不到位，存在对于培训工作不按约定时长开展，对待培训工作敷衍了事，培训台账随意编造等情况。班组培训管理员在每月底上交分公司班组全体员工培训记录卡，记录卡上记录班组所有人员当月培训与考试情况。同时在每次下发考试通知后，提醒工班人员完成职业技能鉴定、特殊工种的取证和复审工作，该项工作由于绩效考核程度较重，一旦考试不过当月绩效工资为零，存在待岗与辞退的风险，每当通知下发就受到各个班组的高度重视。

在薪酬待遇方面，N地铁运营公司整体实行宽带薪酬制，由于门梯维护班组全体员工属于技能序列C，岗位薪酬等级属于5～17级这一区间，如表4-11所示，员工入司转正之后定为17级，之后通过工作到达一定年限后参与职业技能鉴定考试，获取高一级别的岗位薪酬，每级之间三项工资相差600元左右。可以看出，班组员工成为三级工之后则与专业技术序列即一般管理岗员工工资待遇相同，成为首席技师之后则可与正科级干部工资水平相同。公司鼓励员工通过提升技能等级的方式实现薪酬待遇的提升，但如未通过新一轮的技能鉴定，则每年升一档相当于工龄补贴，每档之间相差50元左右。如员工在实际工作过程中发生重大过失，受到公司内部的行政处分，则不得在规定月份中参与工资的升级升档。

表4-11 门梯维护班组人员岗位薪酬等级

等级	管理序列	专业技术序列		技能序列		
		专业类	技术类	技能A	技能B	技能C
5	部门（含事业部、院）副职、调度室主任、分公司中心正职、科室正职等（正科级待遇）	专家		首席技师		

续表

等级	管理序列	专业技术序列		技能序列		
		专业类	技术类	技能A	技能B	技能C
6	部门(含事业部、院)科室科长、调度室副主任、分公司中心副职、科室副职等(副科级待遇)	一级主办		特级技师		
7		二级主办	二级主办	高级技师	特级技师	
8		三级主办	三级主办	技师	高级技师	特级技师
9		四级主办	四级主办	特级工	技师	高级技师
10		五级主办	五级主办	一级工	特级工	技师
11		六级主办	六级主办	二级工	一级工	特级工
12		高级专员	高级专员	三级工	二级工	一级工
13		专员	专员	四级工	三级工	二级工
14		员	员	五级工	四级工	三级工
15				六级工	五级工	四级工
16					六级工	五级工
17						六级工
0	见习					

员工工资其他部分还包括加班工资、值班补贴、夜班津贴、通讯补贴、交通补贴、午餐补贴、住房补贴等，较为全面。其中加班工资与夜班津贴是班组长奖励付出额外劳动员工的重要手段，也是班组内部绩效考核的一种隐性补偿形式。但N地铁公司出于节约成本考虑规定每月加班工资不得超过1 500元，且产生加班提倡以调休形式给予补偿，班组长这一权力也受到一定制约，在某种程度上造成班组员工整体工资较为平均，员工想要提升薪酬待遇只能等到了一定年限后参与职业技能鉴定，不利于构建多劳多得的团队氛围。

在公司福利方面，公司每年度为员工发放生日蛋糕卡、电影卡、购书券、节日提货券等，福利较好。另外在每季度末，公司会为员工发放季度绩效奖金与季度安全奖，在每年末再根据员工全年的出勤情况、投诉情况、行政处分情况发放年终绩效工资，但这两项奖金目前除极个别人员以外，整体相差不大，且年终奖因为金额数量不多与员工请假情况相关度最高，被员工称为"全勤奖""十三薪"，尚未与生产工作绩效好坏相结合，形成正向激励作用。此外，工资每月扣除项主要是五险两金即养老保险、医疗保险、失业保险、工伤保险和生育保险，以及公积金与企业年金，另外包括每月正常的考核扣减以及工会会费。整体来看班组人员薪酬管理流程规范、管控严格、囊括全面，并以提升技能水平为导向，但在绩效奖金方面整体较为平均，大锅饭色彩浓厚。

在员工关系方面，门梯维护班组严格根据公司要求按照国家劳动法规相关内容处理员工关系。员工一旦签订无固定期限合同，绩效考核对其的制约往往只体现在工资水平之上。公司重视劳动争议的处理，将其纳入各部门的绩效考核指标。员工在劳动关系中发生仲裁与诉讼,将会对所在部门进行考核。所以在发生劳动争议时都要求领导进行面谈并记录,以内部协商与调解为主,很少发生班组员工动用法律手段保障自身权益的情况。由于近些年来,N地铁公司周边地区多城市兴建地铁线路,行业机会多,部分来自周边城市或为谋求更好职业发展的员工会自愿离职,公司离职率相对同体量国营单位较高。员工离职时,有各层级部门领导进行谈心谈话,了解其离职原因后进行挽留,同时协助员工办理离职手续,总体上来说在离职这一方面N地铁公司的举措较为人性化。在劳动保护方面,公司注重安全管理,对中心各项安全教育、安全演练、安全预案方面都有严格的要求与流程。中心也会定期对门梯维护班组及其所属的委外单位劳动保护方面的落实程度进行抽查,除此之外,公司定期发放劳动安全保障用品,合理安排员工法定工作时间,员工在企业中很少因为过重的工作压力造成身心方面的问题。

4.2.2 门梯维护班组的绩效考核体系

门梯维护班组目前没有特定设置的组织绩效管理办法,但对于所属中心这一层级单位的组织绩效N地铁运营公司有较为清晰的管理流程。机自各中心作为N地铁公司基层生产单位,已有一整套流程较为完善的绩效管理制度。

每年年初,在N地铁公司机电分公司内由企业管理科组织各单位签订目标责任书,在实施过程中,各单位定期填报工作计划及绩效目标完成情况,企业管理部依据各单位绩效目标完成情况和归口评价结果,定期牵头对各单位进行绩效评价,经分公司绩效管理例会上审议通过后发布评价结果。指标制定遵循SMART原则,如各生产中心有关企管科的绩效管理的归口考核内容如表4-12所示。责任单位对未按计划完成的指标项目进行深度原因分析,并提出切实可行的整改措施和计划,形成分析报告,并经分管领导批准同意后,报送企业管理科,纳入问题管理系统,并进行过程跟踪,最终实现绩效闭环管理。

表4-12 机电分公司企管科绩效管理方面归口考核内容

考核事项	扣分标准
按要求进行年度目标的月度分解,按计划完成各月工作目标;按时按要求填报本单位绩效考核指标完成情况及上级单位下达指标完成情况,并填报相关绩效证明材料或临时性数据。	未按要求进行分解,扣0.5分;月计划一项未完成,扣0.1分;未按时填报每迟一天扣0.1分;错填(漏填),每处扣0.2分,拒报、瞒报、虚报每次扣0.5分;未提供绩效相关绩效证明材料,每次扣0.1分。
每月按照要求及时填报绩效考核相关数据表格,数据真实准确。	未及时报送扣0.1分/天,数据差错扣0.2分/处;谎报、虚报扣0.5分/次。
按照要求及时反馈《N地铁运营有限责任公司机电分公司绩效管理办法》及相关附件的修改意见及年度指标完成情况。配合并开展绩效管理工作,不造成外部不良影响。	未及时反馈扣0.2分/天。建议修改为:未及时反馈扣0.1分/天,未反馈提报扣0.5分/次。不配合相关工作,每次扣0.1分;工作开展不力,造成外部不良影响的,每次扣1分。
按照职责职能,追踪、落实公司考核指标的责任主体及考核分值。	未及时跟踪落实的扣0.2分/次。
按要求进行年度目标的月度分解,按计划完成各月工作目标;及时填报SMART表,按照要求及时反馈月度/年度本单位绩效考核指标完成情况及上级单位下达指标完成情况,并提报相关绩效证明材料或临时性数据。	未按要求进行分解,扣0.5分;月计划一项未完成,扣0.1分;未按时填报每迟一天扣0.1分;错填(漏填),每处扣0.2分,拒报、瞒报、虚报每次扣0.5分;未提供绩效相关绩效证明材料,每次扣0.1分。

第4章 门梯维护班组运行的现状及考核的问题分析

机自各中心在实际生产中承担合理安排维修保养工作，同时确保人员设备稳定的工作职责。为完成这一职责，从运营服务、设备管理、专业职能、财务指标、安全管理、内部管理六个方面，共计 26 项绩效考核指标的来反映各生产中心的绩效水平。具体指标如图 4-6 所示。

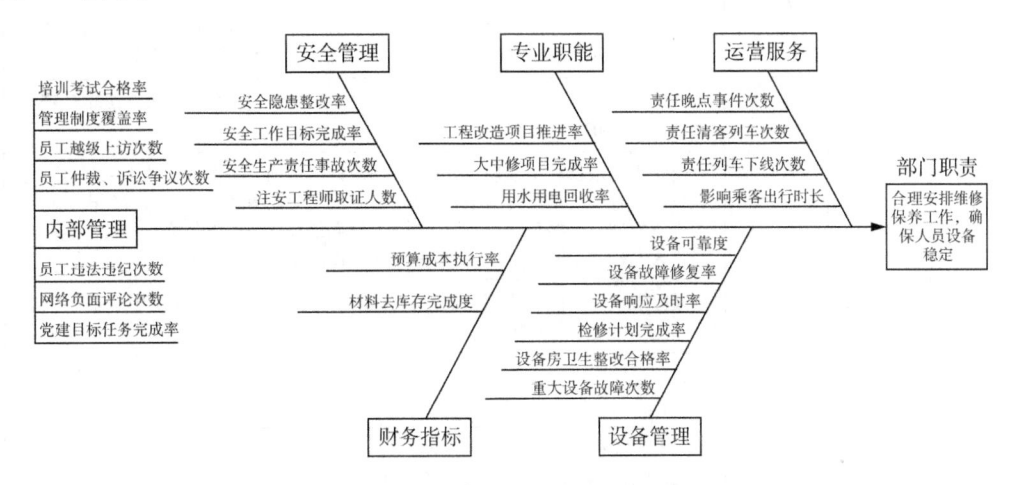

图 4-6 机自各中心绩效考核指标

N 地铁公司门梯维护班组员工具体的考核条款参照机电分公司绩效考核指标对员工的考核加减分，再同时累加当月中心因部门绩效考核指标造成的考核加减分，最后折算员工当月的绩效得分。机电分公司员工个人绩效考核表是由 75 项减分项与 23 项加分项内容构成，其中减分项内容分为综合管理、工作纪律、工作态度、安全管理、生产管理 5 个类别，由总则、岗位职责、台账记录、数据统计、人事管理、培训管理、综合管理其他、考勤方面、行服方面、工作纪律其他、预算定额执行、物资管理、生产管理其他 13 个子项目构成。一些常用的绩效考核条款如表 4-13 所示。

表 4-13 门梯维护班组员工常用绩效考核条款

条款	类别	项目	具体指标
3	综合管理	岗位职责	不熟悉自身岗位职责的每次扣 5 分，岗位职责履行不好的每次扣 1～5 分，与岗位职责有关的其他方面工作完成不好的每次扣 2～5 分
7	综合管理	台账记录	分公司内部相关台账或记录，填写完整及时，未及时填写每次扣 1～5 分；如不填写扣相关人员 2～10 分；填写不完整或有差错，扣 1～5 分；如有连带责任的，相关人员按考核分 20% 连带
20		培训管理	公司级考试不合格第一次扣除当月绩效考核分 20 分，分公司级考试不合格每次扣除当月绩效考核分 10 分，第二次不合格加倍考核，连续不合格 3 次及以上，扣除当月绩效考核分直至考试通过

续表

条款	类别	项目	具体指标
31	工作纪律	考勤方面	迟到早退:上班、开会、学习培训等迟到早退每次扣2~10分。迟到早退月度累计5次以上(不含5次),扣除当月绩效考核分。外出未按要求报备的按早退或旷工处理。 旷工:旷工一次扣除当月绩效50分,旷工两次,当月及次月做待岗处理,旷工三次及以上,待岗月数依次增加;未履行有关请假手续的按旷工处理
33	工作纪律	行服方面	个人包干区域环境卫生脏、乱、差,每次扣1~5分;造成分公司被上级单位通报批评的每次扣2~10分
35		行服方面	分公司行服检查中发现不合格项,每检查出一项当事人考核扣1~5分,中心级行服检查中发现不合格项,每检查出一项当事人考核扣1~3分;公司级行服检查中发现不合格项(电话礼仪、着装、仪容仪表、标识、设备等),每检查出一项当事人考核扣1~10分;涉及媒体有责的每次扣10~20分
49	安全管理	—	未及时发现安全隐患或不及时上报采取处理措施,未造成安全影响的每次扣2~5分,造成安全影响的每次扣5~50分
70	生产管理	其他	设备不巡检每次扣3分,巡检不到位每次扣2分,无巡检记录每次扣2分,巡检弄虚作假每次扣10~100分
1	加分项	—	技术牵头人(含副牵头人)合计加5分,工长(代理工长)加3分,组长(代理组长)加1分。创新工作室负责人每月加5分
8	加分项	—	积极撰写通讯稿件,在分公司层面采用的,每篇加1分;在地铁运营发表的,1版稿件每篇加4分,2版、3版综合性稿件每篇加3分,简讯加1分;4版文章类稿件每篇加2分,摄影类作品减半
9	加分项	—	主动参加分公司级各类活动的每人次加0.5分,公司级各类活动的每人次加1分,集团级各类活动的每人次加2分,受到公司单独嘉奖或获得其他单项奖励的每人次加1~10分(分公司推选除外)

以上表格首先是由N地铁运营公司给予各分公司的统一模板,在此基础上各个分公司每年底根据各分公司实际生产情况进行重新修订而成。在实际操作中,在班组的绩效考核中也使用分公司的绩效考核表开展考核工作。每当发生一些既有考核表无法界定的内容,便在原有表单上进行新增,缺乏系统的再梳理过程,以至于一些考核问题同时适用于多项考核内容,最终分数还是由中心负责人主观界定。另外,各单位全面推行生产岗位积分制管理,将考核分较大权重的应用于本单位的生产岗位员工竞聘积分制管理,并根据实际适时优化相关积分规则。但由于积分制制度暂未适用于员工竞聘,其成效有待观察,故不在本次研究的讨论范围之内。

4.2.3 门梯设备典型事故及故障分析

(1)全国地铁门梯设备典型事故

门梯设备均属于特种设备,一旦出事极易造成乘客的人身伤害,同时也会给地铁运营单位带来极其不好的社会影响。

2011年7月5日早9:36,北京地铁4号线动物园站A出入口上行电扶梯突发设备故障开始逆转,正在搭电梯的部分乘客随着电梯突然下滑,人群纷纷跌落,导致踩踏事件发生。事件造成1人死亡,2人重伤,26人轻伤。事件发生后,京港地铁启动相关应急预案,将受伤乘客送往医院救治,并专门安排专人接待,负责食宿交通等。北京市政府有关部门组成事故调查组,对事故原因进行调查。事件的主要原因为4号线动物园站A口上行电扶梯固定零件损坏,发生设备故障。

2014年4月2日早8:20,上海地铁7号线静安寺站与2号线换乘通道内一台扶梯在运行过程中突然改变运行方向逆转下行,众多乘客向后倒下,事件共造成13名乘客受伤,其中12名为轻伤,1名受伤较重乘客转至医院治疗,无生命危险;造成直接经济损失共计205 768.36元。涉事扶梯的型号为MPE,出厂日期为2009年9月,出厂编号:D7NB 3487,额定运行速度为0.65 m/s,提升高度为5.80 m,梯级宽度为1 m。该电梯的使用管理单位为上海地铁第三运营有限公司,维保单位为上海奥的斯电梯有限公司安装保养分公司,制造单位为广州奥的斯电梯有限公司。事件发生后,上海地铁立即停用该部扶梯。由于事发站客流较大,车站加强了现场监护,安排10名员工进行现场疏导。随后,上海地铁向受伤乘客及其家人致歉,表示将一对一陪护,全力做好善后事宜。明确事故主要原因在于生产商奥的斯的驱动链条存在问题,日常保养不足。同时地铁公司安全管理不到位负次要责任。上海市质监部门已督促电梯维保单位上海奥的斯电梯有限公司更换事故扶梯同型号的驱动链条,对同型号的自动扶梯断链保护装置和附加制动器进行有效性检查调整和测试,确保其功能有效。

本次事件的主要原因为自动扶梯制造单位广州奥的斯电梯公司对自动扶梯驱动链条的产品质量控制不严格,采用的自动扶梯驱动链条过渡连接板的折弯转角处存在应力集中效应、表面存在脱碳现象,导致使用中疲劳断裂。同时,自动扶维护保养单位上海奥的斯电梯公司缺乏对自动扶梯驱动链条和断链保护装置的日常维护保养作业指导文件,使得维保人员对自动扶梯断链保护装置和附加制动器的日常维护保养不到位,事发时自动扶梯断链保护装置未能有效动作。此外,自动扶梯使用管理单位上海地铁第三运营有限公司存在电梯安全管理不到位现象,尤其是对自动扶梯的日常维护保养监督不力,导致事故自动扶梯未能在维保作业中发现并排除隐患。

2015年10月8日上午11:00,重庆地铁3号线红旗河沟站,一女乘客带两个孩子进站后,因故留下两名小孩独自在站厅。男孩在无人看管情况下,背靠电扶梯扶手带玩耍摔倒,被卷入扶手带地面夹角处,因抢救无效死亡。本次事件的原因为小男孩脱离家长监护,独自在运行的电扶梯处玩耍,背靠电扶梯扶手带。扶手带运行时的摩擦力(向下)将男孩带动并摔倒,卷入扶手带与地面之间的夹角,胸腹部被卡在扶手带与地面之间(扶手带、扶手带入口挡板、外部雷达三者之间),是造成事故的直接原因。重庆市江北区政府成立事故调查组立即进行调查分析,并委托专业机构重庆市特种设备检测院对该自动扶梯进行了安全技术鉴定。经调查分析和安全技术鉴定,都充分证明设备本身无问题,属意外事故。

2016年11月27日下午16:00,广州地铁2号线昌岗站一扶梯发生故障触发安全开关后停梯,梯级受挤压后出现损坏,未造成人员受伤。事件发生后,车站工作人员立即启动预案,在故障扶梯出入口设置围蔽防护,并迅速通知维修人员处理。经过维修人员的维修和全面检查确认安全后,该故障扶梯于第二天重新投入使用。

该起扶梯停运事件是由乘客行李箱掉落的螺丝造成。维修人员检查时发现,在扶梯的梯级与梳齿板间隙之间,卡住了一个不属于扶梯零部件的螺丝,导致梯级与梳齿板发生挤压碰撞,触发梳齿板安全开关,使扶梯停止运行,同时,梯级受惯性制动挤压出现损坏。

2022年1月22日下午16:30左右,上海地铁15号线祁安路站一名老年女乘客下车时被屏蔽门夹住,工作人员急速上前帮助脱困,后经送医抢救该乘客仍不幸身亡。事故具体原因有关部门正在进一步调查中,运营方对该乘客的不幸离世深感痛惜,将全力配合调查,并做好家属安抚善后及后续相关事宜,同时进一步保障线路安全运营。

事后,交通运输部印发《关于"1·22"上海地铁乘客伤亡等事故事件的警示通报》,要求深刻汲取教训,强化运营安全管理,确保人民群众生命财产安全。《通报》要求,各地交通运输部门要督促运营单位按照《城市轨道交通设施设备运行维护管理办法》要求,细化各类设施设备养护维修规程,将巡查频次、维修内容、维修标准落实到责任人、岗位职责、管控措施。要认真开展日常巡查,及时发现设施设备异常,避免事态扩大造成严重后果。要严格执行设施设备养护管理规则,结合冬春季节天气变化,加强对道岔、接触网(轨)、站台门等设备的检修维护,确保系统安全可靠运行。

此外,地铁屏蔽门的安全回路由于牵扯到行车,如遇故障不能正确响应就会造成线网延误或清客。在公开的2020年全国各城市地铁运营报告中,屏蔽门作为机电设备的一类与整套车辆系统、信号系统、供电系统等作比较,其重要性不言而喻。2020年全国地铁各类因素造成运营影响的事件统计情况如表4-14所示。

表4-14　2020年全国地铁各类因素造成运营影响的事件统计

城市及企业	车辆	信号	供电	工务	屏蔽门	其他设备	员工因素	乘客因素	其他因素	列次	万车千米	屏蔽门引起的线网延误事件占比
北京	3.0	14.0	4.0	0.0	1.0	0.0	0.0	0.0	5.0	625.0	84.96	3.70%
上海	15.0	40.0	3.0	0.0	2.0	0.0	1.0	2.0	9.0	290.0	219.08	2.78%
广州	7.0	15.0	2.0	0.0	2.0	1.0	0.0	3.0	3.0	264.0	156.05	6.06%
深圳	8.0	9.0	1.0	0.0	6.0	0.0	7.0	0.0	0.0	209.0	151.82	5.71%
天津	10.0	11.0	2.0	2.0	2.0	0.0	1.0	0.0	6.0	24.0	568.83	5.88%
大连	7.0	3.0	1.0	0.0	0.0	0.0	0.0	0.0	2.0	1.0	5 367.33	0.00%
长春	93.0	13.0	2.0	1.0	1.0	0.0	14.0	3.0	47.0	159.0	38.00	0.57%
南京	9.5	17.5	1.0	0.0	1.0	0.5	0.0	18.0	0.0	66.0	321.30	2.08%
重庆	10.0	17.0	1.0	3.0	0.0	1.0	1.0	5.0	4.0	139.0	168.85	0.00%
武汉	2.0	13.0	1.0	0.0	0.0	0.0	4.0	0.0	0.0	12.0	1 541.87	0.00%
北京京港	0.0	0.0	0.0	0.0	0.0	0.0	0.0	0.0	1.0	28.0	390.67	0.00%
沈阳	3.1	6.0	1.0	0.0	0.0	0.9	0.0	2.0	0.0	6.0	1 237.96	0.00%
成都	1.0	3.0	1.0	0.0	0.0	0.0	0.0	0.0	0.0	12.0	2 343.05	0.00%
西安	0.0	9.0	0.0	0.0	1.0	0.0	1.0	1.0	0.0	11.0	1 302.26	7.69%
苏州	8.0	4.0	1.0	1.0	0.0	0.0	1.0	0.0	3.0	29.0	353.24	0.00%

续表

城市及企业	车辆	信号	供电	工务	屏蔽门	其他设备	员工因素	乘客因素	其他因素	列次	万车千米	屏蔽门引起的线网延误事件占比
杭州	1.0	3.0	0.0	0.0	0.0	0.0	0.0	0.0	0.0	19.0	816.89	0.00%
郑州	4.0	4.0	0.0	0.0	1.0	0.0	0.0	2.0	2.0	38.0	215.67	7.69%
哈尔滨	0.0	0.0	0.0	0.0	0.0	0.0	0.0	0.0	0.0	3.0	534.32	—
长沙	0.0	1.0	0.0	0.0	0.0	0.0	0.0	1.0	0.0	11.0	733.03	0.00%
无锡	0.0	4.0	0.0	0.0	0.0	1.0	0.0	0.0	0.0	22.0	150.90	0.00%
宁波	2.0	6.0	1.0	0.0	0.0	0.0	2.0	1.0	7.0	25.0	254.21	0.00%
昆明	2.0	2.0	0.0	0.0	0.0	0.0	1.0	0.0	0.0	5.0	953.99	0.00%
南昌	3.0	2.0	0.0	0.0	0.0	0.0	0.0	0.0	0.0	7.0	559.08	0.00%
青岛	3.0	5.0	0.0	0.0	0.0	0.0	0.0	1.0	0.0	6.0	1 219.19	0.00%
福州	0.0	4.0	0.0	0.0	0.0	0.0	0.0	0.0	0.0	3.0	979.27	0.00%
东莞	0.0	0.0	0.0	0.0	1.0	0.0	0.0	0.0	1.0	9.0	226.75	50.00%
南宁	0.0	1.0	0.0	0.0	0.0	0.0	0.0	0.0	0.0	0.0	—	0.00%
合肥	6.0	8.0	1.0	0.0	0.0	0.0	4.0	0.0	2.0	11.0	612.64	0.00%
石家庄	9.0	3.0	0.0	0.0	1.0	0.0	0.0	0.0	0.0	13.0	184.19	7.69%
贵阳	0.0	0.0	0.0	0.0	0.0	0.0	1.0	0.0	3.0	11.0	171.67	0.00%
厦门	0.0	1.0	1.0	0.0	0.0	1.0	0.0	0.0	2.0	0.0	—	—
北京运管	0.0	0.0	0.0	0.0	0.0	0.0	0.0	0.0	0.0	6.0	514.10	—
兰州	0.0	1.0	0.0	0.0	0.0	0.0	0.0	0.0	0.0	3.0	440.08	0.00%
济南	2.0	0.0	0.0	0.0	0.0	0.0	1.0	0.0	2.0	8.0	250.15	0.00%
乌鲁木齐	1.0	0.0	0.0	0.0	0.0	0.0	0.0	0.0	0.0	1.0	869.79	0.00%
常州	5.0	4.0	0.0	0.0	0.0	0.0	0.0	0.0	0.0	7.0	241.87	0.00%
呼和浩特	0.0	0.0	0.0	0.0	0.0	0.0	0.0	0.0	0.0	4.0	337.21	—
浙江运管	3.0	17.0	0.0	0.0	0.0	0.0	0.0	1.0	2.0	8.0	152.42	0.00%
徐州	2.0	2.0	0.0	0.0	0.0	0.0	0.0	0.0	0.0	0.0	—	0.00%
郑州中建	0.0	0.0	0.0	0.0	0.0	0.0	0.0	0.0	0.0	0.0	—	—
云南京建	0.0	0.0	0.0	0.0	0.0	1.0	0.0	0.0	0.0	0.0	—	0.00%
太原中铁	0.0	0.0	0.0	0.0	0.0	0.0	0.0	0.0	0.0	0.0	—	—

(2) 2018年6月N地铁浮桥站整站站台门故障分析

2018年6月19日三号线浮桥站报整站站台门不能使用故障,后经专业排查,故障是由于维保单位康尼厂家在接报电源故障后未及时到现场维修,在双电源切换箱发生故障后,致使电源系统蓄电池电量耗尽,引起整站站台门不能开关。

此次故障具体处置经过如下:

0:10 浮桥车站告知安全门报主供电系统故障。

0:12 环调通知门梯工班。

0:13 门梯工班人员3次通知维保单位康尼厂家。

0:23 康尼现场技术人员回复:确认为电源监控模块故障,不影响运营,6月19日早晨去维修。工班对故障未再及时跟踪。

5:35 行调通知:浮桥上下行安全门无法打开。环调通知门梯专业前往维修。

5:59 环调通知门梯工长及工程师。

6:10 门梯工程师到达现场,检查发现,双电源切换箱外部指示灯不亮,控制电源柜指示灯不亮,PSC中央控制盘指示灯不亮,驱动电源指示灯常亮,初步判断为控制电源失电,造成安全回路和开关门信号丢失,影响上下行站台门运行。

打开双电源切换箱后,发现两路市电供电开关处在断开位置,双电源控制模块下方有明显烧灼痕迹。控制模块上有明显的防火泥渗出的油滴滴进模块内部的迹象。判断是由于双电源切换箱控制模块短路造成两路市电开关跳闸,站台门电源系统失电。

6:25 维保单位康尼人员到达现场,但是未带维修工具,后返回夫子庙驻点取维修工具。

7:00 康尼维保人员在驻点未找到配件,需要从电源系统厂家紧急调拨。

7:20 在断开400 V进线开关后,对双电源切换箱进行了跳线连接,暂时恢复供电。

7:45 站台门电源系统逐级恢复供电,发现控制UPS不能正常启动,采取旁路供电方式,对于故障问题,在夜间抢修时进行排查。7:45 站台门电源系统全部恢复供电。

8:08 经行调同意,恢复浮桥站站台门运行。

此次故障影响为导致晚点2列次,最大行车间隔4分钟(计划2分30秒)。

本次故障主要是人为原因引起的故障扩大化。故障主要是由站台门双电源切换箱内防火泥渗出的油滴滴进了控制模块内部,造成控制模块短路,两路市电开关跳闸,双电源切换箱工作失效,站台门电源系统失电。在失去市电供电后,电源系统启动蓄电池进行工作,在运行整个夜晚后,蓄电池电量耗尽,造成整站站台门开关失效。电源箱内现场情况如图4-7、图4-8所示。

康尼厂家维保人员在夜间接到报修故障后,未对故障重视,未及时到现场进行维修,也未通知相关负责人,而是根据经验想当然地以为是电源监控模块,回复工班说监控模块故障,不影响运营,到第二天开站后维修。工班放松了警惕,未再及时跟踪,造成故障被人为放大。

图4-7 封堵防火泥渗出的油滴　　　　图4-8 损坏的模块

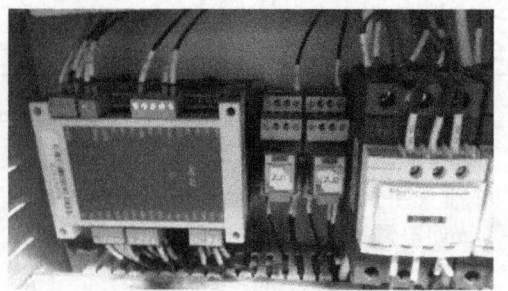

综上分析,本次故障是由于康尼维保人员责任心不强,报修故障未及时修复,对电源系统等重大故障关注度不够,委外单位现场管理缺失;门梯工班跟踪不到位。由一起电源元器件短路故障升级为整站站台门不能打开,影响行车的重大故障,故障被人为放大。

(3) 2019年1月N地铁南京南站整站站台门故障分析

2019年1月30日三号线南京南站上下行整站站台门无法打开故障,车站进行先期处理,后专业人员到达现场处置后设备恢复正常。此故障是由控制UPS本体故障引起的,造成站台门控制电源系统失电,引发整站站台门无法打开。后由南京康尼机电股份有限公司完成站台门系统恢复工作。

此次故障具体处置经过如下:

9:25 工班接环调报修南京南站上下行站台门无法打开故障,工班立即通知维保单位,同时工班人员也赶往现场;

9:27 车站采取应急故障处理,用四角钥匙手动打开所有站台门;

9:37 门梯工班长和技术员到达南京南站台(未先到车控室,致使车站一直以为未有专业人员到达);专业人员一直在设备房抢修;

9:43 领导到达现场进行指导;

9:47 手动合闸控制UPS维修旁路,控制电源柜恢复;

9:51 与车控室联系恢复站台门;

9:57 下行方向PSL操作恢复正常,互锁解除恢复正常,信号联动恢复正常,下行整侧恢复正常;

9:59 上行方向PSL操作恢复正常,互锁解除恢复正常,信号联动恢复正常,上行整侧恢复正常;

10:01 经过多趟车运行,车地联动正常,故障恢复。

此次故障影响为导致区间停车2列次、在站通过2列次、晚点2列次、南京南至卡子门下行最大间隔8分钟(计划间隔5分50秒)。

经过检查发现此次故障原因为控制电源系统失电,只有电源进线指示灯正常,其余输出开关指示灯全部熄灭。UPS工作指示灯不亮,手动启动UPS开关,UPS无反应,初步判定为UPS故障。控制电源柜故障状态如图4-9所示。

手动合闸旁路开关后,再恢复电源输出时跳闸,拔除UPS输入、输出电源,完全舍弃UPS,再恢复电源输出时,未再跳闸,判断UPS内部出现故障,使得电源无输出,自动旁路功能失效,致使整个控制电源系统不能工作。恢复PSC机柜220 V开关时,开关跳闸,拔除PSC监控主机电源进线,合闸正常。怀疑PSC监控主机电源模块短路。通过1月30日晚间故障排查,所有供电和控制回路对地绝缘正常。更换备用的控制UPS后,控制电源系统能够恢复正常,站台门设备正常。拆解原UPS没有发现明显的短路板件,怀疑是本体故障,致使不能工作。PSC监控主机跳闸问题,检查确认主机没有发现短路故障。将主机接入回路后,第一次开关跳闸,再次操作后能合闸。分析是由于负载端在合闸瞬间电容充电,瞬时负载过大,造成开关跳闸。再次合闸时,电容已经充完电,负载小,合闸成功。

综上分析,本次事件是由于控制UPS本体发生故障,致使自动旁路功能失效,蓄电

图 4-9 控制电源柜故障状态

池逆变失败,引起控制电源系统整体失电,造成整站站台门无法打开。

(3) 2021年8月N地铁夫子庙站梯级挤压故障分析

2021年8月23日晚,三号线夫子庙站2号口13号扶梯上梳齿板处梯级相撞,扶梯停运,工作人员立即组织围挡并进行故障处理,现场扶梯无法及时恢复,经查原因是由扶手带一级驱动链发生断裂,扶手带瞬间失去动力,并伴有异响。由于扶手带驱动轴仍在运行,搅动断裂的驱动链,扶手带驱动链造成上下集油盘破坏并带动集油盘向前移动,扶手带受力出现短暂逆行。之后,集油盘卡住向下运行的梯级后导致上梳齿板开关动作停梯,梯级内部已产生卡阻,再次启动扶梯在驱动力作用下,导致梯级链销轴断裂,断裂点后梯级无法翻转按照预定轨道运行,同时后续上翻梯级与被卡阻梯级发生碰撞并产生挤压,造成梯级受损,从而产生异响和两个梯级的空洞。后由通力电梯有限公司南京分公司完成扶梯恢复工作。

19:33　03秒,下行右手扶手带停止运行;07秒,下行右手扶手带及裙板轻微晃动伴有异响(乘客察觉异常);12秒,扶手带逆行1秒;37秒,扶手带及裙板剧烈晃动并伴有异响,前沿板震动略微翘起,扶梯启动保护动作停止运行,此时乘客仍可以通行;

19:52　48秒,保安到达现场从扶梯下方直接用钥匙启动扶梯无效;51秒,扶梯显示上行图标但梯级未动作;55秒,扶梯开下行运行2个梯级后保安听到巨大异响,按下急停并汇报车控室,上方摄像头显示扶手带及裙板剧烈震动;

19:53　09秒,一名安检人员乘上行扶梯时发现梯级与梳齿板之间有2个梯级空洞,示意保安上部出现问题;20秒,有乘客通行被安检人员阻拦示意乘客从其他入口乘坐地铁;38秒保安乘坐上行扶梯到达上部查看情况并汇报车控室;

19:54　24秒,保安会同安检人员用一辆共享单车做临时防护;

19:56　三号线门梯工班人员接报夫子庙站电话,报2号口13号扶梯故障停梯;

19:57　工班电话通知通力厂家前往查看,同时工班人员从南京站赶往现场;

20:05　通力维保人员到达现场,围挡后开始故障处理;
20:10　分公司调度群发布现场故障信息,分公司相关保障人员前往现场;
20:23　工班人员到达现场,拍摄故障照片并加入后续故障处理;
20:50　机电分公司将现场故障初步情况分别向总经办、安全监督部进行信息报送;
23:48　机电分公司将现场故障情况,分别向总经办进行信息续报;
23:50　完成上机仓损坏梯级拆除,准备备件次日恢复。

此次故障影响为造成 6 个梯级损坏,5 个梯级链销轴断裂,36 节梯级链受损,扶手带一级驱动链断裂,集油盘损坏,直接经济损失约 10 000 元,影响乘客服务。扶梯受损情况如图 4-10 所示。

图 4-10　现场扶梯受损情况

本次扶梯故障主要原因为扶手带驱动链断裂后致使集油盘变形造成梯级卡阻挤压形成安全隐患,幸亏安全保护开关动作及时未产生重大影响,但是在故障处置和设备维保方面仍暴露出一些问题:在维保管理方面,一是检修规程中规定了主驱动链维保要求,未明确扶手带驱动链维保要求;二是检修标准未量化,作业记录缺少量化记录,不利于跟踪和判断劣化趋势;三是存在检修执行不到位的可能性,从测量结果看扶手带驱动链达到更换标准未及时发现。在委外管理方面,一是委外技术人员和项目负责人当天未及时到达现场处置;二是委外作业质量管控有待进一步加强,尤其维修作业关键点和关键部位,需加强跟班跟检。在故障处置方面,一是保安人员未按照要求对扶梯进行检查直接开梯;二是客运分公司未第一时间从车控室 IBP 盘发现扶梯停梯告警。因此,机电分公司承担主要责任,客运分公司承担次要责任。根据运营公司《组织绩效管理实施方案》纳入绩效考核。机电分公司按照委外合同条款追究委外单位责任要求赔偿并落实考核;客运分公司按照保安合同对保安公司进行考核。

4.3　N 地铁公司门梯维护班组绩效考核体系存在问题及原因分析

4.3.1　考核理念传统,无法适应新时代下企业发展的内在要求

企业里的"老好人"班长说:考核、考核,整天就是考核,同事本来之间关系都挺好,又

都抬头不见低头见的,这一考核还能开开心心在一起上班了吗?不愿"得罪人"的领导说:"中庸"之道是我们国家自古以来的传统文化,考核这东西非要把人分个三六九,那就不如大家都一样,轮流坐庄呗,来小李这个月你们工班交点考核上来交差,下个月小王……吃惯"大锅饭"的员工说:咱们这单位就是国企,国企嘛历史以来就是人人平等,干与不干一个样,干好干坏也一个样!反正我这收入再过几年就要涨到六千了,只要不给我减,随你咋考核都成,大不了我报点加班上去补回来呗!

在传统的考核理念里,"老好人"文化、害怕得罪人、吃大锅饭是关键词。所以即便是已步入改革发展新时代下的N地铁公司,我们依然能够听到以上的言论在企业中根深蒂固,这里面既存在计划经济时代的历史因素,同时也与我国盛行千百年来的儒家思想密不可分。中国儒家思想讲究公平、和谐,于是在现实工作中自然而然地重视平均,认为考核会造成人际关系的紧张,是一项得罪人的工作。以至于绩效考核这个本该区分绩效好坏的制度,结果变得千篇一律,部门内部的绩效平均演变成了部门间的不平衡,降低了考核的信度和效度,使得绩效考核流于形式。

新时代下地铁企业发展的内在要求是满足乘客对于美好出行的向往,但在发展过程中往往忽略这一企业战略目标,陷入组织内卷化,没有用好考核指挥棒。该问题的另一面,是没有树立正确的绩效考核观,使得员工普遍认为考核仅仅是人力资源部的一项工作而已,对其尚没有形成正确的认识。对开展这项工作应该达到怎样的目标、取得怎样的成绩,也没有明确的要求,缺乏明确的目的,整个工作的开展便具有很大的随意性,好像是"为了考核而考核"。举个例子,N地铁各家分公司内部约定俗成的要求每月减分分值必须大于加分分值,原因是每月绩效考核扣减的金额,会再通过年度二次分配的形式返还给员工,此外没有额外的费用支持对于员工的正向激励,缺乏资金上的统筹管理。这样一来,考核成了"任务",由分公司摊派到生产中心,再由生产中心摊派到班组。加之考核的频次是每月一次,有的月份生产事故较少,且现场检查发现问题也不够,基于上述不合理的规则设置,不考核像是不作为,不得以便开展"任务式考核",否则当月想给做得好的员工加分也不行呀!这样能行吗?仅仅从形式上落实了绩效考核,未能正确理解考核对于企业发展的意义,甚至出现轮流坐庄的现象,这与绩效考核牵引组织达到公司战略目标的理念相去甚远。

4.3.2 考核主体错位,存在以管理者个人意愿为主的突出矛盾

中心绩效考核员:主任,到月底了,这个月的考核您有什么要求?目前除了两位工长主动报了十多分上来,其他的暂时都没有。

中心主任:唉,真不让人省心,你从公司检查的里面再找找,然后拿给我看看。对了,那个××班组能没问题?你给我好好找找他们的。

中心绩效考核员:主任,这是这个月的考核素材,您最终来定一下吧!

中心主任:这条就算了,他们干活也不容易。这条考核轻了,上次去到现场,几个人看到我在还敢玩游戏!在场的每个人都给我再加考核五分。

中心绩效考核员:可是领导,考核管理办法里面这种情况最多就是五分。

中心主任:好了,就按我说的办,你就给他加个工作态度不端正嘛……

这是可能发生在每月绩效考核结果上报前的一段对话。不难看出，在 N 地铁公司，绩效考核通常是由中心主任进行评定，然而其在绩效管理中投入的精力比较有限，且未接受过对绩效考核知识性的培训。这就导致在实际操作中，为了稳定上下级关系、照顾私人感情，或者出于其他的客观原因，中心主任往往不愿意执行绩效考核政策以及对于考核标准尺度执行不一，使得考核较为严重地受到个体主观因素的影响，不够客观，容易发生晕轮效应。没能把"权力关进制度的笼子里"，这样往小了说会让制度形同虚设，往大了说其至容易滋生腐败、为利益关系提供寻租空间。而企业又要求员工申诉时要向直接负责人汇报，这就导致"裁判员和运动员是同一人"现象，容易出现信息不对等、缺乏有效沟通，申诉无门。

究其深层次原因，首先得看明白 N 地铁公司整体的组织层级。公司的架构目前可以理解为标准的科层制，存在自上而下的等级，主要存在运营公司、分公司、生产中心、班组四个层级。金字塔式的管理以至考核呈现出"高压"模式，即管理者对其属下的心理感受关注极少，在绩效考核的各阶段有专制主义色彩。"高压"模式可能在短时间内能够取得一定的效果，但对于一个持续发展中的企业而言却是非常不妥的。在职能条线，各层级虽然均配置了绩效考核员，但由于在基层的考核员多半是兼职，责任心不够强；更有甚者是由临时借调的生产岗员工担任，流动性比较大，且未必对现场工作足够了解。故还是以中心领导个人意愿为主实施，而考核员更多是承担搜集资料、整理信息、上报系统等统计性工作，对考核只有建议权。值得一提的是，在细胞体班组的评审中虽然导入了第三方考核，能够摆脱内部利益关系，但第三方机构对业务的熟悉程度或一些客观的人为因素，很容易导致第三方考核的不公正性，从而一票否决一个部门甚至一个分公司的努力。

4.3.3　考核体系笼统，造成组织绩效难以科学衡量的现实困境

中心主任：咱中心今年要强化细胞体班组建设，你来表个态，你瞅瞅人家搞 AFC 设备的都五星级班组了，你今年能不能争口气给我搞个四星级的？

门梯工长：领导，我哪有时间啊！我们设备多、维保任务重、人又少，不像他们没啥设备、还都是厂家在干。关绩是细胞体班组考核指标又不问我们活干得怎么样，就是查查台账、看看环境，还要搞 PPT，设计什么口号，你看俺是个粗人，这些虚头巴脑的东西，我做不来的呀。

中心主任：说起这个就尽给我找理由，整个公司都是用的这套指标，你还能比公司聪明？我可不管你用什么办法，干不好别怪我考核你。

门梯工长：唉，咱这工长真难干，这班组建设又不是我一个人的事儿，凭啥干不好就要考核我呢？工班新来的那个大学生最近闲在那好像没啥事，这班组建设我交给他得了。

对于细胞体班组建设，门梯维护班组有着类似上文所描述的各类矛盾。以至于每逢年底，班组不愿报名参加申报，而主管中心都需要去为了谁来报名而互相博弈，这明显是背离了初衷。班组管理是一项系统工程，不能孤立地看待任何一项工作。但部分班组长秉持着这样一种观念：对于完成班组生产工作来说，管理及其他一些专项工作是负担，所以细胞体班组是花架子、不够实用。我们不能单将这一现象理解为班组长认知不足，

要从考核制度设计本身找原因,在施行过程中遇到阻力,就说明考核体系整体设计还不够科学、比较笼统。未能帮助基层理顺任务绩效与关系绩效两者的内在逻辑,实际上对待任务绩效开展考核属于"秋后算帐",容易忽略达成这一结果之前的周边因素,导致有些绩效考核指标完成的难度过高。而找清过程中的问题才是"指点迷津",如果只重视生产结果而不重视管理过程的考核,容易造成"按下了葫芦浮起了瓢"的管理怪相。而造成这一情况的深层次原因主要有以下三点:

首先,地铁的专业分工给绩效考核指标体系设计带来了难度。由于地铁内部各班组专业性质不同,班组的服务内容呈现横向切块式。服务于"人"的班组与服务于"物"的班组在绩效水平的衡量上有着本质的差异,比如设备故障率与应急事件响应能力等任务绩效对于设备维护类班组非常重要,但不可能被纳入乘客服务类班组的绩效考核指标。即使都是服务于"物",由于设备性质的不同也会导致班组之间生产模式的不同,这些都意味着难以通过一套标准的绩效考核指标体系一以贯之,在绩效指标的设计上存在差异性。因此,宏观意义上的细胞体班组评价指标针对不同的对象难以评估、缺乏活力,不够细化、不符合实际情况,以至于效果打了折扣,这也就不难理解了。

其次,细胞体班组评定指标与现有绩效考核体系存在割裂。两者之间首先在工作流程上是由完全不同的两套人马来实施,绩效考核主要是依靠中心领导,而细胞体评审主要由第三方与企管部门来进行操作,两者之间很少有工作上的交集,这也就难免会出现各自为政的状况。但这样做的确也有一定道理,因为绩效考核主要是针对任务绩效指标展开考核,而细胞体班组所评价的主要针对关系绩效,两者在考核内容、考核周期上确实也存在着一定的区别。但需考虑到受众的接受程度,如果不加以有效整合,两套考核评价制度同时下到基层组织,就会让人难以理解。那就势必导致人为这套系统服务,而不是系统服务于人。

最后,考核重心着眼于个人绩效而非更为重要的组织绩效。N 地铁现有的绩效考核体系基本上是针对员工个人绩效水平进行衡量,往往是个人犯错,整个中心跟着进行一起受罚,跃过了班组这一重要层级,但往往非本线路本专业的班组与个人的犯错毫无关系,以至于受罚力度较轻但频次很高,变得不痛不痒,成了形式主义,好像是定期交纳考核的"公粮"。个人表现优异,往往与组织的关系绩效水平密不可分,归根结底是基层组织培养的好,这一点也无法体现,这样的基层组织如何能够拥有集体荣誉感与团队凝聚力?另外,企业并没有赋予班组长足够的权力,一线班组长作为阿米巴模式基层单元的经营者,职责不够明确,责任大、权力小,权责不匹配,现行制度也无法及时呈现所经营组织的绩效水平,所以对于管理工作具体要做哪些工作不清晰。这样的理念传导下去,基层组织很难自动自发,导致看上去被动地完成上级要求、只为应付检查,也就不足为奇了。

4.3.4 考核对象被动,谋求改善又缺失标准被迫沦为职场囚徒

普通员工 A:唉,想当年我在学校也是个风云人物,真是一入社会深似海!怪就怪自己入错了行,现在上班这点活小学生都会干,有这精力还不如去干干副业咯,就知道上班能有啥出息。

普通员工B：你可不能这么想，我觉得工长还是蛮器重你的，前段时间不是还跟你说让你负责今年细胞体班组创建的事情吗？

普通员工A：还说呢，细胞体班组长啥样啊？该他负责的事情他不弄，那我哪有那个调度能力？弄不好的回头其他人还说我爱表现，我就先答应着，干不干的再说呗，反正也不会被开除。

普通员工B：哎，要不咱们先去干活吧。××站的电梯上个月乘客就报给车站说有问题，我们还一直没去检查下安全开关呢。

普通员工A：好吧，那你得等我换个工作服先。你说怎么就有人脸皮这么厚，上班不干活就算了，还打呼噜！我要是有他这个厚脸皮也选择"躺平"了。

普通员工C：你们在说我啥呢？刚刚我睡着了……

"职场囚徒"是指既不会正面宣传公司形象，又不会努力工作，而且还打定主意继续留在公司的员工。上文中的"小A"，作为门梯维护班组的普通员工，明显成了地铁员工里的"职场囚徒"。该现象容易在职场中产生"溢出效应"，使不良情绪在员工中蔓延，拖累企业文化，浪费企业资源，弱化企业盈利能力，带来一系列的负面影响。想要摆脱这一状况，离不开企业必要的"规矩"，也就是一套可供参照学习的绩效评价标准，以及对达成目标不同阶段的描述，使得绩效的提升变得清晰可见。但实现这些，目前也存在着以下三点难题：

首先，高度模糊的定性评价标准使得考核对象难以接受。部分企业认为过于细化考核指标，可能会导致上下级对立，因此掺入了过多的定性评价。N地铁公司目前也存在着这样一种误区，即使是定性评价也描述得非常模糊，一件事情往往既适用这个指标、也同时适用于那个指标，更别谈根据标准改善提升了，以至于降低了考核评估结果的客观性，难以取得员工的认同。一方面，如前文提到的由于地铁运营企业基层班组涉及专业较多，制定对应的行为标准存在较大工作量。另一方面，指标的定性评价需要懂专业的人士运用科学的方法进行大量的系统梳理，在制订环节同样存在难度。在此基础上，高度模糊的定性标准是解决企业没有标准时最简单办法。

其次，引导考核对象的个人价值观念存在困难。从需求层次理论出发，地铁员工大部分是年轻的"90后"，成长环境中生活条件较好，大部分为独生子女因而有较强的个人主义，比较有个性，以至于往往不能够脚踏实地地履行看似简单工作。在国企工作虽说拥有一定的社会地位，但地铁也属于非市场竞争环境下的垄断性国企，引导其塑造市场竞争意识可供对标的企业不多，以至较难以满足其自我实现的需求。被考核的对象在缺乏正确的评价标准情况下，导致个人工作不主动，市场化意识不足、灵活性不够，缺乏市场竞争意识、危机感不足。对工作质量要求不高，难度稍微大一点的技术工作都推给厂家解决或推诿给其他专业班组解决。而现有的绩效考核更多是对生产服务要求进行管理考核，没有把员工的价值观要求进行体现，造成"小A"的情况也就在所难免。

最后，岗位线路工作量差异极易使员工产生不公平感。企业在制定评价标准前未进行充分的工作分析，现象是有的员工由于所在线路较短、运营时间短、采用的是大量的进口设备，维保工作相对简单，不容易出问题，可能几年也难得有次考核，即使干得差也不会受到惩罚；有的员工由于所在线路设备老化导致事故频发，认为包保区域就是容易被检查出问题,出了问题就考核,就算干得再好也于事无补,从而放弃努力选择干脆破罐破摔,成为管理过程中的"小C"。且对待这些"躺平"式员工在工作岗位上安排不妥当,缺乏绩效考核上强有力的处置措施,在班组管理中选择息事宁人后造成"囚徒"的连锁反应。

4.3.5 考核结果失效,尚未建立起与人资其他模块的有效关联

培训管理办公室说:本年度申报培训计划时,请根据各季节性的生产需要进行安排,如二季度主要是防汛,三、四季度主要是防寒、防火。

职位竞聘办公室说:本次竞聘班组长,还是采取笔试的方式,笔试内容以专业题为主,同时考察公司企业文化、企业规章制度相关知识。

薪酬管理办公室说:本次年终奖的发放,主要是参照员工每个月的出勤情况。当月请过病假、事假的,当月的考核奖为零。

评优评先办公室说:本次年底的评先进,请各班组请按照人数比例来推荐下今年的先进,一人奖金200块钱,年前发放到位。

绩效考核办公室说:你们把活都干了,我考核来考核去的结果有啥用呢?

虽说这样的结果很不可思议,但事实情况就是如此,绩效考核的结果不受重视也绝不是个例。在实际工作中,各部门都有自己的工作思路,谁也不愿意停下来听一听考核这个"老大哥"说了啥,这里面的根源便是绩效考核体系设计不够科学,导致输出的绩效结果可信度不高,有非常鲜明的平均主义、个人主义,绝大部分的员工绩效结果相同,不同的基层组织之间也没有显现出什么区别。因此企业形成了一套关于绩效考核的恶性循环,没有人再去关心自身的绩效水平。

这一考核结果失效的现象,同时反映出考核后的激励措施非常有限,成为单方面的工作模式。没有建立起绩效考核结果与员工薪资待遇、人事安排、人才储备与培养之间的有效关联,评优评先只规定评优比例,评优奖励力度不大,激励作用不明显,评先进最终变成了评"人缘"。而年轻员工在考核中往往更在乎其对于精神层面的影响,对单一的物质类奖惩并没有那么在乎,最终导致员工认为工作量完成情况与个人利益毫无关系。从惩罚措施上来讲,如果犯的错不大,仅仅是对当月的绩效工资有一定的影响,就会演变成"小错不断、大错不犯",更有甚者替组织背锅,以此博取在领导心目中的奉献形象,这也是一种谬误。

第 5 章

阿米巴模式下 N 地铁公司门梯维护班组绩效考核指标体系的构建

本章首先梳理既有细胞体星级评定指标、明确指标甄选原则,进而初步选取班组绩效考核指标。之后邀请 11 位专家运用德尔菲法对初步选取的指标进行迭代分析,甄选出全面覆盖班组各方面工作流程的绩效考核指标。最后借鉴"细胞体"结构构建班组绩效考核子体系,并厘清各体系下不同层级指标的内在逻辑。

5.1　N 地铁公司门梯维护班组绩效考核指标的初步甄选

5.1.1　门梯维护班组绩效考核指标的甄选原则

(1) 专注目标,战略引领

N 地铁公司门梯维护班组的绩效考核指标都应当指向上一层级组织的生产目标以及整个 N 地铁公司的企业战略,在涵盖了班组基本的职责范围之后再进行班组自主式内容的扩充。一方面通过清晰全面的绩效目标使得班组能够获得当前绩效水平与之的差距,进行对标找差、工作提升。另一方面也易于宣传推广,能够在实施之前获得领导的支持也是该指标设计需要考虑的重要因素。

(2) 聚焦生产,兼顾其他

所选取的指标应该将更多的权重赋予确保班组设备、人员的稳定生产的工作,识别"只会干不会说"的老黄牛式班组。在反映生产工作全貌的同时,也能够兼顾管理工作与专项工作的问题与不足,用后两者的完善促进生产工作的实施。客观全面地反映某个门梯维护班组绩效的真实水平。

(3) 强调实操,易于量化

设计出的门梯维护班组绩效考核指标最终还是要运用于实际操作,那么该指标不能与班组目前工作内容与硬性条件脱节。像"细胞体"班组"六化"指标中有的可能放在客运、乘务、调度班组合适,运用在设备维护类班组就显得有些多余。在指标选取过程中也要注重该指标能否进行量化,无法量化也就无法评价,便会导致设计出的指标体系不具备可操作性。

(4) 细胞裂变,组织生长

到 2035 年 N 地铁公司线网规划共计 27 条线路,总长 1 030 千米,相较现有的规模要扩容 2 倍左右。这也就意味着在既有的门梯维护班组中,细胞体班组的裂变已经不是自然成长的过程,而是企业发展的实际需求。如何通过绩效考核指标来确保有足够多的门梯班组长人才能够满足组织生长的需求,这也是需要前置关注的问题,是企业未来发展的当务之急。

5.1.2　门梯维护班组绩效考核指标的初步选取

本书直接选取 5 篇类似生产企业基层班组绩效考核指标体系研究的典型文献[7,45,47,57,59],并结合第 2 章提到细胞体班组既有评价指标中具体创建工作项,与机电分公司绩效考核指标及绩效考核表中初步选出 68 项门梯维护班组绩效考核指标,能够基本符合上述四项原则并涵盖地铁运营企业中设备维护班组的有关工作内容。

具体如下:安全预案编制、安全台账记录、安全隐患整改率、安全事故发生频次、组织安全演练频次、组织安全会议频次、岗位工作标准、岗位职责分工、员工考勤记录、员工加班申报、员工考核记录、班组长胜任力评价、班组长与员工沟通频次、成本预算完成率、定额管理、物料领用记录、培训计划执行率、培训台账记录、培训教程教案、班组知识库建设、参与技能竞赛获奖人数、组织技能练兵频次、职业技能鉴定通过率、取证考试通过率、班组内部轮岗、师带徒结对、人才梯队档案;生产工作计划执行率、交接班记录、组织班组生产会议频次、工器具定置管理、委外单位监督管理、单人负责车站与设备数量、巡检计划执行率、设备状态检查、设备巡检记录、设备房卫生环境、班组委外维保模式、保养计划执行率、执行站台门检修规程、执行电扶梯检修规程、执行垂直电梯检修规程、站台门故障率、电扶梯可靠度、垂直电梯可靠度、故障工单关闭率、故障响应时间、故障导致设备停用时间、故障修复时间、事故后现场保障、组织班组故障分析频次;掌握公司企业文化、班组特色文化提炼、团队建设活动频次、合理化建议数量、班组工作法提炼、班组看板更新、公司报刊文章提交数量、外部媒体文章发表数量、外部媒体事迹报道数量、自主开展对外交流次数、参加社会公益活动频次、工作标准着装、临时性统计工作、乘客投诉率、乘客投诉回复率、人员思想动态、班组星级申报。

5.2　基于德尔菲法的门梯维护班组绩效考核指标修正

5.2.1　绩效考核指标修正步骤

本研究运用德尔菲法对门梯维护班组的绩效考核指标进行修正的步骤如下。

(1) 确定研究问题

此次选择用德尔菲法是为了对 5.1 节初步选取的门梯维护班组绩效考核指标进行修正。

(2) 组成专家小组

根据专业背景和工作成就,本研究选取了数位相关领域的企业管理人员与高校教授,合计 11 人组成德尔菲法专家组,专家组成员的构成情况如表 5-1 所示。

表 5-1 德尔菲法专家组成员构成概况表

项目	性别		年龄			职称		
	男	女	≤35	36~45	≥46	正高	副高	其他
数量	9	2	5	5	1	1	6	4
占比/%	81.8	18.2	45.5	45.5	9.1	9.1	54.5	36.4

如表 5-1 所示,本次研究一共邀请了 11 位对门梯维护班组有所了解的专家,如 N 地铁运营公司总工程师、机电分公司门梯专业技术负责人、机电分公司"细胞体班组"工作负责人与其他技术与综合管理人员。值得说明的是,由于地铁是新兴行业,人员普遍从业时间较短。但研究所选取的管理人员均在 N 地铁公司参加工作 10 年以上,尽最大可能确保专家水平的权威代表性。

(3) 专家匿名评估

在组成了 11 名人力资源专家小组之后,以分发函的形式(此过程并未透露任何专家成员组成信息,保证德尔菲法的匿名评价要求得以满足),向各位专家发送初步选取的门梯维护班组绩效考核指标表。各位专家根据自身的专业知识和工作经验对门梯维护班组绩效考核指标表进行进一步的修正。

(4) 多轮意见收集和反馈

综合章节 5.1 的指标初步选取结果,制作出第一轮的半开放式的门梯维护班组绩效考核指标的调查问卷;随后,根据专家反馈将专家意见进行统计整理,制作第二轮门梯维护班组绩效考核指标的调查问卷,同时将第一轮的统计结果反馈给专家,由专家进行第二次问卷填写;随后,再重复上述步骤和内容,直至统计结果收敛。

5.2.2 第一轮德尔菲法指标修正

综合章节 5.1 的指标初步选取结果,制作出了第一轮的半开放式的门梯维护班组绩效考核指标的调查问卷,详见附录 A 样表一:门梯维护班组绩效考核指标甄选调查问卷(第一轮)。为了保证本次研究的有效性,在第一轮的调查问卷填写过程中,亲自拜访专家,当场完成第一轮的问卷填写,并预约之后以邮件的形式进行问卷填写、结果反馈等。11 位专家的第一轮反馈结果如表 5-2 所示。

表 5-2 第一轮门梯维护班组绩效考核指标德尔菲法调查问卷频数统计结果

序号	绩效考核指标	第一轮重要程度的频数统计结果						第一轮专家修改的绩效考核指标	
		不重要	不太重要	一般重要	比较重要	非常重要	均值	指标	数量
1	安全预案编制				2	9	4.82		
2	安全台账记录				4	7	4.64		
3	安全隐患整改率		1		1	9	4.64		

续表

序号	绩效考核指标	第一轮重要程度的频数统计结果						第一轮专家修改的绩效考核指标	
		不重要	不太重要	一般重要	比较重要	非常重要	均值	指标	数量
4	安全事故发生频次	1	1		1	8	4.27	责任安全事故件数	3
5	组织安全演练频次				2	9	4.82	组织安全演练	1
6	组织安全会议频次			2	3	6	4.36	组织安全会议	1
7	岗位工作标准				4	7	4.64	岗位工作职责	1
8	岗位职责分工			1	3	7	4.55		
9	员工考勤记录			1	6	4	4.27		
10	员工加班申报		1	3	5	2	3.73	加班工资定额管理	1
11	员工考核记录		1	3	2	5	4.00		
12	班组长胜任力评价			3		8	4.45	工班长胜任力评价	1
13	班组长与员工沟通频次		2		4	5	4.09	班组长非正式沟通	1
14	成本预算完成率			3	6	2	3.91		
15	定额管理			3	7	1	3.82	物料消耗定额管理	2
16	物料领用记录		1	1	4	5	4.18		
17	培训计划执行率			1	6	4	4.27	培训计划执行	1
18	培训台账记录		1	2	6	2	3.82		
19	培训教案教程			1	3	7	4.55	教案教程开发	1
20	班组知识库建设			2	1	8	4.55	知识库建设	1
21	技能竞赛获奖人数			4	4	3	3.91		
22	组织技能练兵频次			1	8	2	4.09	组织技能练兵	1
23	职业技能鉴定通过率			1	4	6	4.45		
24	取证考试通过率		1		3	7	4.45		
25	班组内部轮岗			6	3	2	3.64		
26	师带徒结对			5	2	4	3.91		
27	人才梯队档案			4	4	3	3.91		
28	生产工作计划执行率	1			2	8	4.45	工程项目施工进度	2
29	交接班记录		1		4	6	4.36		
30	组织班组生产会议频次		1	3	4	3	3.82	组织生产会议	1
31	工器具定置管理			1	7	3	4.18		
32	委外单位监督管理			1	1	9	4.73		
33	单人负责车站与设备数量			1	3	7	4.55	人均包保设备数量	1
34	巡检计划执行率			2		9	4.64		
35	设备状态检查			1	1	9	4.73		

续表

序号	绩效考核指标	第一轮重要程度的频数统计结果						第一轮专家修改的绩效考核指标	
		不重要	不太重要	一般重要	比较重要	非常重要	均值	指标	数量
36	设备巡检记录			2	2	7	4.45		
37	设备房卫生环境		1	2	4	4	4.00		
38	班组委外维保模式		1	1	2	7	4.36		
39	保养计划执行率		1	1		9	4.55		
40	执行站台门检修规程			1	1	9	4.73		
41	执行电扶梯检修规程			1	1	9	4.73		
42	执行垂直电梯检修规程				2	9	4.82		
43	站台门故障率				5	6	4.55		
44	电扶梯可靠度				5	6	4.55		
45	垂直电梯可靠度				5	6	4.55		
46	故障工单关闭率				6	5	4.45	故障工单闭环率	1
47	故障响应时间				1	10	4.91		
48	故障导致设备停用时间			2	4	5	4.27	设备停用时间	1
49	故障修复时间			1	6	4	4.27		
50	事故后现场保障				5	6	4.55	事故现场保障	1
51	组织班组故障分析频次				4	7	4.64	组织故障分析	1
52	掌握公司企业文化			1	7	3	4.18		
53	班组特色文化提炼			4	6	1	3.73		
54	团队建设活动频次			5	4	2	3.73	班组内部团建活动	1
55	合理化建议数量			2	5	4	4.18		
56	班组特色工作法提炼	1	1		5	4	4.09		
57	班组看板更新		1	1	6	2	3.82		
58	公司报刊文章提交数量		1	3	5	2	3.73	报刊文章发表数量	1
59	外部媒体文章发表数量		2	4	5		3.27	删除	3
60	外部媒体事迹报道数量		1	3	5	2	3.64	媒体事迹报道数量	1
61	自主开展对外交流次数		2	2	4	3	3.73	自主对外交流次数	1
62	参加社会公益活动频次		2	4	3	2	3.45	参加社会公益活动	1
63	工作标准着装		1	1	3	6	4.27		
64	临时性统计工作		1	1	6	3	4.00	专项统计性工作	1
65	乘客投诉率		1	4	5	1	3.55	删除	1
66	乘客投诉回复率			1	6	4	4.27		
67	人员思想动态				5	6	4.55		

续表

序号	绩效考核指标	第一轮重要程度的频数统计结果					第一轮专家修改的绩效考核指标	
		不重要	不太重要	一般重要	比较重要	非常重要	均值	指标	数量
68	细胞体班组星级申报			4	7		3.64	星级申报通过率	1
其他补充绩效考核指标 || 补充班组人员离职率、员工满意度、组长胜任力评价、物料成本分析、巡检问题闭环率、设备维护前准备、班组会议记录								

如表5-2所示,专家第一轮填写有效问卷11份,补充了人员离职率、员工满意度、组长胜任力评价、物料成本分析、巡检问题闭环率、设备维护前准备、班组会议记录7个绩效考核指标,删除了"外部媒体文章发表数量"与"乘客投诉率";对其中的一些指标的名称提出了修改建议,分别是:将"安全事故发生频次"修改为"责任安全事故件数";"组织安全演练频次"修改为"组织安全演练";"组织安全会议频次"修改为"组织安全会议";"岗位工作标准"修改为"岗位工作职责";"员工加班申报"修改为"加班工资定额管理";"班组长胜任力评价"修改为"工班长胜任力评价";"班组长与员工沟通频次"修改为"班组长非正式沟通";"定额管理"修改为"物料消耗定额管理";"培训计划执行率"修改为"培训计划执行";"培训教案教程"修改为"教程教案开发";"班组知识库建设"修改为"知识库建设";"组织技能练兵频次"修改为"组织技能练兵";"生产工作计划执行率"修改为"工程项目施工进度";"组织班组生产会议频次"修改为"组织生产会议";"单人负责车站与设备数量"修改为"人均包保设备数量";"故障工单关闭率"修改为"故障工单闭环率";"故障导致设备停用时间"修改为"设备停用时间";"事故后现场保障"修改为"事故现场保障";"组织班组故障分析频次"修改为"组织故障分析";"团队建设活动频次"修改为"班组内部团建活动";"公司报刊文章提交数量"修改为"报刊文章发表数量";"外部媒体事迹报道数量"修改为"媒体事迹报道数量";"自主开展对外交流次数"修改为"自主对外交流次数";"参加社会公益活动频次"修改为"参加社会公益活动";"细胞体班组星级申报"修改为"星级申报通过率";"临时性统计工作"修改为"专项统计工作"。

如表5-2所示,68个绩效考核指标中重要程度非常重要(平均值≥4.0)的有49个,对门梯维护班组绩效水平的重要程度从大至小分别为:故障响应时间、安全预案编制、组织安全演练频次、执行垂直电梯检修规程、委外单位监督管理、设备状态检查、执行站台门检修规程、执行电扶梯检修规程、安全台账记录、安全隐患整改率、岗位工作标准、巡检计划执行率、组织班组故障分析频次、岗位职责分工、培训教案教程、班组知识库建设、单人负责车站与设备数量、保养计划执行率、站台门故障率、电扶梯可靠度、垂直电梯可靠度、事故后现场保障、人员思想动态(平均值≥4.5);班组长胜任力评价、职业技能鉴定通过率、取证考试通过率、生产工作计划执行率、设备巡检记录、故障工单关闭率、组织安全会议频次、交接班记录、班组委外维保模式、安全事故发生频次、员工考勤记录、培训计划执行率、故障导致设备停用时间、故障修复时间、工作标准着装、乘客投诉回复率、物料领用记录、工器具定置管理、掌握公司企业文化、合理化建议数量、班组长与员工沟通频次、组织技能练兵频次、班组特色工作法提炼、员工考核记录、设备房卫生环境、临时性统计工作(4.5＞平均值≥4);重要程度比较重要(4＞平均值≥3.0)的有19个,对门梯维护班组绩效水平的重要程度从大至小分别为:成本预算完成率、技能竞赛获奖人数、师带徒结对、人才梯队档案、定额管理、培训台账记录、组织班组生产会议频次、班组看板更新、员工加班申报、班组特色文化提炼、团队建设活动频次、公司报刊文章提交数量、自主开展对外交流次数、班组内部轮岗、外部媒体事迹报道数量、细胞体班组星级申报、乘客投诉率(4＞平均值≥3.5);参加社会公益活动频次、外部媒体文章发表数量(3.5＞平均值≥3)。

5.2.3 第二轮德尔菲法指标修正

综合第一轮专家意见,制作出第二轮的半开放式的门梯维护班组绩效考核指标的调查问卷,详见附录A:样表二门梯维护班组绩效考核指标甄选调查问卷(第二轮)。并按约定以电子邮件的形式发送给11位专家,并要求本次对一些指标是否可以精简合并提出建议。专家组第二轮的反馈结果如表5-3所示。

表5-3 第二轮门梯维护班组绩效考核指标德尔菲法调查问卷频数统计结果

序号	绩效考核指标	第二轮专家修改		第二轮重要程度的频数统计结果					第二轮得分的平均值
		指标修改为	同意	不重要	不太重要	一般重要	比较重要	非常重要	
1	安全预案编制						3	8	4.73
2	安全台账记录						5	6	4.55
3	安全隐患整改率						1	10	4.91
4	安全事故发生频次	责任安全事故件数	10			1	2	8	4.64
5	组织安全演练频次	组织安全演练	9				2	9	4.82
6	组织安全会议频次	组织安全会议	9			2	2	7	4.45
7	岗位工作标准	岗位工作职责	9				3	8	4.73
8	岗位职责分工						2	9	4.82
9	员工考勤记录					1	2	8	4.55
10	员工加班申报	加班工资定额管理	11		1	1	5		4.09
11	员工考核记录						8	3	4.27
12	班组长胜任力评价	工班长胜任力评价	11				5	6	4.55
13	班组长与员工沟通频次	班组长非正式沟通	11				9	2	4.18
14	成本预算完成率					1	8	2	4.09
15	定额管理	物料消耗定额管理	9			2	7	2	4.00
16	物料领用记录					2	5	4	4.18
17	培训计划执行率	培训计划执行	10			1	5	5	4.36
18	培训台账记录					4	4	3	3.91
19	培训教案教程	教案教程开发	9			1	4	6	4.45
20	班组知识库建设	知识库建设	9				3	8	4.73
21	技能竞赛获奖人数					4	5	2	3.82

续表

序号	绩效考核指标	第二轮专家修改		第二轮重要程度的频数统计结果					第二轮得分的平均值
		指标修改为	同意	不重要	不太重要	一般重要	比较重要	非常重要	
22	组织技能练兵频次	组织技能练兵	8				6	5	4.45
23	职业技能鉴定通过率						3	8	4.73
24	取证考试通过率						1	2	8	4.64
25	班组内部轮岗					4	5	2	3.82
26	师带徒结对					2	4	5	4.27
27	人才梯队档案					1	5	5	4.36
28	生产工作计划执行率	工程项目施工进度	7				4	7	4.64
29	交接班记录					1	6	4	4.27
30	组织班组生产会议频次	组织生产会议	8			1	7	3	4.18
31	工器具定置管理						6	5	4.45
32	委外单位监督管理						3	8	4.73
33	单人负责车站与设备数量	人均包保设备数量	10			1	3	7	4.55
34	巡检计划执行率						2	9	4.82
35	设备状态检查						1	10	4.91
36	设备巡检记录						3	8	4.73
37	设备房卫生环境					1	7	3	4.18
38	班组委外维保模式						4	7	4.64
39	保养计划执行率						1	10	4.91
40	执行站台门检修规程						2	9	4.82
41	执行电扶梯检修规程						2	9	4.82
42	执行垂直电梯检修规程						2	9	4.82
43	站台门故障率						3	8	4.73
44	电扶梯可靠度						2	9	4.82
45	垂直电梯可靠度						2	9	4.82
46	故障工单关闭率	故障工单闭环率	11				3	8	4.73
47	故障响应时间						2	9	4.82
48	故障导致设备停用时间	设备停用时间	9				4	7	4.64
49	故障修复时间						4	7	4.64
50	事故后现场保障	事故现场保障	8			1		10	4.91
51	组织班组故障分析频次	组织故障分析	10				2	9	4.82
52	掌握公司企业文化						7	4	4.36
53	班组特色文化提炼					5	4	2	3.73
54	团队建设活动频次	班组内部团建活动	10			4	6	1	3.73

续表

序号	绩效考核指标	第二轮专家修改		第二轮重要程度的频数统计结果					第二轮得分的平均值
		指标修改为	同意	不重要	不太重要	一般重要	比较重要	非常重要	
55	合理化建议数量					1	8	2	4.09
56	班组特色工作法提炼					1	7	3	4.18
57	班组看板更新					3	7	1	3.82
58	公司报刊文章提交数量	报刊文章提交数量	9			5	5	1	3.64
59	外部媒体文章发表数量	删除	7	1		6	4		3.18
60	外部媒体事迹报道数量	媒体事迹报道数量	9			6	4	1	3.55
61	自主开展对外交流次数	自主对外交流次数	9			3	7	1	3.82
62	参加社会公益活动频次	参加社会公益活动	10			6	4	1	3.55
63	工作标准着装					1	5	5	4.36
64	临时性统计工作	专项统计性工作	11			1	7	3	4.18
65	乘客投诉率	删除	8	2		5	2	2	3.36
66	乘客投诉回复率					1	5	5	4.36
67	人员思想动态					2	4	5	4.27
68	细胞体班组星级申报	星级申报通过率	10			3	7	1	3.82
69	补充指标	人员离职率	7		1	5	4	1	3.45
70		员工满意度	11		1		4	6	4.36
71		组长胜任力评价	11				3	8	4.73
72		物料成本分析	9				5	6	4.55
73		巡检问题闭环率	10				4	7	4.64
74		设备维护前准备	8			1	5	5	4.36
75		班组会议记录	9		1	2	7	1	3.72

如表 5-3 所示，第一轮专家补充的 7 个绩效考核指标以及修改的 28 个绩效考核指标，均得到了专家们的普遍认可，同意补充或修改的专家均超过 2/3（每一个因素同意修改的专家最少为 7 名）。因此，补充人员离职率、员工满意度、组长胜任力评价、物料成本分析、巡检问题闭环率、设备维护前准备、班组会议记录绩效考核指标。删除"外部媒体文章发表数量"与"乘客投诉率"，并将安全事故发生频次、组织安全演练频次、组织安全会议频次等 26 个绩效考核指标进行修改。具体如下：将"安全事故发生频次"修改为"责任安全事故件数"；"组织安全演练频次"修改为"组织安全演练"；"组织安全会议频次"修改为"组织安全会议"；"岗位工作标准"修改为"岗位工作职责"；"员工加班申报"修改为"加班工资定额管理"；"班组长胜任力评价"修改为"工班长胜任力评价"；"班组长与员工沟通频次"修改为"班组长非正式沟通"；"定额管理"修改为"物料消耗定额管理"；"培训计划执行率"修改为"培训计划执行"；"培训教案教程"修改为"教程教案开发"；"班组知识库建设"修改为"知识库建设"；"组织技能练兵频次"修改为"组织技能练兵"；"生产工作计划执行率"修改为"工程项目计划执行率"；"组织班组生产会议频次"修改为"组织生

产会议";"单人负责车站与设备数量"修改为"人均包保设备数量";"故障工单关闭率"修改为"故障工单闭环率";"故障导致设备停用时间"修改为"设备停用时间";"事故后现场保障"修改为"事故现场保障";"组织班组故障分析频次"修改为"组织故障分析";"团队建设活动频次"修改为"班组内部团建活动";"公司报刊文章提交数量"修改为"报刊文章发表数量";"外部媒体事迹报道数量"修改为"媒体事迹报道数量";"自主开展对外交流次数"修改为"自主对外交流次数";"参加社会公益活动频次"修改为"参加社会公益活动";"细胞体班组星级申报"修改为"星级申报通过率";"临时性统计工作"修改为"专项统计工作"。

如表5-3所示,73个绩效考核指标中重要程度非常重要(平均值≥4.0)的有60个,对门梯维护班组绩效水平的重要程度从大至小分别为:安全隐患整改率、设备状态检查、保养计划执行率、事故现场保障、组织安全演练、岗位职责分工、巡检计划执行率、执行站台门检修规程、执行电扶梯检修规程、执行垂直电梯检修规程、电扶梯可靠度、垂直电梯可靠度、故障响应时间、组织故障分析、安全预案编制、岗位工作职责、知识库建设、职业技能鉴定通过率、委外单位监督管理、设备巡检记录、站台门故障率、故障工单闭环率、组长胜任力评价、责任安全事故件数、取证考试通过率、工程项目计划执行率、班组委外维保模式、设备停用时间、故障修复时间、巡检问题闭环率、安全台账记录、员工考勤记录、工班长胜任力评价、人均包保设备数量、物料成本分析(平均值≥4.5);组织安全会议、教案教程开发、组织技能练兵、工器具定置管理、培训计划执行、人才梯队档案、掌握公司企业文化、工作标准着装、员工满意度、设备维护前准备、员工考核记录、师带徒结对、交接班记录、人员思想动态、班组长非正式沟通、物料领用记录、组织生产会议、设备房卫生环境、班组特色工作法提炼、专项统计性工作、乘客投诉回复率、加班工资定额管理、成本预算完成率、合理化建议数量、物料消耗定额管理(4.5＞平均值≥4);重要程度比较重要(4＞平均值≥3.0)的有13个,培训台账记录、人员离职率、技能竞赛获奖人数、班组内部轮岗、班组看板更新、自主对外交流次数、星级申报通过率、班组特色文化提炼、班组内部团建工作、班组会议记录、报刊文章发表数量、媒体事迹报道数量、参加社会公益活动(4＞平均值≥3.5)。

另外,综合专家意见,将"岗位工作职责"与"岗位职责分工"合并为"工作职责分工";将"成本预算完成率"与"定额管理"合并为"物料消耗定额管理";将"技能竞赛获奖人数"与"组织技能练兵"合并为"组织技能练兵";将"职业技能鉴定通过率"与"取证考试通过率"合并为"技能考试通过率";将"执行站台门检修规程"与"执行电扶梯检修规程"与"执行垂直电梯检修规程"合并为"设备检修规程执行";将"班组特色文化提炼"与"班组特色工作法提炼"合并为"班组特色内容提炼"。

5.2.4 第三轮德尔菲法指标修正

综合第二轮专家意见,制作出第三轮的半开放式的门梯维护班组绩效考核指标的调查问卷,详见附录A:样表三门梯维护班组绩效考核指标甄选(第三轮),并按约定以电子邮件的形式发送给11位专家,在本轮中要求参与专家将评分范围适当放宽,便于剔除区分指标重要程度。专家组第三轮的反馈结果如表5-4所示。

表 5-4 第三轮门梯维护班组绩效考核指标德尔菲法调查问卷频数统计结果

序号	绩效考核指标	不重要	不太重要	一般重要	比较重要	非常重要	第三轮得分的平均值
1	安全预案编制				3	8	4.73
2	安全台账记录			1	7	3	4.18
3	安全隐患整改率					11	5.00
4	责任安全事故件数				2	9	4.82
5	组织安全演练				1	10	4.91
6	组织安全会议			3	4	4	4.09
7	工作职责分工				1	10	4.91
8	员工考勤记录			2	5	4	4.18
9	加班工资定额管理	1	4	5	1		3.55
10	员工考核记录			2	7	2	4.00
11	员工满意度	1	1	8	1		3.82
12	工班长胜任力评价			1	6	4	4.27
13	组长胜任力评价			2	5	4	4.18
14	班组长非正式沟通			4	3	4	4.00
15	人员离职率	1	2	6	2		2.82
16	物料消耗定额管理			3	6	2	3.91
17	物料成本分析			3	3	5	4.18
18	物料领用记录			4	7		3.64
19	培训计划执行			3	4	4	4.09
20	培训台账记录			4	6	1	3.73
21	教程教案开发			3	4	4	4.09
22	知识库建设			1	6	4	4.27
23	组织技能练兵				7	4	4.36
24	技能考试通过率			1	6	4	4.27
25	班组内部轮岗			7	3	1	3.45
26	师带徒结对				9	2	4.18
27	人才梯队档案			2	8	1	3.91
28	工程施工项目进度			1	5	5	4.36
29	交接班记录			1	9	1	4.00
30	组织生产会议			1	7	3	4.18
31	工器具定置管理			1	8	2	4.09
32	委外单位监督管理			1	6	4	4.27
33	人均包保设备数量			2	6	3	4.09
34	巡检计划执行率				3	8	4.73

续表

序号	绩效考核指标	第三轮关绩程度的频数统计结果					第三轮得分的平均值
		不重要	不太重要	一般重要	比较重要	非常重要	
35	设备状态检查				1	10	4.91
36	巡检问题闭环率				3	8	4.73
37	设备维护前准备			1	6	4	4.27
38	设备巡检记录				7	4	4.36
39	设备房卫生环境			3	6	2	3.91
40	班组委外维保模式				5	6	4.55
41	保养计划执行率			1	1	9	4.73
42	执行设备检修规程					11	5.00
43	站台门故障率				1	10	4.91
44	电扶梯可靠度				2	9	4.82
45	垂直电梯可靠度				2	9	4.82
46	故障工单闭环率				1	10	4.91
47	故障响应时间				2	9	4.82
48	设备停用时间			1	6	4	4.27
49	故障修复时间			2	3	6	4.36
50	事故后现场保障				3	8	4.73
51	组织故障分析				4	7	4.64
52	掌握公司企业文化			2	5	4	4.18
53	班组特色内容提炼			5	5	1	3.64
54	班组内部团建工作			3	6	2	3.91
55	合理化建议数量			4	6	1	3.73
56	班组看板更新			5	5	1	3.64
57	报刊文章提交数量		1	8	1	1	3.18
58	媒体事迹报道数量		1	7	2	1	3.18
59	自主对外交流次数		2	7	2		3.00
60	参加社会公益活动		2	7	2		3.00
61	工作标准着装			1	7	3	4.18
62	专项统计性工作			1	8	2	4.09
63	乘客投诉回复率			1	6	4	4.27
64	人员思想动态			2	3	5	4.36
65	星级申报通过率			7	3	1	3.45
66	班组会议记录			1	7		4.18

如表5-4所示,66个绩效考核指标中重要程度非常重要(平均值≥4.0)的有48个,对门梯维护班组绩效水平的重要程度从大至小分别为:安全隐患整改率、执行设备检修

规程、组织安全演练、工作职责分工、设备状态检查、站台门故障率、故障工单闭环率、责任安全事故件数、电扶梯可靠度、垂直电梯可靠度、故障响应时间、安全预案编制、巡检计划执行率、巡检问题闭环率、保养计划执行率、事故后现场保障、组织故障分析、班组委外维保模式(平均值≥4.5);组织技能练兵、工程施工项目进度、设备巡检记录、故障修复时间、人员思想动态、工班长胜任力评价、知识库建设、技能考试通过率、委外单位监督管理、设备维护前准备、设备停用时间、乘客投诉回复率、安全台账记录、员工考勤记录、组长胜任力评价、物料成本分析、师带徒结对、组织生产会议、掌握公司企业文化、工作标准着装、班组会议记录、组织安全会议、培训计划执行、教程教案开发、工器具定置管理、人均包保设备数量、专项统计性工作、员工考核记录、班组长非正式沟通、交接班记录(4.5>平均值≥4);

重要程度比较重要(4>平均值≥3.0)的有 17 个,从大到小分别是:物料消耗定额管理、人才梯队档案、设备房卫生环境、班组内部团建工作、员工满意度、培训台账记录、合理化建设数量、物料领用记录、班组特色内容提炼、班组看板更新、加班工资定额管理(4>平均值≥3.5);班组内部轮岗、星级申报通过率、报刊文章提交数量、媒体事迹报道数量、自主对外交流次数、参加社会公益活动(3.5>平均值≥3);人员离职率重要程度为一般重要(3>平均值≥2.0)。

综合专家意见,将重要程度平均值小于 3 的人员离职率因素剔除,最后得出门梯维护班组绩效的 65 个绩效考核指标如表 5-5 所示。

表 5-5 门梯维护班组的 65 个绩效考核指标

重要程度	绩效考核指标
非常重要	安全隐患整改率、执行设备检修规程、组织安全演练、工作职责分工、设备状态检查、站台门故障率、故障工单闭环率、责任安全事故件数、电扶梯可靠度、垂直电梯可靠度、故障响应时间、安全预案编制、巡检计划执行率、巡检问题闭环率、保养计划执行率、事故后现场保障、组织故障分析、班组委外维保模式、组织技能练兵、工程施工项目进度、设备巡检记录、故障修复时间、人员思想动态、工班长胜任力评价、知识库建设、技能考试通过率、委外单位监督管理、设备维护前准备、设备停用时间、乘客投诉回复率、安全台账记录、员工考勤记录、组长胜任力评价、物料成本分析、师带徒结对、组织生产会议、掌握公司企业文化、工作标准着装、班组会议记录、组织安全会议、培训计划执行、教程教案开发、工器具定置管理、人均包保设备数量、专项统计性工作、员工考核记录、班组长非正式沟通、交接班记录
比较重要	物料消耗定额管理、人才梯队档案、设备房卫生环境、班组内部团建工作、员工满意度、培训台账记录、合理化建设数量、物料领用记录、班组特色内容提炼、班组看板更新、加班工资定额管理、班组内部轮岗、星级申报通过率、报刊文章提交数量、媒体事迹报道数量、自主对外交流次数、参加社会公益活动

最后,将以上 65 个绩效考核指标再次通过分发函的形式反馈给德尔菲法专家组,请专家组再次对于最终结果进行点评,通过对专家组意见的全部回收,发现该结果获得了专家组的一致认可,认为能够基本包涵班组绩效的全部内容。

5.3 N 地铁公司门梯维护班组的"细胞体"绩效考核指标体系的构建

根据既有细胞体班组的建设理念并参考相关文献,综合考虑到班组成员对于这一复杂概念的接受程度,将班组工作按照工作性质更为简便地拆分为生产工作流程、管理工作流程与专项工作流程三套体系框架,分别对应细胞体的细胞核结构、细胞质结构与细胞膜结构。有利于班组更为形象地理解绩效考核指标体系的实施目的,同时便于按照不同指标的重要性区分绩效考核体系优化方案的考核周期。据此,门梯维护班组绩效考核指标体系的基本逻辑如图5-1所示。

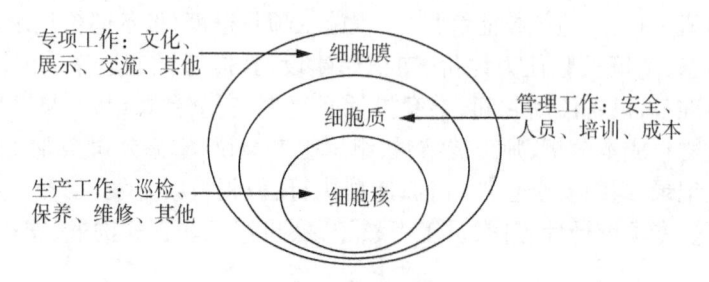

图 5-1　门梯维护班组绩效考核指标体系的基本逻辑

5.3.1 "细胞核"绩效的二级考核指标体系构建

在生物界,细胞核是细胞的控制中心,在细胞的代谢、生长、分化中起着重要作用,是遗传物质的主要存在部位。做好生产工作是班组工作的绝对核心,其他所有工作的开展都是配合能够更好地开展生产工作而进行。生产工作抓不好再高星级的细胞体班组也是徒有虚名,同样,优秀的细胞体班组必然在设备巡检、保养、维修等方面优于其他班组。门梯维护班组要求在设备维护的基础上实现设备的可靠,如果设备发生故障即开展设备维修,并在后期对可能发生的故障点重点进行维护保养,实现一套生产工作流程的闭环。同时设备维护的过程也要依据前期设定的进度安排进行把控。因此其细胞核绩效考核指标体系的逻辑框架图如图5-2所示。

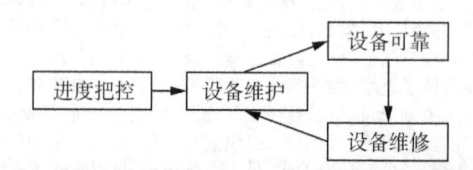

图 5-2　门梯维护班组细胞核绩效考核指标体系的逻辑框架

根据5.2节德尔菲法得出的65个门梯维护班组绩效考核指标,可将以下16项指标归入此类,分别是:巡检计划执行率、保养计划执行率、工程施工项目进度、设备维护前准备、设备状态检查、设备巡检记录、执行设备检修规程、巡检问题闭环率、站台门故障率、电扶梯可靠度、垂直电梯可靠度、故障响应时间、故障修复时间、事故现场保障、故障工单闭环率、设备停用时间。门梯维护班组细胞核考核指标体系具体如图5-3所示。

5.3.2 "细胞质"绩效的二级考核指标体系构建

细胞质是细胞质膜包围的除核区外的一切半透明、胶状、颗粒状物质的总称,是生命活动的主要场所。如果把门梯维护班组管理比喻成细胞体,那么管理工作流程即决定了班组运行的机制是否良性高效,也能够最直接地保障生产活动的顺利开展。在之前的细

```
                        细胞核系统
          ┌──────────┬──────────┬──────────┐
       进度把控      设备维护    设备可靠    设备维修
       ┌──────┐    ┌──────┐   ┌──────┐   ┌──────┐
       巡检计划执行率  设备维护前准备  站台门故障率   故障响应时间
       保养计划执行率  设备状态检查   电扶梯可靠度   故障修复时间
       工程施工项目进度 设备巡检记录   垂直电梯可靠度  事故现场保障
                    执行设备检修规程             故障工单闭环率
                    巡检问题闭环率              设备停用时间
```

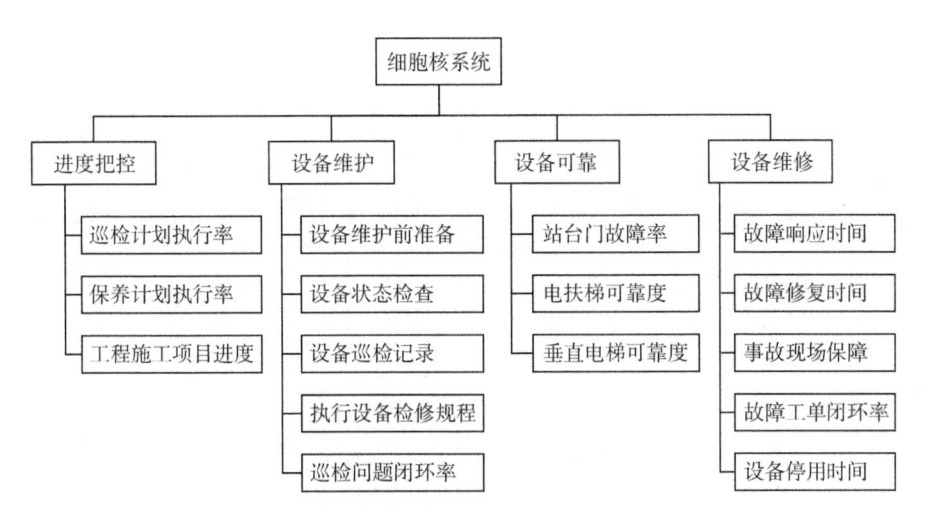

图 5-3　门梯维护班组细胞核绩效考核指标体系

胞体班组星级评定指标中,班组各项管理工作,如安全管理、人员管理、培训开发、成本管理方面被大量作为一二星级成熟度基础评价指标,赋予了足够的重视。通过梳理归纳,管理工作流程是包含安全保障、成本管控、组织管理、培训开发、员工评价、经营改善六项子指标的一套系统。安全生产是地铁运营的第一要务,与此同时,尽可能地控制开支不为地方财政造成过重负担也是企业整体的战略目标之一。在此基础上门梯维护班组需开展组织管理分工,并利用培训开发与员工评价的手段不断提升整体效能,最后利用各类会议总结不断实现经营改善。细胞质绩效考核指标体系的逻辑框架图如图 5-4 所示。

```
   ┌─ 安全保障 ─┐
   │          │ → 组织管理 → 培训开发 → 员工评价
   └─ 成本管控 ─┘                              │
        ↑                                      │
        └──────────── 经营改善 ←───────────────┘
```

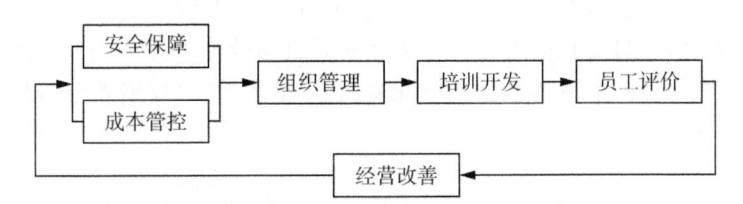

图 5-4　门梯维护班组细胞质绩效考核指标体系的逻辑框架

根据 5.2 节德尔菲法得出的 65 个门梯维护班组绩效考核指标,可将以下 27 项指标归入此类,分别是:安全预案编制、组织安全演练、安全隐患整改率、责任安全事故件数、物料消耗定额管理、物料成本分析、加班工资定额管理、工作职责分工、班组内部轮岗、人均包保设备数量、班组长非正式沟通、班组委外维保模式、委外单位监督管理、培训计划执行、组织技能练兵、师带徒结对、教案教程开发、知识库建设、技能考试通过率、人才梯队档案、工班长胜任力评价、组长胜任力评价、员工满意度、组织安全会议、组织生产会议、组织故障分析、合理化建议数量,门梯维护班组细胞质绩效考核指标体系如图 5-5 所示。

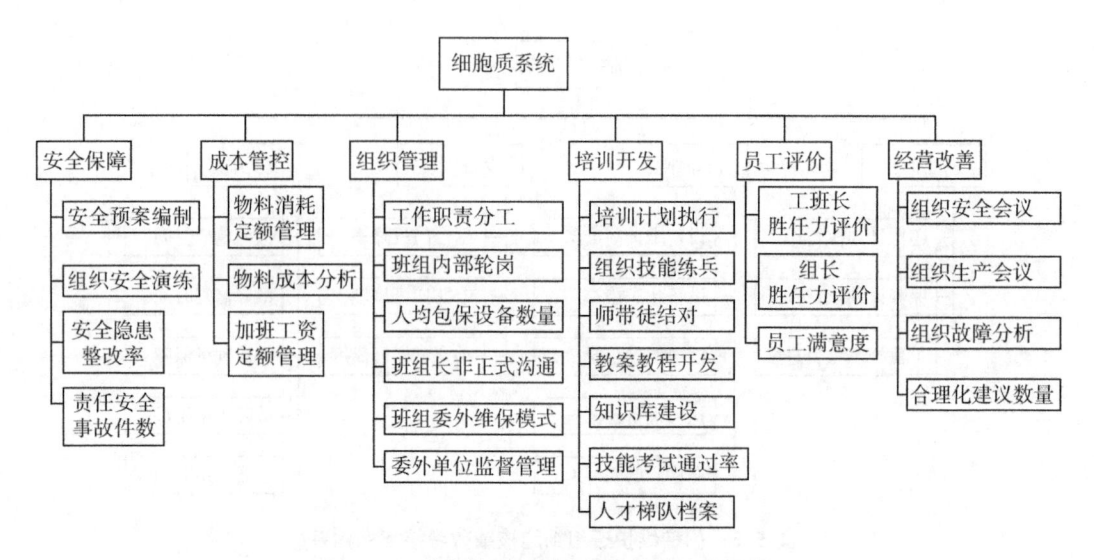

图 5-5　门梯维护班组细胞质绩效考核指标体系

5.3.3　"细胞膜"绩效的二级考核指标体系构建

细胞膜主要是由磷脂构成的富有弹性的半透性膜，其主要功能是选择性地交换物质，吸收营养物质，排出代谢废物，分泌与运输蛋白质。专项工作流程是一些在生产工作流程与管理工作流程之外也应当完成的工作事务，此项完成的好坏一定程度反映了班组外界（如生产中心、公司内部、外部媒体、社会公众）对班组的主观印象，在细胞体构成中承担了与外界交换信息的职责。其主要是由门梯维护班组台账记录与现场管理实现班组效能的显性表现，通过文化建设与社会传播实现班组效能长效的内驱。还有诸如专项统计性工作、乘客投诉回复率等其他综合事务作为补充，细胞膜绩效考核指标体系的逻辑框架图如图 5-6 所示。

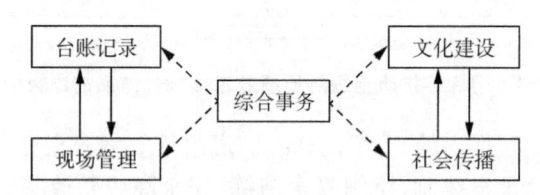

图 5-6　门梯维护班组细胞膜绩效考核指标体系

根据 5.2 节德尔菲法得出的 65 个门梯维护班组绩效考核指标，可将以下 22 项指标归入此类，分别是：安全台账记录、物料领用记录、交接班记录、员工考勤记录、培训台账记录、员工考核记录、班组会议记录、班组看板更新、工作标准着装、工器具定置管理、设备房卫生环境、掌握公司企业文化、班组特色内容提炼、班组内部团建工作、报刊文章发表数量、媒体事迹报道数量、自主对外交流次数、参加社会公益活动、专项统计性工作、乘客投诉回复率、人员思想动态、班组星级申报率。门梯维护班组细胞膜绩效考核指标体系如图 5-7 所示。

```
                        细胞膜系统
        ┌──────┬──────────┼──────────┬──────┐
      台账记录  现场管理   文化建设   社会传播  综合事务

      安全台账记录  班组看板更新  掌握公司企业文化  报刊文章发表数量  专项统计性工作
      物料领用记录  工作标准着装  班组特色内容提炼  媒体事迹报道数量  乘客投诉回复率
      交接班记录   工器具定置管理 班组内部团建工作  自主对外交流次数  人员思想动态
      员工考勤记录  设备房卫生环境                参加社会公益活动  星级申报通过率
      培训台账记录
      员工考核记录
      班组会议记录
```

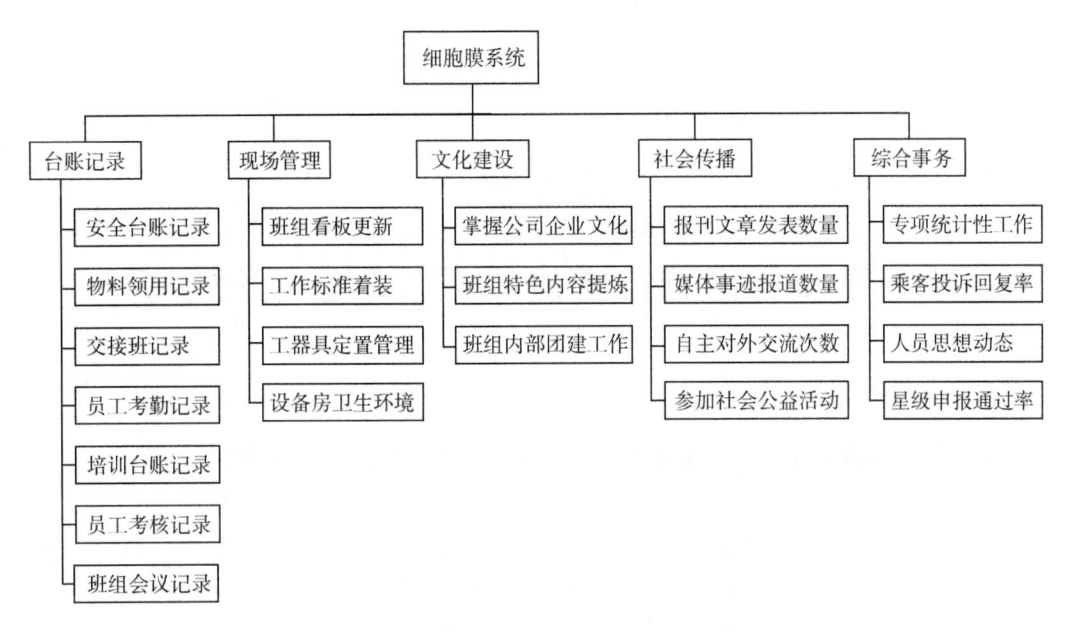

图 5-7　门梯维护班组细胞膜考核指标体系

第 6 章

N 地铁公司门梯维护班组绩效考核案例分析

本章主要是确保构建出的绩效考核指标体系具备可操作性。为此首先邀请专家运用层次分析法确立 N 地铁公司门梯维护班组三级指标权重,对其结果进行一致性检验。之后运用关键事件访谈的形式对 17 名基层班组员工进行访谈调研,根据结果梳理出 13 条关键指标的五级评定标准。并构建模糊评价模型对 N 地铁公司四号线门梯维护班组进行评价,得出评价结果与相关考核建议。

6.1 基于层次分析法的门梯维护班组的指标权重确立

权重反映了绩效考核指标的相对重要程度。在指标层确定后,指标权重是影响最终绩效考核结果的主要参数。在门梯维护班组绩效考核过程中,相关的指标和权重都会发生变化,但在一定时期和环境下可以认为这种变化是微小的,一套能在较长时间内适用的指标体系和权重更具实用性。本书指标权重的确定采用主观赋权法中的层次分析法,它是基于决策者的知识经验或者偏好,按重要性程度,对各指标属性进行比较、赋值、计算并得出权重的方法。

6.1.1 层次分析法权重确立步骤

具体分析过程和步骤如下:通过专家函咨询 5 名门梯维护班组工作专家,对同一层次下指标之间的重要性进行相互比较,构建判断矩阵,构建准则如表 6-1。矩阵中的元素表示竖列指标相对于横列指标的重要性,用 1~9 代表相对重要性程度。值得注意的是,矩阵中关于主对角线对称的元素互为倒数。

表 6-1 判断矩阵填写规则

标记	含义
1	竖列指标与横列指标相比,重要性相同
3	竖列指标与横列指标稍重要
5	竖列指标比横列指标明显重要
7	竖列指标比横列指标极其重要

续表

标记	含义
9	竖列指标比横列指标强烈重要
	2,4,6,8 若认为竖列指标没有横列指标重要,则标记 1/9-1

利用迭代法求解判断矩阵,解出最大特征值对应的特征向量并归一化,即得到门梯维护班组的权重向量。以第 5 章得出的细胞核绩效考核指标体系的二级指标为例,其指标判断矩阵如表 6-2 所示。

表 6-2 细胞核绩效考核体系二级指标判断矩阵模型

	进度把控	设备维护	设备可靠	设备维修
进度把控	1	…	…	…
设备维护		1	…	…
设备可靠			1	…
设备维修				1

按照以上的步骤方法,本书结合已确定的门梯维护班组绩效考核指标体系,设计出基于阿米巴模式下的门梯维护班组绩效考核指标的判断矩阵,运用 Expert Choice 软件,采用层次分析法,逐步确定门梯维护班组各级评价指标的权重,并由前期参与德尔菲法中的 5 名门梯维护班组工作专家填写判断矩阵。得出一级指标、二级指标、三级指标权重。

6.1.2 门梯维护班组各层次指标权重

(1) 一级指标权重

一级指标的权重决定了总体权重分配,最为重要。一共分为 3 个,分别为细胞核、细胞质、细胞膜,其权重如表 6-3 所示。

表 6-3 门梯维护班组一级指标权重

序号	一级指标	权重
1	细胞核	0.609
2	细胞质	0.261
3	细胞膜	0.130

(2) 二级指标权重

二级指标合计 15 个,数量不等地分布在 3 个一级指标。二级指标的权重如下。

① 细胞核二级指标权重

细胞核二级考核指标有 4 个,分别为进度把控、设备维护、设备可靠、设备维修,其权重如表 6-4 所示。

表 6-4 细胞核二级指标权重

序号	二级指标	权重
1	进度把控	0.192
2	设备维护	0.309
3	设备可靠	0.227
4	设备维修	0.271

② 细胞质二级指标权重

细胞质二级指标有 6 个,分别为安全保障、成本管控、组织管理、培训开发、员工评价、经营改善,其权重如表 6-5 所示。

表 6-5 细胞质二级指标权重

序号	二级指标	权重
1	安全保障	0.214
2	成本管控	0.107
3	组织管理	0.194
4	培训开发	0.175
5	员工评价	0.146
6	经营改善	0.164

③ 细胞膜二级指标权重

细胞膜二级指标有 5 个,分别为台账记录、现场管理、文化建设、社会传播、综合事务,其权重如表 6-6 所示。

表 6-6 细胞膜二级指标权重

序号	二级指标	权重
1	台账记录	0.216
2	现场管理	0.275
3	文化建设	0.239
4	社会传播	0.119
5	综合事务	0.151

(3) 三级指标权重

三级指标合计 65 个,按照 3～7 个数量不等地分布在二级指标之下。鉴于其数量众多,本书直接将其权重罗列于一张表格中,不再类似前文分设在各自上级指标下。三级考核指标的权重如表 6-7 所示。

表 6-7 门梯维护班组三级指标权重

序号	三级指标	权重
1	巡检计划执行率	0.388
2	保养计划执行率	0.388

续表

序号	三级指标	权重
3	工程项目施工进度	0.225
4	设备维护前准备	0.105
5	设备状态检查	0.238
6	设备巡检记录	0.143
7	执行设备检修规程	0.267
8	巡检问题闭环率	0.248
9	站台门故障率	0.356
10	电扶梯可靠度	0.311
11	垂直电梯可靠度	0.333
12	故障响应时间	0.262
13	故障修复时间	0.244
14	事故现场保障	0.141
15	故障工单闭环率	0.181
16	设备停用时间	0.171
17	安全预案编制	0.154
18	组织安全演练	0.253
19	安全隐患整改率	0.244
20	责任安全事故件数	0.349
21	物料消耗定额管理	0.336
22	物料成本分析	0.424
23	加班工资定额管理	0.240
24	工作职责分工	0.209
25	班组内部轮岗	0.112
26	人均包保设备数量	0.159
27	班组长非正式沟通	0.090
28	班组委外维保模式	0.247
29	委外单位监督管理	0.183
30	培训计划执行	0.194
31	组织技能练兵	0.156
32	师带徒结对	0.127
33	教案教程开发	0.096
34	知识库建设	0.121
35	技能考试通过率	0.217
36	人才梯队档案	0.089
37	工班长胜任力评价	0.466

续表

序号	三级指标	权重
38	组长胜任力评价	0.320
39	员工满意度	0.214
40	组织安全会议	0.265
41	组织生产会议	0.265
42	组织故障分析	0.284
43	合理化建议数量	0.186
44	安全台账记录	0.157
45	物料领用记录	0.167
46	交接班记录	0.186
47	员工考勤记录	0.127
48	培训台账记录	0.157
49	员工考核记录	0.108
50	班组会议记录	0.098
51	班组看板更新	0.141
52	工作标准着装	0.208
53	工器具定置管理	0.319
54	设备房卫生环境	0.331
55	掌握公司企业文化	0.398
56	班组特色内容提炼	0.346
57	班组内部团建工作	0.256
58	报刊文章发表数量	0.272
59	媒体事迹报道数量	0.304
60	自主对外交流次数	0.186
61	参加社会公益活动	0.238
62	专项统计性工作	0.176
63	乘客投诉回复率	0.299
64	人员思想动态	0.321
65	星级申报通过率	0.204

6.1.3 指标权重的一致性检验

理想的判断矩阵应该很好地满足一致性条件,即如果 A 比 B 稍重要,B 比 C 稍重要,则 A 也应该比 C 重要,也就是判断矩阵的因素之间的比较值应该符合逻辑。如果判断矩阵不能满足逻辑上的一致,那么判断矩阵也就失去了意义,必须重新构建。因此,运用 Expert Choice 对一级指标、二级指标的一致性指标 CI 值进行计算,将得出结果除以平均随机一致性指标 RI 值(RI 的值可以根据矩阵的阶数从表 6-8 中查得)得出随机一致性比率 CR 值。

表 6-8 随机一致性指标 RI 的数值

阶数	1	2	3	4	5	6	7	8	9
RI	0.00	0.00	0.58	0.90	1.12	1.24	1.32	1.41	1.45

当 CR≤0.1 时,比较矩阵的一致性是可接受的;当 CR>0.1 时,比较矩阵需要做出适当调整。如上结果,层次分析法得出的各指标权重均能够通过一致性检验。当 CR=0 时,则判断矩阵完全一致,各层指标一致性比率 CR 值如表 6-9 所示。由于所求得的 CR 值均小于 0.1,所以比较矩阵满足一致性要求,所求得的权重也是有效的。

表 6-9 随机一致性比率检验结果

	绩效考核指标	CI	RI	CR
一级指标	细胞核系统	0.000 04	0.90	0.000 044 4
	细胞质系统	0	1.24	0
	细胞膜系统	0.000 07	1.12	0.000 062 5
二级指标	安全保障	0.000 06	0.90	0.000 066 7
	成本管控	0.000 1	0.58	0.000 172 4
	组织管理	0.000 12	1.24	0.000 096 8
	培训开发	0.002 15	1.32	0.001 733 9
	员工评价	0.003 99	0.58	0.006 879 3
	经营改善	0	0.90	0
	进度把控	0	0.58	0
	设备维护	0	1.12	0
	设备可靠	0.000 03	0.58	0.000 051 7
	设备维修	0.000 51	1.12	0.000 455 4
	台账记录	0	1.32	0
	现场管理	0.000 3	0.90	0.000 333 3
	文化建设	0.000 01	0.58	0.000 017 2
	社会传播	0.000 06	0.90	0.000 066 7
	综合事务	0.000 05	0.90	0.000 055 6

6.2 N 地铁公司门梯维护班组的绩效考核指标的行为锚定

6.2.1 关键指标的行为锚定步骤

本研究运用关键事件法对门梯维护班组的绩效考核指标的评价标准度量步骤如下。
(1) 确立研究问题
此次选择用关键事件法是为了对上文甄选出的部分关键绩效考核指标进行定性分

析,以确立门梯维护班组绩效考核评价标准。

(2) 确立访谈对象

本次访谈对17名N地铁公司门梯维护班组不同岗位层级的生产岗位员工进行深度访谈和现场录音。访谈对象构成情况如表6-10所示。

表6-10 关键事件访谈对象构成概况表

项目	性别		单位工龄			岗位层级			
	男	女	≤6	7~12	≥13	门梯班长	门梯组长	维护工	专职人员
数量	15	2	1	11	5	4	7	4	2
百分比	88.2	11.8	5.9	64.7	29.4	23.5	41.2	23.5	11.8

如表6-10所示其中包含门梯班长4名,门梯组长7名,专业维护人员4名,专职职能类员工2名,绝大部分均是参加工作6年以上。由于本次研究对象多为一线生产工人,对于事件的口头表达能力要比书面表达能力强,故采用访谈的方法开展研究。

(3) 确立绩效维度

在确立了访谈对象与关键事件获取方式之后,需在关键事件编写之前通过既得信息来确定绩效维度。结合5.2节中获得关键绩效考核指标中合计65项指标,其中有20项指标在各类国家标准、企业标准中已有较为明确的定量评价标准。因此,不在此次关键事件法的定性度量范围之内,分别是:安全隐患整改率、责任安全事故件数、人均包保设备数量、委外单位维保模式、技能考试通过率、合理化建议数量、巡检问题闭环率、站台门故障率、电扶梯可靠度、垂直电梯可靠度、巡检计划执行率、保养计划执行率、工程项目施工进度、故障工单闭环率、报刊文章发表数量、媒体事迹报道数量、自主对外交流次数、参加社会公益活动、乘客投诉回复率、星级申报通过率。余下的44项关键绩效考核指标可按照上文所构建指标体系的二级指标标准进行分类,除设备可靠、进度把控、社会传播下属三级指标均可定量判定,综合事务指标由于下属三级指标差异较大不好一概而论外,其余皆可按照上一轮构建指标进行维度确立,基于此确定11项二级指标,2项三级指标在本次关键事件行为锚定的讨论范围之内。

(4) 关键事件访谈过程

访谈分成了两段进行。第一段访谈开始于2021年1月13日开始至1月24日结束,第二段访谈于2021年10月9日开始。两段访谈共分为6次进行,按时间顺序分别到访N地铁公司四号线门梯维护工班、二号线门梯维护工班、宁高线门梯维护工班、三号线门梯维护工班、宁天线门梯维护工班、四号线门梯维护班组(第二次)。除在二号线门梯维护工班访谈花费4.5小时以外,其余访谈均在每次2.5~3小时。每次访谈选取班组所在车站内密闭的办公室开展,确保保密不被打断、方便访谈者的访谈环境,进而一对一地开展深入交流。

具体过程如下,首先根据STAR法原则设计门梯维护班组访谈结构化问卷4份。在访谈开始提前一天将问卷发放至被访谈人进行前期思考,在访谈正式开始前对于本次研究问题进行介绍,展示一些相关范例,并解释范例是如何产生的,如何进行编辑、如何转化成标准格式的,被访谈对象可以对这一过程和结果提出问题。深度访谈由熟悉地铁门梯维护班组工作的硕士研究生具体实施,在实施深度访谈之前,访谈者接受过相应的访谈培训。

在访谈过程中,首先是对被访谈人个人工作方面的基本资料获取,如工作履历、技能水平、学历情况等。再根据提前设计好的半结构式问卷对访谈对象进行现场访谈。要求门梯班长主要回答问卷 1 内容,对问卷 2 至问卷 4 所提问题进行必要补充;门梯组长主要回答问卷 2 至问卷 3 内容,对问卷 1 内容进行必要补充;维护工只回答问卷 2 至问卷 3 内容;专职人员只回答问卷 4 内容。在访谈进行过程中,进行详细记录,并用录音设备进行录音,便于事后整理。同时,在访谈者未详尽阐释回答问题时,在半结构化问卷的基础上,再用开放性的"怎样""为什么"的提问方式,让访谈对象提供更加详细的信息。在访谈结束后,将访谈获取的录音资料进行回放,整理成文字资料保存在专用的文件夹内,并标注好相应的访谈日期、访谈对象。

(5) 关键事件的编写

访谈全部结束后,根据关键事件具备的四项特征:特定而明确的;集中描述工作所展现出来的可观察到的行为;简单描述行为发生的背景;能够说明行为的结果。在编写过程中纠正了录音资料一些拼写和语法错误,对每个范例内容是否完整、前后格式是否统一进行检查,将一些重复性的内容筛除,以保障编写出的关键事件不至于太长影响阅读。最后考虑到读者的认同感,将技术语言、职业行话、俗语进行保留,最终在前期确定的 15 项绩效维度下,编写用以区分最好绩效水平与最坏绩效水平的决定性事件共计 30 条,其中"设备维护""设备维修""专项统计性工作""成本管控"四项绩效维度的高绩效事件与低绩效事件如下。

① "设备维护"维度中的高绩效事件

巡检人员严格按照巡检周期进行,在车站定期巡检出发时,携带相关工器具与可能会进行更换的标识标贴,以确保巡检效率。乘车到达车站后首先就近观察两侧所有站台门包括端门异常状态(如门头灯闪、门体抖动,盖板翘起,端门标贴是否破损、司机灯带是否正常,侵线现象)以保证站台门状态正常;乘坐车站所有自动扶梯仔细观察异常状态(有无梯级、扶手带抖动,扶手带不同步,梳齿板断裂扶手带磨损等现象,标识是否张贴到位)以保障乘客乘坐安全;同时对车站垂直电梯各项设备(如平层、层显、门缝、语音报站、标贴等)进行检查,测试电梯对讲。如是观光电梯还应透过外墙观察轿底、轿顶的卫生情况,之后再去车控室观察 BAS 监控内设备的具体状况,询问车站人员近期设备运行状态,在电梯巡检记录本上详细记录发现的问题,确认无通信信号等问题。最后到达站台门设备房内,穿戴鞋套进入后,检查设备异常状态并打扫地面卫生,在站台门巡检记录本上详细记录发现的问题,并通知委外单位处理相关问题,确保安全隐患能够被及时发现,在离开后跟踪委外单位的整改情况。以此保证设备故障率能够维持较低水平,标识标贴等符合特检院质检要求。单个车站巡检一般需要 45 分钟左右。

如执行站台门检修规程(仅针对自主维修班组)首先由施工负责人进行报备,配备施工负责人、安全员必须到场,准备请销点单,根据前期巡检信息,准备工器具及可能会更换的设备备件。到现场后听施工负责人介绍施工内容,安全员讲解安全注意事项。等待车站与调度员沟通批准检修点执行,根据维保计划进行维保,严格按照检修规程对设备进行检查,发现问题无法解决时让其他人员协助。检修结束后保证人员工具清设备正常,安排人员在现场保障,待运营测试结束后离开现场。

②"设备维护"维度中的低绩效事件

不严格按照巡检周期进行,在车站定期巡检出发时,不携带相关工器具,到达车站后为了快速完成手头工作,直接去车站设备房内完成巡检记录本签字,在未检查的情况下认为设备各项指标无异常。在执行设备检修规程时,完全不按照规范要求执行,而是如何方便如何来,以至于留下设备故障隐患造成重大后果。

③"设备维修"维度中的高绩效事件

上班时间在接报故障热线旁落座,以确保电话能够及时接听。在接到车站或环控调度故障后,在故障记录本上记录好故障发生时间、地点、故障现象,用以后期对故障进行闭环与分析。若快速修复便将修复好的故障回复环调。若超过半天未修复,问清楚原因后与环调进行回复,并在记录本上详细备注。并在之后再次进行督促相关人员处理进度,若第二日故障接报人不上班,将该故障处理经过填写在交接班记录本上,提醒后期接班人员继续对故障处理结果进行跟踪,若确定故障无法及时修复,与环调进行原因解释核对,待修复好之后再将故障进行闭环处理。

发生如车站整侧门无法打开故障时,当班维护人员迅速赶往故障发生现场,在路途中第一时间通知委外厂家人员、专业工程师、班组长,到达现场后观察故障现象,预估可能对地铁运营造成的影响。再运用专业知识找到设备故障点尝试进行抢修,确认无法快速修复后,与车站人员、调度、中心领导及时沟通,做好配合协作,尽可能降低对运营服务的影响,安排好人员对设备停用造成的延误对乘客进行解释说明。并采取应急措施将故障设备短接隔离,确保能够尽快恢复运营。并留下人员现场采取保障,待运营期结束后进行维修,故障后形成故障分析报告,并对同线路类似问题进行相应排查整改。

④"设备维修"维度中的低绩效事件

上班时间工班接报故障热线旁无人,导致故障无法按时收到,在接到电话后未在故障记录本上记录好故障。且一般都是等当班调度员主动询问时,才会去打电话问清故障处置情况,对故障原因不了解不掌握,故障隔班次之后不交接,故障修复后也不闭环。

发生如车站整侧门无法打开故障时,当班维护人员通知委外厂家人员赶赴现场,过一会通过电话直接询问委外情况,不关心可能对地铁运营造成的影响。根据其他人提供的情况发现彻底无法修复后,才安排采取措施将故障设备短接隔离,待运营期结束后进行维修,事故后一般认为事故无法避免也不对类似问题进行排查整改。

⑤"成本管控"维度中的高绩效事件

材料员对材料进出库房管控严格,及时整理、盘点周转件,明确周转库房内零部件的分类,完善周转件登记表,登记材料的领用情况,重视公有财产安全,优化仓库管理体系。每月定期清点库房,将坏件整理出来依规处理,并更新库房材料清单。对于设备维保的价格和数量,公司上一年制定的预算不累计到下一年,超出预算的部分另申请。班组长对材料员认真监督,确认其盘点结果,复核材料出库情况。

遇到设备由于某个零部件损坏出现故障的情况,立刻将所需部件从库房取出以备装修部门使用,对有维修价值的故障部件送修,如维修部门不能维修的可送厂家维修,没有价值的旧件作报废处理。在巡检过程中,发现设备由于某个零部件使用年限过长虽当前未故障但存在安全隐患问题的,提前向公司提交月度申购单,到公司采购新的设备零部件并更换。若今年故障率超出往年平均故障率正常波动范围,汇总各方面数据给技术员,配合技术员做故障分析。此外,遇突发事件需加班,严格按维保加班工资规范发放加班人员工资。

⑥ "成本管控"维度中的低绩效事件

对周转库房的管理不规范,对设备零件是好件、坏件和旧件分类混乱,负责人即使意识到此问题会造成库存积压,影响效率和成本也不加以改善。不及时处理设备故障,影响设备正常运营。维保人员工作不专注,设备故障率突增,导致成本消耗升高。未按规定定期巡检,未能及时发现设备故障的安全隐患,以至于造成严重后果。虽发现安全隐患,但未做到及时处理。经常违规申报加班工资,超出实际工作时间。

⑦ "专项统计性工作"维度中的高绩效事件

工班对接专人看到上级部门紧急通知后,首先准确理解通知的含义、涉及的人员以及需要得到的结果,以免造成误解。及时转发在班组内部工作群,确保涉及人员收到信息,并对可能不理解的地方进行一定的解释。在临近上交结点前,提醒未提交信息的人员尽快提交,并在提交前认真检查,将需要的材料在规定时间要求内准确无误的提交。提交材料的同时,与接收人仔细确认是否收到,是否符合要求,并将相关材料在电脑保存一段时间,防止后期再次需要。

⑧ "专项统计性工作"维度中的低绩效事件

工班对接专人看到上级部门紧急通知后,直接将通知转发至班组内部工作群,当班组内部人员询问时,表示无法解释具体内容。之后等到上交时间节点已过,上级催促时才匆忙收集,并对收集结果不予检查,并在提交后立马删除电脑内有关存档。

(6) 确立行为锚定等级评估表

关键事件法的研究最终是为了建立更为贴近实际的门梯维护班组绩效考核指标体系,需要全面了解门梯维护班组涉及绩效考核方面的相关行为,以恰当选择绩效维度,用不同的行为事件锚定不同水平的绩效,因此,在梳理完所有绩效维度下的好坏关键事件后,需再结合行为锚定等级评定法建立每一绩效维度的行为锚定等级评估表。

6.2.2 绩效考核标准度量结果

经过关键事件的内容分析,并在访谈过程中与访谈对象的多次讨论,得出门梯维护班组的13个绩效维度下的65条门梯维护班组的关键绩效考核指标锚定评级标准。其中1~2级是指行为没有达到绩效衡量的合格标准,不恰当的行为导致班组绩效水平下降并最终导致人员或设备状态的不稳定,绩效目标难以达成。3级是指行为基本达到绩效衡量的合格标准,事件的影响有一定的典型性,为班组整体的状态做出了一定的贡献。4~5级是指行为达到优秀绩效衡量标准,行为产生了较高的价值,为人员或设备的稳定状态与班组整体的绩效目标的达成做出了突出贡献。各项维度具体评级如下:

(1) 设备维护的锚定评级

设备维护主要是由设备巡检与执行设备检修规程(设备保养)两部分构成,是门梯维护班组工作的重中之重。其中设备巡检是指通过确保巡检工作的质量以及提高巡检工作的效率来提高门梯设备维护的水平,其目的是掌握设备运行状况及周围环境的变化,发现设施缺陷和危及安全的隐患,及时采取有效措施,保证设备的安全和系统稳定。设备保养是指门梯维护班组在生产过程中,为在一定范围内获得最佳秩序,经协商一致制定并由上级部门批准,共同使用和重复使用的一种规范性文件(检修规程)及其具体执行情况。

该二级指标包括设备维护前准备、设备状态检查、设备巡检记录、执行设备检修规程4个三级定性指标,以及巡检问题闭环率1个三级定量指标。其中故障闭环是指原因已查明,责任单位已落实且已完成修复的故障,反之为未闭环故障。设备维护指标在定性方面的绩效考核评价标准评级如表6-11所示。

表6-11 设备维护的锚定评级

关键事件	评定等级
在车站定期巡检出发时,不携带相关工器具,到达车站后为了快速完成手头工作,直接去车站设备房内完成巡检记录本签字,在未检查的情况下认为设备各项指标无异常。在设备保养时,完全不按照检修规程执行,且在施工负责人、安全员未达到现场时开始施工	1级
在设备运行状态检查过程中存在疏漏,要么是车站设备检查不全要么是设备检查项目不全,仅凭经验判断巡检故障率高的设备及故障点。在设备保养时,按照流程听施工负责人介绍施工内容,安全员讲解安全注意事项,车站与调度员沟通批准检修点后开始施工	2级
能够全面仔细地检查车站站台门、垂直电梯、扶梯设备的异常情况并按照台账记录要求在巡检记录本上详细记录发现的问题,及时通知委外单位处理相关问题,并在进入站台门设备房时,按要求穿戴鞋套。在设备保养时,能根据前期巡检信息,准备工器具及可能会更换的设备备件,但在其他执行环节只做巡检问题的保养维护,检修结束后保证人员工具清设备正常,安排人员在现场保障,待运营测试结束后离开现场	3级
出发前携带相关工器具与可能会进行更换的标识标贴,以确保巡检效率,巡检结束后能够持续跟踪委外单位的整改情况。在设备保养时,能够完全按照检修规程上规定的内容执行设备检查维护	4级
关注设备全寿命周期,每次主动去车控室观察BAS监控内设备的历史异常记录,主动询问车站人员近期设备运行状态,能够落实TPM维护理念	5级

(2) 设备维修的锚定评级

设备维修是指在地铁运营中当门梯设备发生故障停用时,门梯维护班组赶赴现场修复故障,以消除对于地铁运营服务影响的一系列行为过程。而故障根据故障设施设备的维修界面、技术接口涉及专业分为单一专业故障、多专业故障和其他故障。多专业故障主要指故障设施设备维修界面、技术接口涉及两家及以上单位或对设备故障处置中操作、指挥,存在争议、发生推诿扯皮、难以界定责任大小的故障。反之为单一专业故障。其他故障主要指自然灾害等不可抗力引发的如地震、洪水、台风、外物侵限等影响运营的故障。此处所指的故障维修主要是针对门梯单一专业故障开展的维修。

该二级指标包括故障响应时间、故障修复时间、事故现场保障、设备停用时间4个定性三级指标。其绩效考核评价标准评级如表6-12所示。

表 6-12 设备维修的锚定评级

关键事件	评定等级
发生故障时,无法及时联系上班组,联系上后当班维护人员通知委外厂家人员赶赴现场,过一会通过电话直接询问委外情况,不关心可能对地铁运营造成的影响,故障往往要很长时间才能修复,并且在重要故障修复后不安排人员在现场进行保障。且对故障不记录、不交接、不闭环	1级
当班维护人员因害怕影响一般能够迅速赶往故障发生现场,在路途中通知委外厂家人员、专业工程师、班组长,但在处置过程中完全根据现场其他人提供的指导来进行操作	2级
事故后能够安排人员在事故现场进行保障,待确认故障不可能再发生后再撤离现场。如果是委外单位进行维修的话,能够主动了解清楚设备故障问题原因,并对同线路类似问题进行相应排查整改	3级
能够运用自身的专业知识找到设备故障点尝试进行抢修,确认无法快速修复后,采取应急措施将故障设备短接隔离,待运营结束后进行修复。且会记录清楚故障情况,故障修复后及时闭环	4级
故障处置中能够与车站人员、调度、中心领导及时沟通,做好配合协作,尽可能降低对运营服务的影响,安排好人员对设备停用造成的延误对乘客进行解释说明	5级

(3) 安全保障的锚定评级

安全保障是指坚持"安全第一、预防为主"的方针,建立完善班组风险管控、日常检查、隐患治理等各项安全生产工作,落实强制性安全生产标准规范,确保各生产环节和相关岗位工作符合法律、法规、标准、规程要求,实现安全行为规范化,从而杜绝责任安全事故的发生。

该二级指标包括安全预案编制、组织安全演练 2 个定性三级指标,以及安全隐患整改率、责任安全事故件数 2 个定量三级指标。对于安全保障指标定性方面的绩效考核评价标准评级如表 6-13 所示。其中地铁公司应急预案是指针对可能发生的事故,为迅速、有序地开展应急行动而预先制定的行动方案。由综合应急预案、专项应急预案及现场处置方案三部分构成,三部分相辅相成。综合应急预案是突发事件应急工作的纲领性文件,由安监部修订。专项应急预案是针对可能发生的具体突发事件而制定的预案,是综合应急预案的组成部分,由分公司技术科牵头修订,涉及门梯的有站台门故障应急预案和电(扶)梯故障应急预案。而现场处置预案是针对具体的设备、设施、装置、场所等制定的应急处置措施,是现场作业人员实施应急工作的基本依据,其内容要求具体、实用、针对性强,是专项应急预案的支持性文件,大部分由工班根据现场实际情况确定。另外,应急预案的演练可以采用实作演练、桌面演练、突发演练等不同的方式,班组应定期开展演练。班组应当对地铁突发事件要有充分的思想准备,把应对突发事件落实在日常工作中,加强基础工作,增强预警分析,提高防范意识,做好预案演练,建立应对突发事件的长效机制,做到常备不懈,力争早发现、早报告、早控制、早解决,将突发事件所造成的损失减少到最低程度。

表 6-13 安全保障的锚定评级

关键事件	评定等级
无安全预案的编制,也不会定期开展安全演练,不重视安全保障工作,风险防范意识薄弱,认为安全事故不会落到自己身边	1级

续表

关键事件	评定等级
有安全预案的编制,但为了应付差事,内容往往比较简单。仅有通用性的应急处置措施,不包括现场具体的应急处置人员构成及联系方式,未根据现场实际设置应急处置的流程、方法、核心步骤等要素,以至于束之高阁;班组人员也回答不出应急处置过程中安全防护、抢险器材使用等方面的注意事项;工班为了图省事,仅按照上级分配的演练计划开展桌面演练	2级
安全预案编制内容较为全面、有实用性。班组员工能够较为熟练地回答班组安全预案文件上的内容。班组建立了内部应急管理组织机构,明确了安全员的工作职责。班组经常开展安全实作演练,能够制订有计划的演练安排,并及时收集演练经过,分析编写演练总结,根据要求填写演练评估报告	3级
预案里体现了危险源识别、分析及风险评价,并且对需要采取控制措施的危险源制订了控制措施,予以落实。演练能够结合实际,会结合公共卫生、事故灾难类的突发事件,主动制订有针对性的演练计划	4级
每次演练,班组均能够对演练方案、系统设备工况、各岗位人员应急处置程序、演练过程中存的不足以及应急预案的可行性进行评估,查找不足和缺陷,并提出改进措施,从而有效杜绝安全事故的发生	5级

(4) 成本管控的锚定评级

成本是一种耗费,主要是指公司在运营生产过程中所发生的各种耗费。具体是指在生产经营中为确保正常生产用于生产设备的实际耗费。地铁公司在成本管控方面提出了"正确、及时、完整地记录和反映企业的各项财产物资的增减变动,成本的结算方法,以形成利润和经济业务的分配,为加强企业经济管理提供可靠的会计信息"的要求。班组根据要求配备必要的成本控制和核算人员,即材料员。对日常生产消耗、成本进行过程控制,认真做好原始数据的积累与核算工作,实行成本核算责任制。建立、健全各级原始台账,为成本核算提供可靠的依据。

该二级指标包括物料消耗定额管理、物料成本分析、加班工资定额管理3个定性三级指标,其绩效考核评价标准评级如表6-14所示。其中定额管理是指在资源价格一定的前提下,通过事先制定单位产品或活动的标准资源消耗量,控制产品成本和期间费用水平的一种成本控制方法。成本分析主要是指借助生产产生的信息资料,对班组生产活动中物料的配备和使用情况与对班组取得的生产经营成果进行分析研究,以不断寻求有效利用人力、物力、财力合理地安排班组生产和经营活动,从而节约运营成本的途径。

表6-14 成本管控的锚定评级

关键事件	评定等级
周转库房管理不规范,坏件和旧件分类杂乱,公有财产安全意识薄弱导致贵重部件丢失,造成库存积压、物料浪费、影响成本。为了一己私利,经常违规申报加班工资,超出实际工作时间	1级
能够基本完成物料消耗与人员加班定额管理指标,但不够重视,时常会抱怨公司定额设置不合理,对其持无所谓态度,不认为有节约公有财产的必要	2级
能够完全完成设备的定额管理指标,严格按公司加班工资规范发放加班人员工资,只在公司要求的情况下加班,所增加的人员加班相对合理,有节约人员成本的意识	3级

续表

关键事件	评定等级
定期盘点库房,根据门梯设备特点完善物料进出登记表,优化仓库管理体系。及时反馈给技术员用料数据,配合技术员做好故障分析,节约物料成本。班组长对材料员认真监督,确认其盘点结果,复核材料出库情况	4级
有设备零件全生命周期意识,能够将有维修价值的故障部件维修而不是更换。能够及时发现定额管理中存在的问题并分析其原因,提出切实可行的改进措施,落实到位	5级

(5) 组织管理的锚定评级

组织管理是指为了有效地配置班组内部的有限资源,为了实现一定的共同目标而按照一定的规则和程序构成的一种责权结构安排和人事安排,其目的在于确保以最高的效率实现组织目标。

该二级指标包括工作职责分工、班组内部轮岗、班组长非正式沟通、委外单位监督管理4个三级定性指标以及委外单位维保模式、人均包保设备数量2个三级定量指标,对于该指标定性方面的绩效考核评价标准评级如表6-15所示。目前按照公司要求,班组的职责分工一般是按照"两长六大员"标准进行配置,"两长"即班长、副班长兼工会小组长,"六大员"即安全质量员、学习宣传员、民主管理员、统计核算员、生活管理员、材料管理员。班组对委外单位实施监督管理主要包括督促委外维保单位建立管理制度和管理台账,对委外人员(考勤)、工器具、材料备件、培训、安全、故障维修、维护保养等各方面工作实施全面规范管理,对不合规的问题开具处罚。同时,督促委外单位对分公司、本单位及外部门检查出的问题进行整改并持续管控。

表6-15 组织管理的锚定评级

关键事件	评定等级
工作下发后谁看到就是谁干,谁能干谁就多干,存在互相推诿或一人身兼数职的情况;对委外单位承担工作基本不管不问,害怕得罪人;除正常工作交流之外,班组长不与员工谈其他方面的事	1级
内部有一定的职责分工,能够按照"两长六大员"的标准进行配置,个人熟悉自己的工作职责,能够做到各司其职,工班内部的事都有人管	2级
工班与委外单位进行合署办公,能够将公司的管理制度与台账规范传达到位。对委外单位定期进行开展检查,主动监督其工作情况,对不合规的问题及时开具处罚	3级
每个季度末班组长将上季度安排的"两长六大员"进行岗位轮换,交接人与被交接人清楚地交代工作,留有相关的履职记录,并及时反馈给上级单位的对接人;工作中能够督促委外单位将工作中存在的问题进行整改并持续管控	4级
遇到复杂的、紧急的任务大家能够不计分工协同处理,员工即使在非工作时间,也会将本职工作认真完成。班组长会在非正式的情况下与员工交流近期的工作想法,主动关心员工的生活情况,并善于利用自身行为增进员工关系的稳定和团队的凝聚力,班组内部有着近乎家庭式的亲友关系	5级

(6) 培训开发的锚定评级

培训开发是指门梯维护班组通过各种方式使班组员工具备完成现在或者将来工作所需要的知识、技能并改变他们的工作态度,以改善员工工作业绩,最终实现班组整体绩效提升的一种计划性和连续性的活动,是一种创造知识、沉淀知识、分享知识的过程。

该二级指标包括培训计划执行、组织技能练兵、师带徒结对、教案教程开发、知识库建设、人才梯队档案 6 个三级定性指标,以及技能考试通过率 1 个三级定量指标,对于该指标定性方面的绩效考核评价标准评级如表 6-16 所示。其中教案教程开发在地铁内部主要是指单点课程的开发,它是一种在现场进行培训的教育方式。授课一般为 10 分钟左右,鼓励员工编写教材并作为辅导员进行培训。将班组成员由被教育者转变成了教育者,使每一个员工有了展示自己风采和魅力的机会。知识库建设主要是将门梯维护班组在日常的工作中形成的知识和经验收集和整理下来,并汇集先前解决问题的数据,找出数据与知识之间的关联,进行知识沉淀,从而建立起与门梯班组工作领域专门知识的数据库,最终上传到公司内部的平台进行知识分享。人才梯队档案是指班组整体人力资本规划、人才管理及继任计划等。

表 6-16 培训开发的锚定评级

关键事件	评定等级
无法根据员工、班组的需求制定培训计划,更谈不上开展其他的培训开发活动。不认为培训工作重要,总是因为一些客观理由随意减少培训课时	1 级
班组有相应培训计划,培训课时也能满足要求,但培训质量不高,培训过程中讲师与学员缺乏互动。班组中虽然有名义上的师带徒角色,但实际培训中师傅不愿传授给徒弟工作知识与经验	2 级
班组能根据绩效结果制定针对性的培训计划。讲师能够认真对待培训开展,在培训前认真准备课件,设置互动提问、结果测验等环节,从而确保培训质量。师傅能够主动对徒弟的工作进行指导,灵活机动地开展非正式培训	3 级
班组能够根据员工意见改进培训活动,同时定期邀请其他线路或专业组织联合性的技能练兵,并请相关技术专家参与点评,内部呈现"比学赶超"的学习氛围。工作与演练中形成的知识和经验能够被收集、整理、记录,录入线上知识库平台,与同专业的班组进行分享	4 级
班组鼓励员工努力开发新培训教程教案,并提供展示平台。定期将内部经验进行总结,对有业务交叉的单位开展社会化培训。形成了班组每位员工的培训档案,档案内容记录翔实,高技能人才有预备人员	5 级

(7) 员工评价的锚定评级

员工评价是指能区分特定岗位绩效人员与绩效平平者的个体潜在的、深层次特征,它可以是动机、特质、自我形象、态度、价值观、知识、技能,即任何可以被测量,能区分绩效优秀和绩效一般的个体特征。本书特指对门梯维护班组长的胜任力评价,同时结合员工满意度来作为班组后期经营改善的依据。包括工班长胜任力评价、组长胜任力评价与员工满意度 3 项定性子指标。其绩效考核评价标准评级如表 6-17 所示。

表 6-17 员工评价的锚定评级

关键事件	评定等级
意识不到各类测评的重要性,不开展任何形式的班组内部岗位测评,不关心员工对于工作氛围的满意程度	1 级
组织班组长胜任力评分,但指标设置与打分过程随意,各类测评存在形式主义现象	2 级
有清晰合理的测评模型与测评流程,员工能意识到该项工作对于后期改善的重要性,并认真参与	3 级
班组长胜任力测评结果均合格,且测评结果客观有效,并请中心领导或有关上级进行点评	4 级
根据测评结果,有针对性地提升岗位胜任力,注重收集员工对于班组工作的满意度,善于为员工创造发展平台	5 级

(8) 经营改善的锚定评级

经营改善是指班组通过不断定期组织会议的形式,贯彻落实上级部门通知要求,总结班组近期生产工作,发现问题、分析问题并形成解决问题的方法,以此提高员工工作意识的重要手段,是管理机制实现闭环的重要环节。成功有效地经营改善对于消除事故隐患、杜绝事故发生能够起到事半功倍的作用。

该二级指标包括组织班组生产会议、组织安全会议、组织故障分析 3 项三级定性指标,以及合理化建议数量 1 项三级定量指标。对于该指标定性方面的绩效考核评价标准评级如表 6-18 所示。

表 6-18　经营改善的锚定评级

关键事件	评定等级
班组几乎从不组织各类会议,班组长认为重要内容已经口头转达,通过会议改善经营不具有必要性	1 级
能够定期组织开展生产会议,但会议效果差。会议主题不鲜明,没有提前准备相关议题,私下里交头接耳、各聊各的,以至会议时长拖沓,对于改进生产中的问题没有帮助,且未邀请委外单位一同参会	2 级
能够定期组织开展安全会议、故障分析。在会议前班组长会邀请委外单位参会,会议中能够较为全面的通报生产、安全、故障方面的近期情况	3 级
会议全程有秩序。会议前提前拟定好需要议定事项,会议中能按照议题顺序进行,参会班组及委外员工均能够各抒己见,仔细聆听他人发言,发言内容简洁明了、条理清晰,整体时间把握得当,会议结束后能够根据会议精神形成相关会议纪要	4 级
会议形成的解决方案与工作建议能够推动实际问题的解决。会议后根据纪要内容落实议定的重要事项,并在下一次会议中反馈具体执行情况,事事有着落、件件有回音	5 级

(9) 台账记录的锚定评级

台账记录是指门梯维护班组从事生产和管理等各项活动直接形成的,具有保存价值的文字、图像、电子文件等各种形式和载体的原始记录。由于电子台账一般会定期上交给部门中心审核,此处所指的台账主要是指班组现场的纸质台账。

该二级指标包括安全台账记录、物料领用记录、交接班记录、员工考勤记录、培训台账记录、员工考核记录、班组会议记录 7 个三级定性指标。其绩效考核评价标准评级如表 6-19 所示。

表 6-19　台账记录的锚定评级

关键事件	评定等级
检查时所有台账记录均不完整,内容上存在大量的空缺部分。负责制作各类台账的人员在思想上不重视,认为有电子台账后无须再进行纸质记录	1 级
被上级检查频繁的生产类台账,如安全、物料领用、交接班记录相对完整。但内容弄虚作假,有签名字迹相同、信息数据作假、内容与实际检查情况不符等临时编造的现象	2 级
能够认识到台账记录对于工班管理的重要性。涉及班组人员管理类的员工考勤、培训、考核、班组会议台账也记录相对完整。符合台账记录的规范,记录内容真实可靠,能够客观地反映实际情况	3 级

续表

关键事件	评定等级
台账记录字迹清晰、内容准确、翔实,有一定时效性,同时对内容进行分类、归档,便于查找、归纳与总结	4级
重视台账上记录的各类生产数据,有效利用记录信息总结一般性生产规律,在台账记录里有形式上的创新	5级

（10）现场管理的锚定评级

现场管理广义是指用科学的标准和方法对生产现场各生产要素进行管理,是生产第一线的综合管理,是生产管理的重要内容,也是生产系统合理布置的补充和深入。由于前文的其他绩效维度与广义的现场管理有一定重叠,本小节讨论的内容主要是针对现场管理中能够在班组管理现场可视化的管理内容,也是非专业人士最易依据标准开展测评的部分。

该二级指标包括班组看板更新、工作标准着装、工器具定置管理、设备房卫生环境4个三级定性指标。其绩效考核评价标准评级如表6-20所示。其中班组看板是指工班内部上墙的生产、质量、安全、设备等管理活动信息看板、企业文宣等标识,是班组可视化管理的一部分。而可视化管理是指对可视化活动进行管理,通过形象直观、色彩适宜的各种视觉感知信息,使现场管理规范化、标准化,实现顺畅传递信息、提高效率、减少隐患并持续改进等目的;工作标准着装是公司行服检查的重要内容,还可以延伸至员工在工作期间是否存在仪容仪表、行为举止、服务流程等不规范行为;而工器具定置管理是指运用系统的观点和方法,研究生产和工作现场人与工器具、工器具与环境之间的关系,对现场工器具摆放的最佳固定位置进行设计、组织、实施、调整和控制,使其达到规范化、标准化和科学化的管理活动。

表6-20 现场管理的锚定评级

关键事件	评定等级
班组看板内容空白或长期未更新;在工作期间,员工全身均未按要求穿着工作服;工班工器具摆放杂乱,使用时随意拿取、使用完乱丢乱放;设备房卫生脏乱差,地面有浮尘、积水,纸屑或者是被丢弃的烟头、食物包装袋及其他杂物,墙面有积尘、蛛网、污迹	1级
员工在工作期间仪容仪表、行为举止符合规范,能够按照要求穿着工作服的上衣;常用工器具能够摆放在固定位置,但不常用工器具使用时较难找寻;设备房地面卫生整洁,员工不在设备房里抽烟、吃东西、乱丢杂物	2级
员工在工作期间衣着干净整洁,能够按照公司要求穿着全套的着装,包括工作裤、工作鞋、以及工作帽或反光背心等;设备房内的显示器、键盘、鼠标、电脑桌椅摆放整齐,墙面无积尘、蛛网、污迹,符合公司"三度"管理标准。在设备房进行检修作业后,工完料清,并恢复设备房环境要求	3级
班组看板内容充实、定期更新,使得近期的工作内容一目了然;工班安排专人对工器具进行管理,所属工器具均有登记、编号、检验日期记录,并定期开展自查,将不同类型工器具分类科学摆放,有明显的区域标识,并在使用完后能够将其放回原位	4级
班组看板结合班组文化设计了具有特色的展示内容,还能够起到减少隐患的警示作用,到现场后有让人眼前一亮的感觉;工班能够借助信息技术手段,对工器具、设备房实现可视化管理,从而提升工作效率	5级

(11) 文化建设的锚定评级

文化建设的重要任务,就是在企业与班组内部营造有利于发展的良好氛围,使领导与领导、领导与员工、员工与员工之间精诚合作,促进班组目标顺利实现。企业文化是在一定的条件下,企业生产经营和管理活动中所创造的具有该企业特色的精神财富和物质形态。在企业中具有导向、约束、凝聚、激励、调适、辐射等重要作用。班组特色内容提炼是以企业文化为基础,设计出具有一定特色的班组文化,可以是宣传企业文化理念观的某一方面,可以是展现本单位的专业特色或核心重点工作,可以是宣传近期开展的重点业务活动或攻关事项。而内部团建工作主要是指开展团队建设活动,以及其他一些为了实现团队绩效及产出最大化而进行的一系列结构设计及人员激励等团队优化行为。

该二级指标包括掌握公司企业文化、班组特色内容提炼、班组内部团建工作3个三级定性指标。其绩效考核评价标准评级如表6-21所示。

表 6-21 文化建设的锚定评级

关键事件	评定等级
询问时,基本无法回答有关企业文化的相关内容,从不举行任何班组内部团队建设活动,更谈不上提炼班组特色内容	1级
能够回答出大部分企业文化内容,但也存在无法一一准确对应的情况。班组能够开展一定的团队建设活动,但仅是以外出聚餐为主	2级
能够熟练掌握企业价值观、企业使命、服务理念等企业文化内容,明确其传达的含义或实现的目的。能够将对理念的识别转化为班组内部视觉上的识别,如在班组看板、计算机设备、设备房进行展示和传播	3级
在生产过程中,将对于企业文化的视觉识别转换为行为识别,员工的工作行为能够体现出对企业文化的传播。基于企业文化,班组群策群力设计出具有一定专业特色的班组精神、班组愿景、班组理念。定期组织的团建活动,不再限于聚餐的形式,而是通过举办社会化的宣传活动、组团参观历史景点、假期组织外出游玩等多元化的形式,促进班组凝聚力的提升	4级
企业文化与班组特色内容两者之间达成有机的结合,再通过团队建设的形式进行不断强化,使得班组浓郁的文化氛围能够被外人感受。从而激发员工正向的工作态度与服务意识,树立员工对于组织的高度忠诚	5级

(12) 专项统计性工作的锚定评级

专项统计性工作是指上级部门下发对门梯维护班组生产经营情况进行统计调查时,门梯维护班组提供相应的专项统计资料。所统计内容一般是地铁编制企业规划和经营计划、进行经济分析或临时性重点工作的依据,是向主管部门反馈经济信息的主要渠道,是上级领导掌握经营情况、做出经营决策的重要依据。其绩效考核评价标准评级如表6-22所示。

表 6-22 专项统计性工作的锚定评级

关键事件	评定等级
对专项统计能拖则拖,上交节点到来时才敷衍了事,时常会有未能按时上交影响他人工作的情况发生	1级

续表

关键事件	评定等级
收到专项统计性工作通知后,能够及时转发在班组内部工作群内,但信息接收方一般需要看后才知道统计与自己是否有关	2级
能够首先准确理解通知的含义、涉及人员以及需要得到的结果,并确保涉及人员已收到该通知	3级
下发时对可能不理解的地方进行一定的解释。在临近上交节点前,提醒未提交信息的人员尽快提交,并在提交前仔细审核、统一格式	4级
提交材料的同时,与接收人仔细确认是否收到,是否符合统计要求,并将相关材料在电脑保存一段时间以备再次需要	5级

（13）人员思想动态的锚定评级

人员思想动态是反映门梯维护班组政治建设、意识形态、群团工作、作风建设等党建情况的重要参考。对其开展分析有助于及时了解不同岗位、不同时期班组成员的思想状况和问题,动态分析研究产生这些问题的原因和条件,以掌握班组成员思想活动的特点和规律,从而加强班组人员思想稳定。其绩效考核评价标准评级如表6-23所示。

表6-23　人员思想动态的锚定评级

关键事件	评定等级
班组未能收集员工队伍不稳定的潜在隐患,没有预防和处理各类突发事件的工作机制。内部劳动关系不和谐,存在突出矛盾,当员工认为受到不公平对待时,会煽动周边同事运用越级上访等过激的手段给管理者施加压力,并在解决问题时可能存在违法违纪的行为	1级
班组会将员工队伍不稳定苗头主动向上一级部门汇报。员工在工作中遇到不满,在网络上时常发表负面评论、宣泄不满,不通过合理的内部渠道表达诉求,但通常能使用仲裁、诉讼等合法的方式解决劳动纠纷	2级
班组内部不存在不良舆论,无仲裁、诉讼、越级上访等情况发生	3级
班组能够及时掌握产生潜在矛盾的诱因,解答员工的诉求及热点问题,对待非正式渠道传播的信息能做到不传谣、不信谣	4级
班组有预防和处理各类人员队伍不稳定的应急机制,定期展开思想动态不稳定因素的分析。员工对于目前即使是恶劣的工作环境依然抱有乐观态度,认真工作,服从领导安排	5级

之后,邀请参与关键事件访谈的17名一线员工组织会议,将13个关键指标行为锚定得到的5级评价标准结果进行展示,与被访谈对象逐一进行讨论,确认有关行为的表述是否准确,各评价等级的优先级是否正确。最终该结果获得被访谈人员的一致认可,认为能够作为关键指标的评价标准有效测量工作行为。

6.3　N地铁公司四号线门梯维护班组绩效考核的开展与启示

为再次印证上文得出的绩效考核指标体系在门梯维护班组实际运用过程中的实操性,针对N地铁公司四号线门梯维护班组的绩效水平进行评价。

四号线是N地铁公司开通的第七条地铁线路,于2017年1月18日正式运营。四号线门梯维护班组目前共有员工7名。主要负责N地铁公司四号线18个车站与青龙车辆基地所有站台门、电扶梯、垂直电梯设备的巡检、保养与维修工作。

6.3.1 N地铁公司四号线门梯维护班组绩效考核的组织过程

N地铁公司四号线门梯维护班组的班组绩效水平评价分为指标体系等级评价、评分标准确立和综合评定三个步骤。

第一步,指标等级评价。由N地铁公司机自二中心绩效考核专员、四号线门梯维护班组的专业工程师、工长、组长合计5人组成测评小组组织完成。2021年3月19日—3月24日测评小组人员根据上文绩效考核指标体系完成自评,其中定性指标依据6.2节内容进行评价,定量指标依据样表二中评价标准进行评价。汇总结果如表6-24所示。

表6-24 四号线门梯维护班组考核指标评定汇总表

序号	二级指标	三级指标	一级	二级	三级	四级	五级
1	进度把控	巡检计划执行率	0	0	0	0	5
2		保养计划执行率	0	0	0	0	5
3		工程项目施工进度	0	0	5	0	0
4	设备维护	设备维护前准备	0	1	3	1	0
5		设备状态检查					
6		设备巡检记录					
7		执行设备检修规程					
8		巡检问题闭环率	0	0	0	0	5
9	设备可靠	站台门故障率	0	0	0	5	0
10		电扶梯可靠度	0	0	5	0	0
11		垂直电梯可靠度	0	0	0	0	5
12	设备维修	故障响应时间	0	0	4	1	0
13		故障修复时间					
14		事故现场保障					
15		设备停用时间					
16		故障工单闭环率	0	0	0	5	0
17	安全保障	安全预案编制	0	0	1	3	1
18		组织安全演练					
19		安全隐患整改率	0	0	0	0	5
20		责任安全事故件数	0	0	0	5	0
21	成本管控	物料消耗定额管理	0	3	2	0	0
22		物料成本分析					
23		加班工资定额管理					

续表

序号	二级指标	三级指标	评定结果					
			一级	二级	三级	四级	五级
24	组织管理	工作职责分工	0	1	2	2	0
25		班组内部轮岗					
26		班组长非正式沟通					
27		委外单位监督管理					
28		班组委外维保模式	0	0	5	0	0
29		人均包保设备数量	0	0	5	0	0
30	培训开发	培训计划执行	0	0	1	3	1
31		组织技能练兵					
32		师带徒结对					
33		教案教程开发					
34		知识库建设					
35		人才梯队档案					
36		技能考试通过率	0	0	0	5	0
37	员工评价	工班长胜任力评价	3	1	1	0	0
38		组长胜任力评价					
39		员工满意度					
40	经营改善	组织安全会议	0	1	4	0	0
41		组织生产会议					
42		组织故障分析					
43		合理化建议数量	0	5	0	0	0
44	台账记录	安全台账记录	0	1	1	3	0
45		物料领用记录					
46		交接班记录					
47		员工考勤记录					
48		培训台账记录					
49		员工考核记录					
50		班组会议记录					
51	现场管理	班组看板更新	0	0	0	4	1
52		工作标准着装					
53		工器具定置管理					
54		设备房卫生环境					
55	文化建设	掌握公司企业文化	0	2	2	0	1
56		班组特色内容提炼					
57		班组内部团建工作					

续表

序号	二级指标	三级指标	评定结果				
			一级	二级	三级	四级	五级
58	社会传播	报刊文章发表数量	5	0	0	0	0
59		媒体事迹报道数量	0	5	0	0	0
60		自主对外交流次数	0	0	5	0	0
61		参加社会公益活动	0	5	0	0	0
62	综合事务	专项统计性工作	0	0	0	4	1
63		乘客投诉回复率	0	0	0	0	5
64		人员思想动态	0	0	3	2	0
65		星级申报通过率	0	0	0	5	0

第二步,评分标准确立。综合5位德尔菲法参与专家意见,界定"一级""二级""三级""四级""五级"绩效等级的评分标准,设某班组最终得分为X,计算门梯维护班组的各绩效考核的最终评分结果,评分标准见表6-25。

表6-25 评分标准

一级	二级	三级	四级	五级
0	30	60	80	100
$X<20$	$20 \leqslant X<50$	$50 \leqslant X<70$	$70 \leqslant X<90$	$90 \leqslant X$

第三步,综合评定。将表6-25中的评价结果与6.2.2节的定性评价标准和样表二的评价标准进行对比,结合层次分析法得出的各指标权重,依次得出属于N地铁公司四号线门梯维护班组的二级考核指标、一级考核指标和总体隶属度结果。

6.3.2 N地铁公司四号线门梯维护班组绩效的评价结果

(1)二级指标隶属度结果

表6-26 四号线门梯维护班组二级指标的隶属度汇总表

序号	二级指标	三级指标	隶属度					评价等级	层次分析法得分
			一级	二级	三级	四级	五级		
1	进度把控	巡检计划执行率	0.0	0.0	0.0	0.0	1.0	五级	91.10
2		保养计划执行率	0.0	0.0	0.0	0.0	1.0		
3		工程项目施工进度	0.0	0.0	1.0	0.0	0.0		
4	设备维护	设备维护前准备	0.0	0.2	0.6	0.2	0.0	三级	68.47
5		设备状态检查							
6		设备巡检记录							
7		执行设备检修规程							
8		巡检问题闭环率	0.0	0.0	0.0	0.0	1.0		

续表

序号	二级指标	三级指标	隶属度 一级	隶属度 二级	隶属度 三级	隶属度 四级	隶属度 五级	评价等级	层次分析法得分
9	设备可靠	站台门故障率	0.0	0.0	0.0	1.0	0.0	四级	80.44
10		电扶梯可靠度	0.0	0.0	1.0	0.0	0.0		
11		垂直电梯可靠度	0.0	0.0	0.0	0.0	1.0		
12	设备维修	故障响应时间	0.0	0.0	0.8	0.2	0.0	三级	66.83
13		故障修复时间							
14		事故现场保障							
15		设备停用时间							
16		故障工单闭环率	0.0	0.0	0.0	1.0	0.0		
17	安全保障	安全预案编制	0.0	0.0	0.2	0.6	0.2	四级	77.90
18		组织安全演练							
19		安全隐患整改率	0.0	0.0	0.0	0.0	1.0		
20		责任安全事件数	0.0	0.0	1.0	0.0	0.0		
21	成本管控	物料消耗定额管理	0.0	0.6	0.4	0.0	0.0	二级	42.00
22		物料成本分析							
23		加班工资定额管理							
24	组织管理	工作职责分工	0.0	0.2	0.4	0.4	0.0	三级	61.19
25		班组内部轮岗							
26		班组长非正式沟通							
27		委外单位监督管理							
28		班组委外维保模式	0.0	0.0	1.0	0.0	0.0		
29		人均包保设备数量	0.0	0.0	1.0	0.0	0.0		
30	培训开发	培训计划执行	0.0	0.0	0.2	0.6	0.2	四级	80.00
31		组织技能练兵							
32		师带徒结对							
33		教案教程开发							
34		知识库建设							
35		人才梯队档案							
36		技能考试通过率	0.0	0.0	0.0	1.0	0.0		
37	员工评价	工班长胜任力评价	0.6	0.2	0.2	0.0	0.0	二级	18.00
38		组长胜任力评价							
39		员工满意度							

续表

序号	二级指标	三级指标	隶属度 一级	二级	三级	四级	五级	评价等级	层次分析法得分
40	经营改善	组织安全会议	0.0	0.2	0.8	0.0	0.0	二级	49.54
41		组织生产会议							
42		组织故障分析							
43		合理化建议数量	0.0	1.0	0.0	0.0	0.0		
44	台账记录	安全台账记录	0.0	0.2	0.2	0.6	0.0	三级	66.00
45		物料领用记录							
46		交接班记录							
47		员工考勤记录							
48		培训台账记录							
49		员工考核记录							
50		班组会议记录							
51	现场管理	班组看板更新	0.0	0.0	0.0	0.8	0.2	四级	84.00
52		工作标准着装							
53		工器具定置管理							
54		设备房卫生环境							
55	文化建设	掌握公司企业文化	0.0	0.4	0.4	0.0	0.2	三级	56.00
56		班组特色内容提炼							
57		班组内部团建工作							
58	社会传播	报刊文章发表数量	1.0	0.0	0.0	0.0	0.0	二级	27.32
59		媒体事迹报道数量	0.0	1.0	0.0	0.0	0.0		
60		自主对外交流次数	0.0	0.0	1.0	0.0	0.0		
61		参加社会公益活动	0.0	1.0	0.0	0.0	0.0		
62	综合事务	专项统计性工作	0.0	0.0	0.8	0.2	0.0	四级	79.31
63		乘客投诉回复率	0.0	0.0	0.0	0.0	1.0		
64		人员思想动态	0.0	0.0	0.6	0.4	0.0		
65		星级申报通过率	0.0	0.0	0.0	1.0	0.0		

如表6-26所示，四号线门梯维护班组的绩效考核二级指标评定等级为"五级"的指标仅有1个为进度把控；评定等级为"四级"的指标有5个，分别为设备可靠、安全保障、培训开发、现场管理、综合事务；评定等级为"三级"的指标有5个，分别为设备维护、设备维修、组织管理、台账记录、文化建设；评定等级为"二级"的指标有4个，分别为成本管控、员工评价、经营改善、社会传播。

（2）一级指标及总体隶属度结果

表 6-27　四号线门梯维护班组一级指标的隶属度汇总表

序号	一级指标	隶属度 一级	二级	三级	四级	五级	评价等级	层次分析法得分
1	细胞核	0.000	0.047	0.431	0.221	0.301	四级	75.03
2	细胞质	0.088	0.174	0.424	0.219	0.097	三级	57.84
3	细胞膜	0.032	0.203	0.211	0.405	0.148	三级	65.95

如表6-27所示，四号线门梯维护班组绩效考核一级指标评定等级为"四级"的指标仅有细胞核1个，评定等级为"三级"的指标有2个，分别是细胞质、细胞膜。最后根据以上评分结果，得到基于AHP的模糊综合分析方法的四号线门梯维护班组最终的绩效水平得分为69.361 8，属于三级偏上接近四级水平。

6.3.3　N地铁公司四号线门梯维护班组绩效考核案例的启示

N地铁公司四号线维护班组细胞核系统的绩效考核结果如图6-1所示。

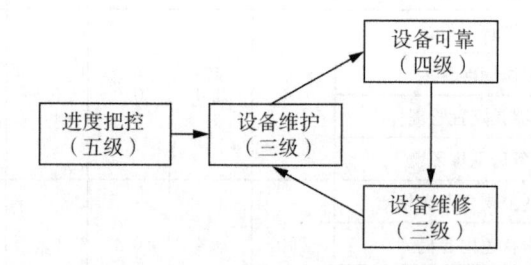

图 6-1　N地铁公司四号线维护班组细胞核系统的绩效考核结果

如图6-1所示，细胞核系统的相关生产工作是班组工作的绝对核心，是反映班组真正工作水平最重要的因素。从该系统获得的评价结果看，四号线门梯维护班组在进度把控方面完成得最为不错，但在工程项目施工进度的把控上还有一定的提升空间。由于线路开通时间较短设备较新，以至于虽然在设备维护与设备维修上仅获得了中等的评分，但是设备可靠程度仍然明显高于设备循环体系内其他两个指标，但若不引起足够重视，随着设备投入运营时间增长，可能会引起这一评分的下降进而影响整个系统的整体评分。应当重点加强对于设备维护、设备维修环节班组人员操作的规范化要求，以五级指标作为标准不断强化员工的行为要求，同时给予电扶梯可靠度一定的关注，确保能够补齐这一设备短板。N地铁公司四号线维护班组细胞质系统的绩效考核结果如图6-2所示。

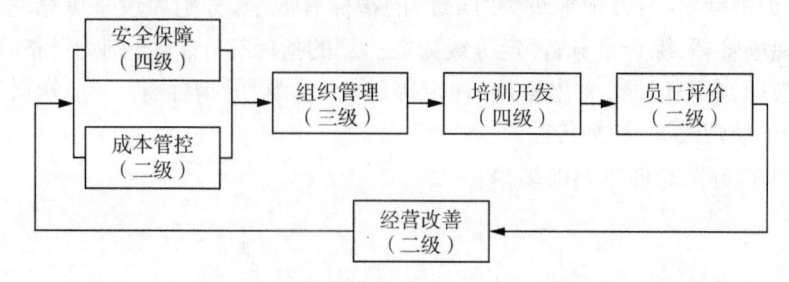

图 6-2　N地铁公司四号线维护班组细胞质系统的绩效考核结果

如图 6-2 所示,细胞质系统主要代表班组运行的管理机制,其好坏能够直接保障生产活动的顺利开展。从该系统获得的评价结果看,安全保障与培训开发环节评分相比其他二级指标来说相对较高,成本管控、员工评价、经营改善尚处在及格线之下。根本原因在于上级部门对于安全保障与培训开发有专人定期进行检查,对相关问题考核力度较大,所以做得相对不错。但员工评价与经营改善属于班组自主自发式的管理行为,班组内部无此意识也不重视相关工作的开展,缺乏长期发展的眼光。另外,班组由于缺乏自主经营意识,对于成本管控环节处于与上级部门的博弈之间,尽可能地靠近上级单位的定额指标但不力图为公司节约成本,未能积极主动地开展物料成本分析,以至于整体相对薄弱,也是后期应该重点加强的管理环节。在组织管理方面,通过结果反馈出的主要是在班组内部轮岗以及班组长非正式沟通方面表现较差,以至于整体评分也难以获得较高水平。应当重点加强对于班组长经营意识的培养,专注提升物料成本分析意识,班组内部员工定期开展岗位轮换,定期与员工进行非正式的深入谈话,主动开展对于班组内部管理人员的胜任力评价,以及鼓励员工在会议场合主动发言,对提出对班组有一定建设性作用的合理化建议给予采纳,并提供对应奖励措施。

N 地铁公司四号线维护班组细胞膜系统的绩效考核结果如图 6-3 所示。

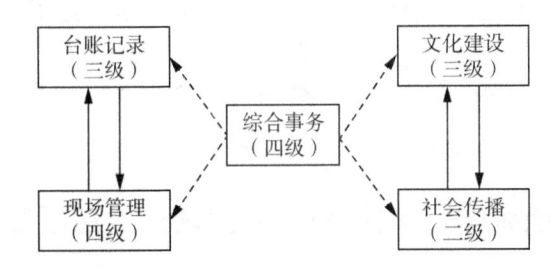

图 6-3　N 地铁公司四号线维护班组细胞膜系统的绩效考核结果

细胞膜系统一定程度反映了班组外界,如生产中心、公司内部、外部媒体、社会公众对班组的主观印象。四号线门梯维护班组存在着与其他门梯维护班组类似的共性问题,在外在内容方面表现较差。尤其是社会传播方面极为薄弱,报刊文章发表数量、媒体事迹报道数量、参加社会公益活动均获得了极低评分,以至于得分甚至都难以达到二级标准的正常水平。其次是在文化建设方面,缺乏班组特色内容提炼,班组除了掌握公司企业文化以外对于班组独立的文化建设内容,根本不知晓该如何入手。在台账记录内容方面,主要是在员工考核记录与班组会议记录拉低了整体水平,班组尚没有意识开展相应工作。但值得鼓励的是在综合事务方面与现场管理方面整体表现尚可,应当再接再厉继续保持。综上,班组应当重点关注社会传播方面,安排专人对接中心对应工作,使得会做也要会讲、会干也要会说。在班组特色内容提炼方面,利用自主对外交流邀请在此方面具有一定经验的班组进行交流,取他人之长补己之短。另外,还应当加强台账记录水平,注重记录并利用相关数据促进生产水平的提高。

第 7 章

以绩效管理牵引构建平台型组织的优化方案及保障措施

本章原名为"N地铁公司门梯维护班组绩效考核体系优化的方案和保障措施",但在写作过程中,查阅了大量的资料进行持续优化改善。总觉得既行文至此,就不能仅局限于解决绩效管理中的共性问题,而应当提高站位、纵观全局,思路一下豁然开朗,书名也就此定下。本章从统一企业发展目标与员工个人行为出发,论述了两者当前遇到的特殊"碰撞"。后以研究对象为例,针对五类管理中的共性问题,制定了相应的解决措施。又畅想式地提出了构建平台型组织的四点步骤,并采用软硬兼施法提出了保障改革成功的两点措施。若有逻辑不够严密之处,敬请专家指正。

7.1 以完善基层组织绩效考核为抓手,实现企业高质量发展

7.1.1 明确新时代企业发展目标,满足顾客美好生活需要

当今中国正处于"两个一百年"奋斗目标历史交汇期,开启了全面建设社会主义现代化国家新征程,正昂首阔步行进在实现中华民族伟大复兴的道路上。作为复兴路上的企业市场主体,勇立在新时代激流,为社会经济发展提供着根本动力。面对当今世界"百年未有之大变局",企业应当以发展目标为锚,促进规模扩张行稳致远;以实现共同富裕为帆,加快产业体系提质增效;以满足顾客美好生活需要为舵,扎扎实实做好自身服务,从而实现自身价值与家国发展的螺旋式上升。本书以地铁这一兼具加速开拓发展、输出社会效益、员工呈分散化分布特点的市场主体作为研究对象,以兹对同类特征的企业适应时代发展、努力加快转型、实现管理能力现代化,提供普适性建议。

既然是开拓发展中的企业,就要勇于自我变革。随着运营里程和客流的快速增长、人员规模的迅速膨胀,地铁安全运行的压力与员工管理的难度日益加大,对于运营工作开展,国家高度重视,给出了诸多指导规范,比如相继出台了《国务院办公厅关于保障城市轨道交通安全运行的意见》《城市轨道交通运营管理规定》《城市轨道交通服务质量评价管理办法》《城市轨道交通设施设备运行维护管理办法》《城市轨道交通客运组织与服务管理办法》等一系列政策,为各地运营企业指明了方向。但由于各地投入地铁建设的

时间存在早晚,其企业目前所处的发展阶段、企业氛围、运营经验各不相同,对于工作标准的接受和理解程度也有差异。当前,处于上升期的各地运营企业,亟须在内部探索一种以公平为核心的体制,对于发展形势不盲目自信,常怀远虑、居安思危,勇于在制度上开展自我革命,跳出历史周期律,赢得企业发展历史主动权。

既然是公益服务类的企业,就要努力实现美好。"服务"一词意为为集体或别人工作,亦称"劳务"。服务是一种看不见的事物,很难运用具体标准来衡量,服务的好坏往往来源于顾客的心理感知。具体到公益服务,它是由政府所提供,与我国的经济、社会发展的层次和发展阶段相适应,主要目的是为保证所有公民的基本需要。当前我国社会的主要矛盾,已经转化为人民日益增长的美好生活需要和不平衡不充分发展之间的矛盾。本书主要论述的提供公益服务的地铁企业,自然也就不能简单满足于基本需要,既需要在继续扩大既有线路、尽力覆盖市民出行需要,努力实现服务均等化上铺开宏伟蓝图,同时也要在提供安全、可靠、便捷、高效、经济的高质量服务上下足功夫。同类企业所制定一切战略目标的出发原点,也应当是牢牢把握"以顾客为中心"的基本原则,在不同的服务场景,深度洞悉顾客需求,努力提供能够营造顾客美好生活的公共服务。

既然是员工分散化的企业,就要鼓励创造价值。从地铁延伸到交通行业的其他业态,如公交、铁路、航运等。再从交通行业延伸到其他领域,如互联网、工程建设、设备维护等。这类企业鉴于自身工作要求,都存在着员工不得不分散在各地开展工作的基本属性。正如,一场新冠疫情让"居家办公"成为有效的工作方式,办公室不再是唯一的工作场景,这就带来企业管理上必须面对的现实问题:如何在企业管理者见不到员工的情况下,让员工自发地、积极地、主动地开展服务?试想,如果地铁司机能根据突发恶劣天气情况,相机决断采取应急制动措施,那么郑州地铁5号线"7.20事件"的悲剧也许就不会上演;如果车站客运人员不是出于对乘客需求的换位思考,自发为患病就医的孩童发放糖果,那么南京地铁珠江路地铁站也就不会有"糖果车站"的美名。这两个例子告诉我们,过去以科层制、集权式为主的企业管理意识形态,可能并不适用于现代企业所面对的复杂工作情境。因此,作为具有员工分散化特征的企业,应当在组织层面合理进行赋权,将行动的主导权让位基层、将管理转向幕后,努力创造环境来鼓励员工自发地、积极地、主动地创造价值。

7.1.2 把握新生代员工个人期望,激发时代青年奋进担当

2022年,"90后"出生的这一代人,正值23岁至32岁的青春年华,本书所指的新生代员工也特指这一部分人群。在他们之中,有少部分已经成长为企业的基层,甚至中层管理者,而更多的还是刚刚迈入职场,从事着基础性工作、磨炼个人技能的新鲜血液。任何一家企业恐怕都无法规避对于"90后"员工管理的问题。一代人有一代人的成长,由于时代背景不同,势必在心智模式、价值观等方面出现与前代不同的特征。

新生代员工渴望"被看到"。正如前文所说,新生代员工因为成长环境中物质条件的优渥,往往具有更高层次的精神需求,他们渴望有爱和归属感、渴望获得尊重、渴望实现自我,渴望能够"被看到"。他们之所以迫切渴望进行表达,不愿意做沉默的一代,是希望管理者能够听到他们的声音,理解他们的意愿,获得精神上的满足。因此,管理者应当给

予员工更多参与管理与决策的机会,让员工有机会去表达意愿,这样制定出来的制度才更能得到他们的认同,也才能切中他们的痛点,给到他们想要的东西。

新生代员工追求"很公平"。新生代员工由于自小受到过更高水平的教育,往往自主意识更强,更加具有辩证思维。一旦发现有不公平现象时,会更倾向于挑战管理者,以达到伸张个人权利的目的,情绪反应也会更加强烈,互联网上目前引导舆论、创造热词的主力军正是他们。他们喜欢民主、平和、有爱的氛围,讨厌工于心计、钩心斗角的环境;他们喜欢公平竞争,凭借自己的实力获得荣誉,讨厌明争暗斗、溜须拍马。因此管理者在设计绩效考评和奖励制度时,一定要确保整个流程的透明化,给员工参与表达意见的渠道,确保公开、公平、公正。新生代员工对分配公正性以及程序公正性的感知会影响到他们的情感、态度和行为。

新生代员工需要"有收获"。新生代员工由于"高跳槽率""高离职率"等现象导致被贴上"急功近利""吃不了苦""眼高手低"等负面标签。但与此同时,他们也宣誓着"请党放心、强国有我"的青春誓言,怀揣着"清澈的爱、只为中国"的深情告白;冬奥赛场上运动健儿激情飞扬、奋勇争先;疫情防控时少年天使白衣执甲、尽锐出战,证明他们并不是"垮掉的一代"。他们可能认为工作与职业并不是仅仅为了赚钱,而在于工作本身的意义,他们思考的更多的是组织提供的工作能否为其职业发展提供机会,能否为其职业目标创造条件,能否让自己变得更加值钱。因此,管理者应当更加重视新生代员工的成就动机。通过授权来激发他们主动创造,与其共同制定工作目标,然后将如何执行,如何实现目标的权力放给员工,给他们展现个性和才华的机会,只在过程中给予适当的指导与反馈,而不是用烦冗的制度条文束缚他们的手脚。

7.1.3 构建新基层绩效考核体系,促成行为战略有机统一

上文既从宏观视角明确了一类企业的战略目标,即满足顾客对于美好生活的需要,提出应当勇于自我革命、努力实现美好、鼓励创造价值的三点建议。又从企业微观视角阐明了新生代员工个人的工作期望,提出应当重视其渴望被看到、崇尚公平、希望从事工作富有价值的三点特征。"一分为二"地把握了企业当前设计绩效考核体系时所面临的机遇与挑战。那么在企业展开具体的绩效考核体系优化之前,管理者仍然需要回答好以下三点前置性问题。

正确开展绩效考核工作为什么重要?企业中常言"绩效",通常所指的是员工个人绩效水平。企业开展绩效考核工作具有基础性、发展性、战略性功能,具体就是给工作做出评价、使个人事业得到发展、实现组织的愿景和使命,这三者在逻辑上存在递进关系。但往往大部分企业停留在基础性功能这一层次,简化了绩效考核的功能,故存在考核理念传统、考核主体错位、考核体系笼统、考核对象被动、考核结果失效等诸多大企业通病,这些问题不单单使得绩效考核工作走样,变得形式化,难以促进企业良性发展。同时,也会让员工质疑考核结果的正确性,丧失工作获得感,甚至最终选择一走了之,给企业的效益带来损害。所以,正确认识绩效考核工作,使其发挥应有效用,认清这一点刻不容缓。

为什么要直接对基层组织展开考核?随着企业规模与人数的快速膨胀、员工分布较之前更为分散,针对个人开展考核的压力愈加增大。以前由一个人负责考核十几个人,

如果不加以转变,可能未来就需要同时考核几百人,考核结果的有效性就难以保障。直接开展对于基层组织整体的考核,有助于化繁就简,适应公司快速发展的需求,确保该项工作能够尽精微。同时,传统的模式下从企业领导层考核到基层个人,往往要跨越多个管理层级,由基层组织上级领导主导开展的考核,其专业性、客观性、可靠性都难以保障。通过科学合理的基层组织绩效考核办法,交由专业的人来做专业的事,能够帮助基层转换考核观念,更好地鼓励创造价值。输出的团队结果,也有助于培养协作意识,激发团队荣誉感。

如何让员工个人行为与企业战略目标有机统一?最理想的状态应当是,绩效目标体系直接来源于企业战略目标的承接和分解,各层级绩效目标的达成是实现企业战略目标的前提和基础。企业战略目标被分解到每个基层组织上,再由基层组织准确传达给内部的个人,个人与企业通过基层组织的考核结果进行对话。战略目标的实施落实到具体岗位的个人行为上,组织的整体战略目标、使命、愿景等由每个基层组织的绩效来支持。绩效仿佛无时无刻不散发着神奇的魅力,在基层组织层面,它让本不相互理解对方的两者"握手言和"。个人行为符合企业战略目标,基层组织绩效结果优异,每个小组织终汇聚成洪流,输出企业到位服务,工作效率提高,最终蛋糕能够做大,全体员工受益财富与荣耀。

7.2 逐一破解绩效考核体系存在问题,构建科学考核体系

7.2.1 纠偏传统考核理念,树立正确绩效考核观

针对考核理念过于传统的问题。应当顺应企业发展,认清思想不足。打破绩效"平均主义",摒弃"老好人"式管理,破旧而立新,企业领导者与员工同时树立正确绩效考核观,制定绩效计划以此来适应管理情境的变化。

打破绩效"平均主义"。在绩效考核实施过程中,总是会犯一个逻辑错误,好像给大家打分都一样就不会得罪人。这样的谬误就类似于我国需要实现共同富裕的目标,也就意味人人平均,无论"躺平"还是"卷不动",都可以享受奋斗者的果实,这种说法无疑是错误而片面的。绩效的平均往往是虚假的繁荣,意味着让偷懒者窃喜、让奋进者寒心,企业必然走向死气沉沉,陷入组织内卷化。作为企业领导者,应当首先打破一些为平均做"嫁衣"的思想观念,让"每月必须有考核""考核大家轮流来""加分不能比减分多"的言论销声匿迹。

摒弃"老好人"式管理。慈不带兵、义不养财,"老好人"式的人不适合管理一个组织。我们不难发现,企业尤其是国有企业中存在着很多的"老好人",殊不知他们才是阻碍企业发展的"笑面虎"。因为求情,本该严惩的员工就松一松;因为埋怨,本该推行的制度就缓一缓;因为私下感情好,本该凭本事争取的奖励就随便分一分。这样的"老好人"要不得,要适时对于这一类的管理者开展谈话教育,如果思想观念已经根深蒂固,应当将其调离涉及人员管理的岗位,担任非关键的职务,建立起能者能上、平者能让、劣者能汰的用人机制。

让计划"赶得上"变化。有计划是有效绩效考核的前提,没有绩效计划,绩效考核只能流于形式,对被考核者行为和业绩没有任何约束性和指导性,工作的表现自然存在很大的"变数"。你的企业中是否有发生过这样的场景?绩效考核好像就是填写表格,每到考核期,主管就会把一份内容差不多的考核表发给每位员工,让员工相互评价并打分。同时,部门主管也会对员工的表现进行评价和打分,最后,再结合上级的评分,得出考评结果。而人事部门也是靠这一结果来直接决定对员工进行奖励或惩罚。就这样,考评变成了"填表游戏",形同虚设的"表演",绩效好与不好完全靠主观的打分而定,更重要的是,对于企业中存在的问题却不知如何改进。在开展绩效考核之前,考核者和被考核者应当就考核期间、工作标准、工作目标及实现过程进行双向沟通,同时将沟通结果落实为正式的书面协议,减少考核过程中的随意性。

7.2.2 设立多层考核主体,明确各主体工作职责

针对考核主体错位、工作职责不清的问题,按照因人设事的原则,设立统筹安排、专业辅导、自我监督三层考核主体,明确不同主体工作职责。淡化直属领导影响,确保懂考核、懂战略的人员对于考核流程全覆盖,为后期向平台型组织转型做好组织准备。

(1) 统筹安排,设立公司专项办公室

设立公司绩效考核专项办公室,与人力资源部合署办公,统筹安排公司绩效考核优化与后期工作。该办公室主任由公司分管人事工作的副总经理兼任,副主任由人力资源部负责人、公司纪委副书记兼任,组员为各直属部门负责人。

考核专项办公室工作职责为统筹安排绩效考核优化工作,全面领导公司绩效考核工作。负责基层组织绩效考核管理办法的编制、修订、下发;绩效考核指标的制定、评价、完善等;年度绩效考核工作的组织;负责绩效考核工作的实施、监督、指导;收集、审核、归档各班组月度、季度、年度绩效考核结果。及时总结和提出开展工作的意见,对需要解决的问题及时进行沟通协调。

(2) 专业辅导,设立直属部门评估组

设立直属部门绩效考核评估组,划归公司专项办公室垂直领导,主要负责所属基层组织绩效考核评估工作。组长为各直属部门负责人,副组长为各部门分管人事工作的部门副职、人力资源部负责绩效管理的工作人员。组员应当从公司内部公开选拔三至五名基层管理人员,并具备以下基本素养:

① 政治素质好。有强烈的事业心和政治责任感,勤奋敬业,与企业倡导价值观保持一致;② 业务能力强。具备担任绩效考核专员所需的文化知识和专业知识,熟悉一线生产流程,有较好的组织、协调沟通能力,工作思路清晰、开阔;③ 工作作风正。以身作则、清正廉洁;依法办事、坚持原则;团结同志,作风正派;联系群众,大家拥护。

考核评估组工作职责为负责基层组织的绩效考核工作;承担对于基层组织负责人有关指标体系方面的指导、培训、测评等工作;及时解决基层组织在绩效考核工作中遇到的问题;配合公司专项办公室完成对执行结果的检查;跟踪绩效整改措施落实情况;负责季度、月度考核指标扩充删减、指标权重调整、评价标准完善等具体工作,确保公司绩效考核体系动态发展、切实可行、指向战略。

(3) 自我监督，设立基层组织自评小组

设立基层组织自评小组，专项负责组织内部绩效考核自我评价、完善改进工作。组长为基层组织负责人，副组长为基层组织内对接绩效考核、组织建设工作的专员，组员为其他全体基层组织内成员。

自评小组主要职责为负责按照公司专项办公室要求完成班组内部绩效考核工作；配合上级绩效考核评估组织完成对于班组的评估工作；负责开展月度自评；并提供证明材料以供核验；负责不断提升组织绩效水平，努力达到年度工作目标。

另外，由总经理办公室临时抽调人员，设立综合支撑组。主要负责绩效考核体系优化期间的会议组织、活动策划、成果宣传等综合性事务，人力资源部还应当负责设计确保绩效考核结果应用的其他保障性制度。

7.2.3 构建系统考核指标，开展多阶段绩效考核

针对公益服务型基层组织绩效考核体系笼统、绩效水平难以进行衡量的问题，应以符合绩效考核目标、符合企业发展战略总方向、符合部门与员工的利益为原则，全面考查设计对象的工作流程，积极展开调研走访，尽可能地囊括生产、管理、文化等各方面，全方位展示基层组织的工作要素，从而制订特定的考核指标与考核周期。基于前文的研究，本节以 N 地铁门梯维护班组为例，提供解决方案，以供读者参考。

（1）因材施教，依据工作性质分类设计考核指标

班组的工作量有轻有重，不同班组的生产业绩也因为工作性质的不同，在正确衡量绩效水平上存在着较大的差异。实际的工作开展，尤其是运营服务，是一项复杂的系统工程，不同工作性质的班组在工作内容上，互有交叉、各有侧重。比如评价设备维护类班组，设备可靠度、故障率、故障响应时间、修复时间、停用时间等就是工作的核心；车站服务类班组，乘客满意度、投诉处理率、大客流时的现场保障能力等才是工作的重点；列车司机班组，列车的准点率、操作列车的流程化、标准化程度等就是工作的关键词。公司现行的班组评定指标，试图用一套办法，去解决所有的问题，这是很难客观对具体生产业绩进行衡量的，只能够对于管理工作、综合性工作的开展具备指导意义。因此，需要进行分类施策。这必然会带来较大的工作量，也不能够一劳永逸，但投入时间精力做好这点，具有事半功倍的效果。

本书第 5 章提供了这样的思路，即利用德尔菲法与层次分析法结合的方式确立绩效考核指标的范围与权重。德尔菲法是管理部门中预测意见的一种方法。德尔菲一词来自希腊神话，是太阳神杀死恶龙的地方，人们认为该地方是个有预见的地方，因此德尔菲也被看成是能预见未来的地方。20 世纪 40 年代美国兰德公司用它来命名为一种预测方法。这种预测方法是：根据预测课题，选择若干专家，背靠背（避免相互影响）地征求咨询意见，然后进行综合，再匿名反馈给专家，再次征求意见，一般进行三至四轮，得出比较一致的意见，为决策提供依据。而层析分析法是一种使人们的思维过程和主观判断实现规范化、数量化的方法，可以使很多不确定因素得到很大程度降低，不仅简化了系统分析与计算工作，而且有助于决策者保持其思维过程和决策过程原则的一致性。对于那些难以全部量化处理的复杂管理问题，能得到比较满意的决策结果，因此是一种确定

权重的科学方法。该思路可供企业组织在实际操作中进行操作使用,尤其是在专家选取方面,不应局限于企业内部,应主动联系具有较早发展经验地区的企业管理人员,或高校、科研院所的科研人员,并支付一定的咨询费用,建立长期联系制度,确保工作结果的可靠性。

(2) 因时制宜,依据工作特点开展多阶段性考核

地铁运营工作不存在真正意义上的淡季与旺季,也不类似于一些项目拥有可以分割的工作节点,具有一定的偶发性。所以在设置考核评估周期时,可以只依据月度、季度、年度的时间节点来进行设置。实际操作中,应当设置以月度为班组绩效考核"细胞核"指标体系的考核周期,以季度为班组绩效考核"细胞质"指标体系的考核周期,以年度为班组绩效考核"细胞膜"指标体系的考核周期。班组月度得分主要由门梯维护班组自评小组参考上文中的"细胞核"指标体系下的指标权重与评价标准,得出加权平均数,记为评价结果 a_k;班组季度得分主要由绩效考核评估小组参考上文中的"细胞质"指标体系下的指标权重与评价标准,得出加权平均数,记为评价结果 b_k;班组季度考核得分 X_k 计算方法如公式(7-1)所示,其中 $n=1,2,3$。

$$X_k = 0.7 \times \frac{\sum_{n=1}^{3} a_k^n}{3} + 0.3 \times b_k \tag{7-1}$$

班组年度得分主要由绩效考核评估小组参考上文中的"细胞膜"指标体系下的指标权重与评价标准,得出加权平均数,记为评价结果 C_m;班组年度考核得分 X_m 计算方法如公式(7-2)所示,其中 $n=1,2,\cdots,12$;$k=1,2,3,4$。

$$X_m = 0.609 \times \frac{\sum_{n=1}^{12} a_m^n}{12} + 0.261 \times \frac{\sum_{k=1}^{4} b_m^k}{4} + 0.130 \times C_m \tag{7-2}$$

为了使得整个绩效考核过程更具有针对性、实效性,针对月度、季度、年度不同阶段设置了不同的考核主体,并依据所考核的重点与实施考核的能力制定如下考核流程。

① 月度绩效考核流程

针对班组的月度绩效考核,考核主体主要是由门梯维护班组内部组成的自评小组,其他考核主体主要是起到配合与监督的作用。原因是所考核的"细胞核"绩效考核指标体系内容最为贴近生产,所产生的经营数据最易于衡量,在班组日常工作中感触最深。同时,出于对其重要性的考虑,每年针对该绩效考核子体系的考核最为高频,需要通过全年度12个月生产工作表现综合进行评分。其月度绩效考核流程如图7-1所示。

每月3日前,门梯维护班组按照要求自主完成班组月度绩效考核,由中心绩效评估组、绩效考核专项办公室对考核结果进行核查,对考核结果进行留档。由中心考核评估组针对班组绩效提升提供建议,班组拿到建议后制定下月班组绩效提升具体措施,完成月度绩效考核工作。

② 季度绩效考核流程

针对班组的季度绩效考核,考核主体主要是中心层面的绩效考核评估组,其他考核主体则起到资料提供、结果确认以及监督的作用。这是因为所考核的"细胞质"绩效

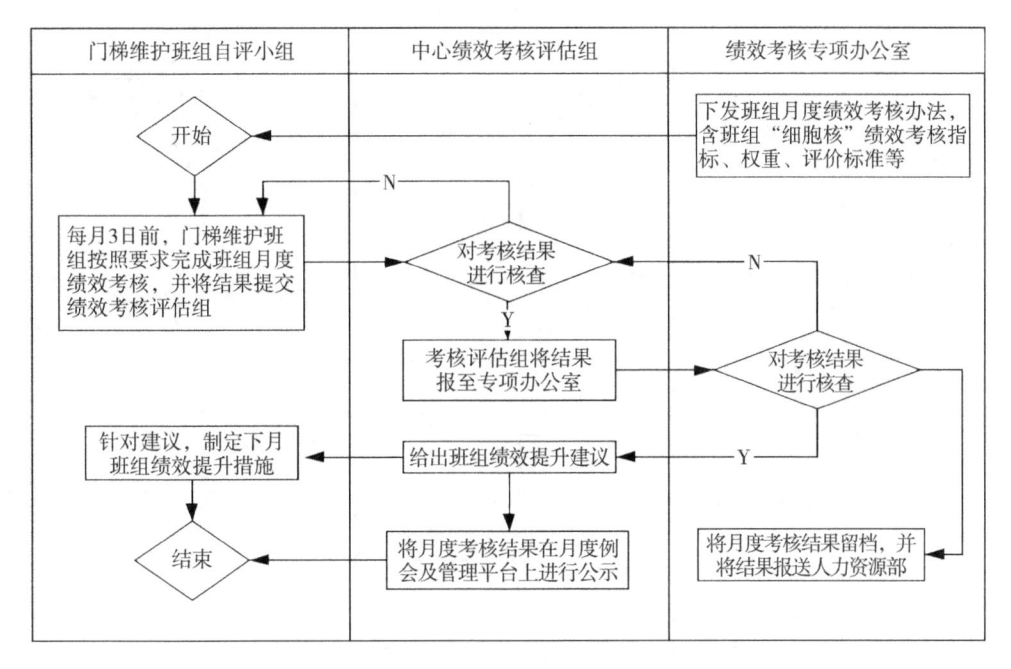

图 7-1　门梯维护班组月度绩效考核流程图

考核指标体系内容主要是一些管理制度的体现，班组内部的形成与改善需要一定的积累，不太适合过于高频的考查，且中心作为门梯维护班组直属管理的组织，对班组在管理上的表现感受最为直观。另外，为了突出阿米巴模式的自主赋权，班组有权力对于中心考核评估组给出的结果进行复议与补充。据此其季度绩效考核流程如图 7-2 所示。

每季度结束次月 5 日前，中心依据班组提供的绩效考核证明材料以及在班组现场评估得到结果进行打分，由专项办公室与班组自评小组对结果进行复核确认，中心再根据结果结合班组在本季度各月得分代入公式(7-1)进行计算，得出班组季度得分后组织中心绩效考核季度例会，对结果暴露出的问题进行总结与下一阶段工作重点的梳理，最终完成季度绩效考核工作。

③ 年度绩效考核流程

班组的年度绩效考核，是班组全年绩效水平的体现，考核主体主要是分公司层面的绩效考核专项办公室，其他考核主体主要是起到资料提供、结果确认以及落实的作用。原因是"细胞膜"绩效考核指标体系中的诸多指标，如自主对外交流、媒体事迹报道数量、星级申报通过率等评价标准本就是以年为周期，放在月度与季度周期内进行考核明显不合适。其绩效专项办公室进入班组现场，通过对于台账记录、现场管理、文化建设等一些指标的检查相对易于观察，可以保障其考核结果的有效性。据此其年度绩效考核流程如图 7-3 所示。

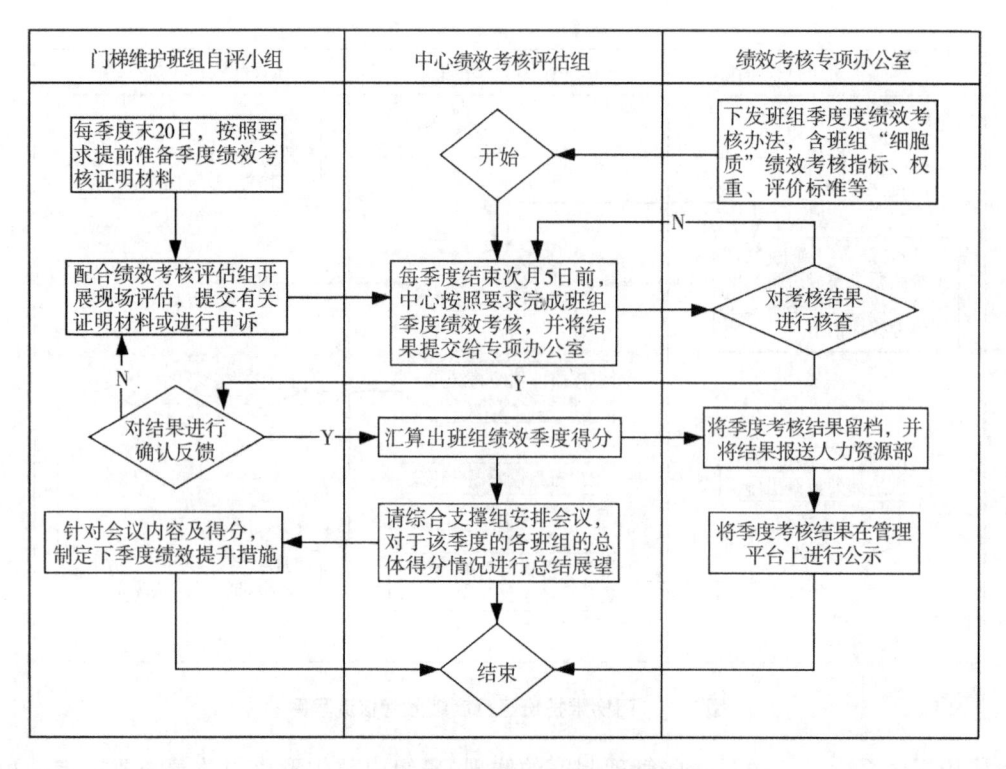

图 7-2 门梯维护班组季度绩效考核流程图

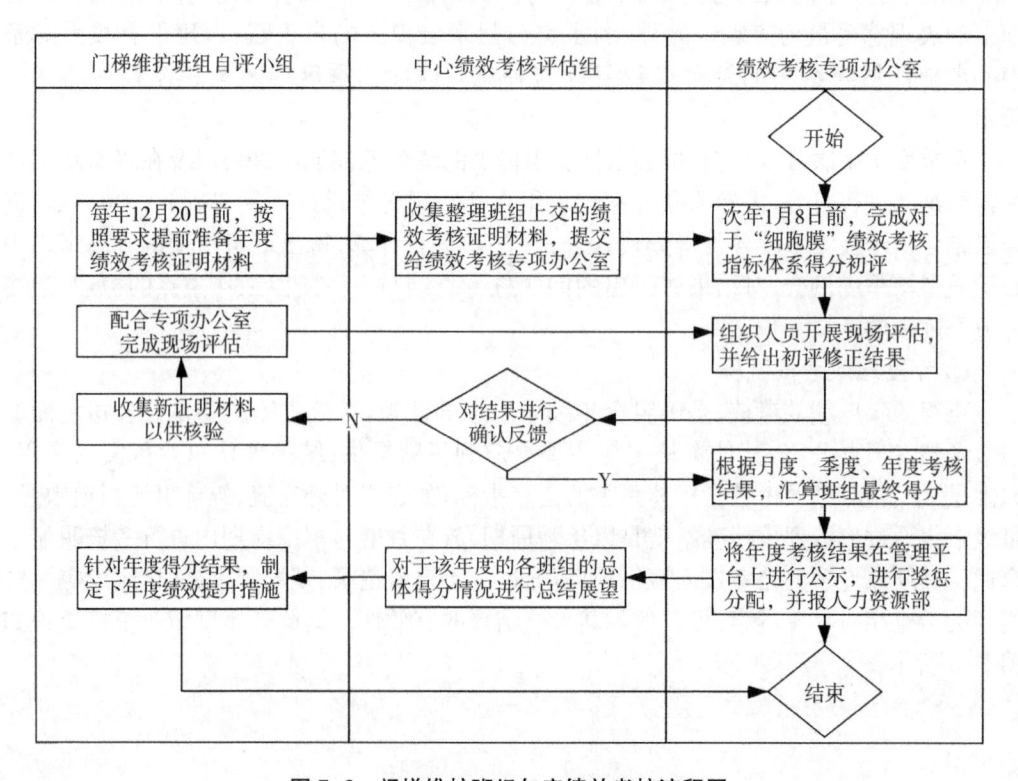

图 7-3 门梯维护班组年度绩效考核流程图

每年度结束后的次年1月8日前,考核专项办公室首先依据班组上交的绩效考核证明材料完成对于"细胞膜"绩效考核指标体系年度得分初评,之后再依据现场评估的结果对于初评结果进行修正,中心在这一流程中出于为所属班组争取荣誉的角度可以要求班组收集新的证明材料进行核验,最终结合本年度的月度绩效得分与季度绩效得分代入公式(7-2)进行汇算,最终得出门梯维护班组全年度绩效考核最终结果。

各企业可参考以上考核流程,根据企业实际情况开展考核工作。不妨将考核周期设置得更为灵活,只需要总体把握分类管控的思想,结合好具体工作特点,依据工作投入和产出的周期开展这项工作即可。

(3)因势利导,依据企业发展阶段目标动态赋权

一条城市地铁线路从规划到正式运营,中间要经过线网规划、建设规划、工程可行性研究、设计阶段、施工阶段、试运营阶段以及正式运营等多个阶段。但作为运营单位,一般是到试运营阶段才开始从建设单位接手,筹备新线正式开通,基层组织也只有在这时才开始从事相关的专业工作。根据后期线路运营时间长短,设备的老化程度,基层班组的工作重心也应当有所区别,绩效考核工作也应当依据不同的发展阶段,合理引导,动态赋权基层组织考核指标的权重。

设备质保期要"重管理"。设备质保期一般是指试运营之后的两年时间内。在此期间,设备刚刚投入使用,故障率相对较低,需要应急处置的频率不高,且发生故障一般是由供货厂家免费进行维修,班组整体工作量较小。此时应当着重班组管理水平的提升,强基固本,认真抓好组织管理和培训开发,为安全、财务、评价、改善等管理性工作制定完善的制度,便于后期遵照执行、形成规范,在指标赋权时应当对"细胞质"系统下的二级、三级指标赋予较高权重。

平稳过渡期要"抓生产"。平稳过渡期一般是指新线设备厂家质保期过后二至十年时间内。在此期间,线路一些风险点、设备的惯性故障已暴露出来,而且由于厂家退出质保,线路开启自主维修或委外维修,一些新问题容易在磨合期暴露。在此阶段,最重要的就是做好进度把控、设备维护、设备维修等生产性工作,确保工作平稳过渡,为后期进入设备老化期能够迅速处置故障、积累宝贵经验。在指标赋权时应当对"细胞核"系统下的二级、三级指标赋予较高权重。

设备老化期要"促文化"。设备老化期一般是指线路设备已投入使用十年以上。在此期间,大部分设备的元器件已进入大中修期限,班组工作量明显上升,但对于处置故障已经驾轻就熟、管理制度已经相对成熟。但也要注意,此时人员往往都是熟练工,比较容易对待工作敷衍了事、弄虚作假、形式主义,需要用正确的价值观导向进行引导。重视对于台账记录、现场管理、文化建设等方面记录的检查,若有条件,向外进行社会化传播活动。在指标赋权时应当对"细胞膜"系统下的二级、三级指标赋予较高权重。

7.2.4 正确引导考核对象,以行为设立工作标准

针对考核对象陷入"囚徒困境"的问题,应当借鉴本书第6章利用关键事件法制定指标评价标准的思路,拒绝模糊、定性组织关键指标的评价标准,以清晰的行为导向提供考核对象能够得以改善的路径。其次,依据考核对象新生代的心理特征,应当努力在内部

塑造市场竞争意识,同时确保考核数据真实可靠,让其在正确引导后,获得参与感、公平感、获得感。

拒绝模糊,提供定性评价标准。有了绩效考核的范围,自然就需要对考核指标的评价标准进行建立。一些有数据特征的指标可以直接进行量化,但量化指标不是搞"一刀切"、硬性量化。对于不能量化的指标,必须采取定性考核和质化考核。而定性考核里,一部分较为模糊的或者关键的指标建议采用具体工作行为设立工作标准,从而实现对于关键指标的高度量化。之后,在不同阶段的考核分得出之后,应当在下一个周期之前依据 SMART 原则编写工作小结和计划,并于每月 25 日提交给上级组织考核评估组。依据同级指标的权重,设置改善目标的优先级。以"综合事务"这一二级指标下的四个三级指标为例,如经过测评得出某一班组在"专项统计性工作"评分为二级,"乘客投诉回复率"评分为三级,"人员思想动态"评分为二级,"星级申报通过率"评分为三级,那么分阶段的改善措施应对先从"人员思想动态(层次分析法得分:0.321,下同)"到"专项统计性工作(0.176)"再到"乘客投诉回复率(0.299)"最后提升在"星级申报通过率(0.204)"方面。这样一方面有助于将行为转换为数字表示考核内容,使得组织与个人找到清晰的自我定位,另一方面有助于通过发现结果的变化,把握个人行为的改善对于组织的贡献,在实际工作中找到参与感,从而实现自我。

保障公平,确保数据真实可靠。班组自评提供的定量指标结果要核查其真实性,如存在弄虚作假的情况,一经查实,该班组和中心当年度不得参与绩效考核后的奖励分配。针对定性指标设定行为锚定等级后仍然有可能存在主观判断的成分,所以一旦绩效考核专项办公室在核查的过程中发现与实际情况不符合的现象,就需要邀请非本中心或非本班组的评估小组进行他评。借用考试阅卷的规则,如误差较大则作废第一次的考核得分,重新安排相应考核,如误差相对较小则取两次得分的平均分,并在下一阶段考核中重点关注考核存在问题的班组,如再次发现同样取消该班组后期的奖励分配。保障考核流程的透明化,确保考核结果的公平性,这一点对于引导新生代员工来说尤为重要。

个性引导,塑造市场竞争意识。对于各个班组应当根据自己绩效考核得分依据 SMART 原则提供具体明确且可以衡量的目标,同时考虑在短期之内达成该目标的可能性。如"下一月度班组将在设备维护指标从三级提升到四级,为此将首先从巡检问题闭环率角度入手将该项指标做到 99.5%以上"这样的目标就是可以实现的,切忌好高骛远、盲目行动。之后,对于目标达成,应当在备案后及时在内网上进行公布,可以通过个性化的方式把绩效考核结果塑造成"PK 游戏",激发员工市场竞争的意识,营造内部"你追我赶"的氛围。微信小游戏"羊了个羊"为什么能够迅速火遍大江南北? 在作者看来可以借鉴的地方有三处:一是以地区通关人数为总和进行排名展示,激励以地区为单位参与游戏;二是设立猜话题的形式,让双方选择阵营进行对抗,获胜者可以免费获得游戏奖励;三是在显眼位置设置最强王者、全球领头羊、秋名山羊神宝座,展示当日不使用道具通关、首个通关、最快速度通关的玩家。企业也不妨适时引入排名机制、PK 机制,对于最佳班组给予荣誉称号,大屏滚动展示优秀员工、优秀团队风采,让员工在绩效结果提升、工作行为改善的过程中,体会获得感。

7.2.5 合理利用考核结果,创新多维度激励方式

针对公司绩效考核结果失效的问题。应当摆正绩效考核的"指挥棒"地位,作为公司开展薪酬发放、竞聘晋升、荣誉授予、培训开发等的重要依据。强化结果应用,完善激励措施,对奖励的对象、范围、条件、方法、程序等都进行明确规定,增强奖励的公信力和吸引力,更好地发挥奖励的教育、引导和促进作用。

(1) 推行考核结果与薪酬挂钩,倡导"利益共同体"观念

薪酬激励是国有企业激励机制的主要内容,也是最为直接和有效的手段。导致国有企业人才流失的诸多因素中,经济因素占有很大比重。其中与本书研究重点相关度最高的即是绩效工资。绩效工资又可称为绩效加薪,是依据员工个人绩效或组织绩效而增发的奖励性工资。它是以绩效的有效考评为基础,实现将工资与考评结果挂钩的工资制度。为了倡导"利益共同体"观念,强化绩效考核的结果导向性。应当将员工绩效工资的参照依据,从原先的基层组织更上一级部门,修改为直接与基层组织绩效相关。同时,应当取消绩效工资中班组长岗位每月的固定加分,以岗位工资承担其应有功能,明确绩效工资只反映绩效考核结果的功能。但仍然应当保留因个人过失造成的绩效考核分数扣减,不简单的以组织绩效为唯一发放依据,避免造成新型"大锅饭"。

具体来说,修改后的个人绩效工资 Z 的计算公式(7-3)应当为:

$$Z = X \times 1\% \times (Y \pm d) \times 1\% \times N \tag{7-3}$$

其中,X 代表基层组织当期的绩效考核得分,由于数值为百分制,乘以 1% 进行修正。$Y \pm d$ 代表由原先针对个人绩效考核办法得出个人考核得分,同样,由于数值为百分制,乘以 1% 进行修正。N 代表绩效工资基数,该数值应当主要参考原先的月度、季度、年度绩效工资基数。由于班组考核得分不可能是满分,为了避免员工有抵触情绪,应当由人力资源部薪酬部门进行重新测算、适度提高。尽量在不提高人员成本的前提下,在不同组织不同表现的团队里展示差异。无论是月度、季度还是年度的绩效工资核算,都应当由人力资源部按照专项办公室提供的本阶段班组考核得分进行计算。如后期企业因采用此套办法引起超额收益,应当将超额收益的部分纳入公司绩效工资的总盘子,强化组织整体战略与基层员工行为的统一。

(2) 运用精神激励与物质结合,强化奖励的制度化程度

精神激励即内在激励,是指精神方面的无形激励,包括向员工授权、对他们的工作绩效的认可,公平、公开的晋升制度,提供学习和发展,进一步提升自己的机会以及实行灵活多样的弹性工作时间制度以及制定适合每个人特点的职业生涯发展道路等。企业管理者应当结合员工需求具体情况,在现有方法的基础上,灵活使用、开拓创新,设计符合企业特色的精神激励制度。

建立团队荣誉授予制度。以本书研究对象为例,可对表现优异的班组,授予响亮的、符合特色的荣誉称号,让每个所处组织内部的成员,都因自己是荣誉团队的一员,感受到荣耀。如年终得分大于 90 分的班组,可评为"五星级细胞体班组";年终得分大于 80 分但小于 90 分的班组,可评为"四星级细胞体班组";年终得分大于 70 分但小于 80 分的班

组,可评为"三星级细胞体班组",树立其作为一个了不起的组织的光辉形象。被授予星级班组的基层组织,同时可以获得一次性现金奖励,由班组长自主分配用于团队建设、现场改善或奖励对于提升班组整体绩效水平有突出贡献的先进个人。

优化个人荣誉分配制度。组织年末个人评优评先时,应当严格根据全年绩效考核结果合理分配名额,如按照中心内部班组年度得分排名第一班组取40%名额,排名第二、第三班组分别取20%名额,排名第四、第五班组分别取10%名额的分配方式,将荣誉优先授予考核后绩效水平较高的班组,可以在"五星级细胞体班组"内评选出"五星级员工","四星级细胞体班组"内评选出"四星级员工",通过成立工作室、申报劳模等方式,扩大他们的影响,使他们对周围的同事起到示范和感召的作用。强调集体主义概念,改变既往"大锅饭"的分配形式。

实行弹性工作时间制度。新冠疫情给现代企业生产方式带来了改变,人民日报仲音曾发声"动态清零可持续且必须坚持",说明未来相当一段时间内,在确保企业生产的同时,继续科学精准抓好疫情防控工作的基调不会动摇。因此,居家办公、错峰上班、紧缩工作时间都具备一定的可行性。企业中很多年轻人由于尚未成家,更加向往灵活自由的生活方式。建议班组长依据员工实际情况与生产需求安排员工弹性工作时间,为员工的最大工效提供条件。地铁工作的岗位特点决定了需要对于线网运营全时间段进行覆盖,弹性时间设置应当着眼于确保高峰期间有人保障,尽可能错开客流高峰期上下班。对于日常表现优异、自律性较高的员工,可以按照成果中心制的原则,给予工作自由度上的适当奖励,使员工真正感到个人的权益得到尊重,满足社交和尊重等高层次需要,提高工作满意度。

(3) 制定个性化职位晋升通道,推进基层干部能上能下

员工晋升制度是为了提升员工个人素质和能力,充分调动全体员工的主动性和积极性,并在公司内部营造公平、公正、公开的竞争机制,规范公司员工的晋升、晋级工作流程而制定的制度。在通盘考虑激励措施时,应当且必须包括制定适合每个人特点的职业生涯发展道路,确保机制的长效性。

制定个性化职位晋升通道。为激励在绩效考核体系优化过程中有突出表现的个人,如中心绩效考核评估组里的成员,班组自评小组里的组长、副组长等,可以针对其岗位性质开辟相应的晋升渠道。首先,中心绩效考核评估组里的成员一般为管理岗,工作成绩优异者可转入绩效考核专项办公室参与工作,成为中心主任的后备干部。其次,班组自评小组内一般为生产岗,工作成绩优异者可转入中心绩效考核评估组作为一般组员进行工作,由生产岗位转为管理岗位。最后,连续两年获评"五星级细胞体班组"的班组长可以特设兼职班组管理教练岗位作为继续培养"四星级""三星级"班组的培训人员,帮助其识别绩效水平可进步的空间,将其培训成果作为工作绩效纳入地铁培训学院进行管理。

要重点解决基层干部能下问题。应当结合实际分类施策,严格执行问责、处分、组织处理、辞职、职务任期、退休等有关制度规定,畅通干部下的渠道。当所在班组多年均处于三星级以下班组水平的班组长,不得参与管理岗位竞聘,将其与不发生安全事故同样视作竞聘的硬性指标。在其他符合基层干部能下情况核实认定方面,重点是由直属部门评估组综合分析各方面情况,对不适宜担任班组长的情形进行核实,作出客观评价和准

确认定。注重听取员工反映、了解群众口碑,特别是听取工作对象、服务对象等相关人员的意见。必要时可以与干部本人谈话听取说明。由直属部门评估组根据调查核实和分析研判结果,对不适宜担任现职干部提出调整建议。调整建议包括调整原因、调整方式、安排去向等内容,报公司绩效考核专项办公室裁决。

7.3 妥善推进绩效管理改革,描绘平台型组织蓝图

7.3.1 调整组织架构,搭建企业中后台资源共享体系

平台型组织是什么?它是企业将自己变成提供资源支持的平台,并通过开放的共享机制,赋予员工相当的财务权、人事权和决策权,使其能够通过灵活的项目形式组织各类资源,形成产品、服务、解决方案,满足用户的各类个性化需求。形象地说,它是一种用户需求"拉动"的组织,企业的动力来自接触用户的前台项目,为确保前台能够成功,企业的中后台提供相应的激励与赋能,是未来企业的一个理想状态。为了达到该目标,实现公司管理效能的跃迁,首先应当对企业现行的组织架构进行调整,不能空喊"给员工赋权""去除中心化、科层制""实现阿米巴经营"的口号而缺少实际的行动。

前台"打粮食",为满足顾客需求设定职能集合。什么是企业前台?它既是活跃在地铁运营一线的专业班组;也是华为的集成产品开发团队;还是海尔的小微生态圈,它们身处企业基层,分散而灵活,直接面对顾客。什么叫"打粮食"?它们无孔不入地与顾客交互,强力组织内外部资源,为企业直接输出经济效益与社会效益。因此,它们具体需要承担哪些职能,不是由企业高层决定的,而是由顾客需求决定的。以地铁为例,顾客更希望得到均等化服务,衡量基层组织服务水平,不宜过度考虑其财务职能。作为基层组织负责人的班组长,由于基层工作的特殊性,需要直面顾客,他的手上一定要掌握强有力的考核权。阿米巴经营直接把基层组织变成独立核算的单元,但作为需要跟其他基层组织协同才能完成复杂的地铁运营保障工作,只能尽可能精准的核算绩效,无法完全独立出去。

中台"供补给",专业支撑与组织协调双轮驱动。什么是企业中台?这里应该囊括两个主体,一个是实体中台,也称业务中台。它的主要职能是将企业后台的资源变成可以随需调用的"中间件",实现对于前台的专业资源赋能。这里的中间件就相当于被模块化的专业知识,是不同前台组织可以通用的标准,如公司的技术部门,制定相应的应急预案、检修规程,从而提高资源重复利用,强化业务协同性。前台只负责按照需要进行本地化应用。另一个是虚拟中台,也称组织中台。这是由财务、人力、战略等部门向前台派出的业务伙伴组成的团队。他们其实就是本书中为了推进绩效考核体系优化项目,而派到基层组织的直属部门评估组,他们承接高层对于某项工作的具体要求,利用专业视角与一线协同作战,提供定制化的激励政策和赋能方案,为了让前台主动"跑起来",实现后台目标。

后台"守营寨",沉淀企业资源池持续完善制度。什么是企业后台?它其实就是传统意义上的企业高层和部分职能部门。它不直接产生效益,更多是间接的、长期的贡献,但是却奠定了组织的基调。它主要有以下四大职能:一、设计市场规则,明确战略目标。简

单地说,就是业务做到什么程度,配置什么资源,给予什么奖励和惩罚。二、宏观调控干预,监督前中台行为。根据平台的风险设置红线,处罚越界行为。三、资源池的建设,储备弹药。帮助业务中台积累更多内部外部的优势资源,供全公司调用。四、制定保障措施,确保目标达成。比如书中的绩效考核专项办公室,应当主导公司激励机制、资源共享机制的建设;还应当推动整体数据智能化,将资源变成数据,将规则转化为数据标准,让补给变得高效。

7.3.2 选取基层试点,"五步法"实现考核体系前台导入

为了能够顺利在企业中导入基层组织"细胞体"绩效考核体系,最终实现利用绩效考核牵引平台型组织达成的目的,尝试用"五步法"实现绩效考核体系前台导入,以门梯维护班组为例,以年为单位分别设计班组试点、动员宣传、培训开展、督查完善、成果沉淀五个阶段。其具体的进度安排表如图 7-4 所示。

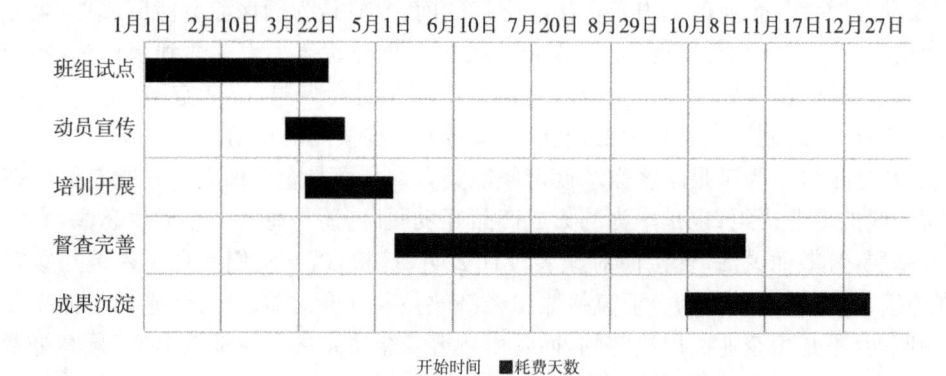

图 7-4 优化方案实施的进度安排

班组试点阶段主要是指选取整体年龄较轻,对于新方案接受程度较高,在班组建设中有一定经验基础的门梯维护班组开展为期四个月左右的考核测评与分析改善,三方考核主体同时参与考核测评,找出绩效考核体系的不足之处,在讨论后进行修订。同时所在中心班组目前绩效水平也要相对优异,避免在试点初期就与既定的指标要求相差过大造成挫败感,提升试点难度。另外,优化试点阶段只进行绩效考核体系的打分,不关联其他绩效考核结果的应用。在这一阶段,被试点班组能够理解优化后的绩效考核体系的操作流程,并对指标设置、权重分配、评价标准没有提出异议,即可进入培训开展阶段。

动员宣传阶段为期一个月左右。首先应当明确绩效考核专项办公室、直属部门绩效考核评估组、门梯维护班组自评小组的组成人员名单。通过组织单位内部企管科、人资科等相关科室与生产中心负责人召开门梯维护班组绩效考核优化专项动员会,提高管理层对于优化重要性的认识,回顾前期班组建设成果与主要问题。将门梯维护班组作为本次绩效考核体系优化导入的重点对象,指出绩效考核体系优化的最终目标,即待后期时机成熟全面覆盖其他设备维护班组。动员宣传阶段应当在确保公司管理层与员工同步转变意识,转变原有绩效考核思路后视为结束,该阶段与班组试点阶段同步进行,并可与培训开展阶段同步开展。

培训开展阶段为期一个半月左右。首先,梳理在班组试点阶段遇到的主要问题以及动员宣传阶段的员工诉求反馈,制定相应解决措施。其次,组织门梯维护班组绩效考核优化专项培训会,由全体门梯维护班组长参加。会议上展示该绩效考核体系的主要内容,如平台型组织的愿景、阿米巴模式的实施要点、各层级指标含义解释以及具体评价标准等。并在会议结束后将培训内容打印成册,发放给门梯维护班组作为参照材料。各班组长在回到班组后,将参照材料固定放置于班组显眼位置,并在班组生产会议上带领班组员工学习绩效考核体系内容与实施方案,确保全体员工能够大致掌握相关内容。再次,首月由中心绩效考核评估组与门梯维护班组自评小组共同进行打分,再根据各自打分结果找出理解偏差部分,有针对性地进行解释消化。次月就应当正式按照优化方案实施,并将次月的评分结果纳入年度得分计算。最后,这一阶段将试点范围扩大到全体班组但首月的班组月度得分测算不宜自行开展,应当由考核主体三方共同参与,绩效考核评估组与门梯维护班组自评小组成员熟练掌握体系内的指标含义与评价标准具体内容后,可以进入督查完善阶段。

督查完善阶段为期半年左右,该阶段应当持续至优化方案实施当年年末。绩效考核专项办公室应当定期由组长带队对门梯维护班组的绩效考核自评过程进行抽查,确保每月班组的绩效考核评判情况客观、真实、可靠。通过问题查摆,重点关注考核结果对于员工工作行为提升的实际作用,深入生产现场观察记录员工的行为改善,对于绩效水平有明显改善的员工给予撰文、通报、颁奖等精神激励。还应当定期抽取门梯维护班组中的部分员工以座谈会的形式交流,各抒己见式地表达在考核过程中的直观感受,并收集对于绩效考核体系操作的问题建议以便进行完善。另外,对于一些不配合、不主动参与的班组长,应当采用单独教育的形式,找出其不配合工作的具体原因,对其疑惑进行耐心解答,必要时启动基层干部能下机制,运用强制性手段调离原生产岗位。

成果沉淀阶段为期两个月左右,应当在督查完善阶段的后期进行。在该阶段应当邀请绩效考核结果在 90 分以上的班组工班长与其他班组介绍经验管理提升经验,推动知识共享,建设学习型组织。要认清班组绩效考核优化工作不可能一蹴而就,而是一个动态循环的过程。指标设置、权重确立、评价标准不变的是研究方法而可变的是考核模式。如将各指标权重依据企业发展阶段进行近期、中期、远期动态赋权,要通过前四阶段暴露出来的不合理问题,持续组织专家运用规范的研究方法充分论证体系的系统性、合理性、有效性。将变更过后的指标体系运用到下一年度的门梯维护班组绩效考核,最终扩大至全公司基层组织。

7.3.3 人员持续赋能,打造高素质的复合型干部队伍

深刻认识打造一支高素质、复合型的企业干部队伍对于平台型组织转型的重要性。在基层管理中,他们是中坚力量;在常态化的基层组织工作开展中,他们需要担负指导、协调、管理等更为广泛的职责。在经历过为期一年的绩效考核制度改革后,要多角度对其在高绩效人力资源管理实践进行持续赋能,科学、合理、紧密结合企业未来发展的实际需要做好人才队伍的规划,并在选拔、培训、留用等方面下足功夫,逐步形成一支人员数量充足、年龄结构合理、专业技能全面、具备管理经验的复合型干部队伍。

构建任职资格模型,严把素质之门。应当基于平台型组织里的关键角色建立若干的素质模型,明确哪些人才需要建模、存在哪些关键情境、提炼哪些素质维度等问题,可采用问卷形式对要素展开广泛调研,必要时依靠外部咨询机构的研究沉淀来避免经验不足的情况。在基层组织干部选拔和招聘中除考察应聘者的基本素质外,应特别关注应聘者是否适应平台型组织管理理念,比如科层制组织里需要的是"客户第一",而平台型组织里则应当是"穿越前瞻客户需求"。这么做不但是基于相关的研究和证据(有研究表明,求职者与组织之间的文化适应性和价值观的符合性能够显著预测日后的人员流动率和工作业绩),而且是由一线运营保障工作本身的艰巨性和对任职者的奉献精神的要求决定的。科学的选拔和招聘有助于确保应聘者对企业和工作有所承诺,能增强入围者的情感投入。

完善人才培训体系,持续孵化人才。骨干队伍能力的学习过程是高绩效工作系统不可或缺的重要组成部分,要规划好人才培养的载体和培养节奏。企业应当通过提供多样化的培训和发展项目,促使骨干队伍提高工作胜任力和能力;通过提供学习资料、交流机会、岗位轮换等方式,为企业骨干队伍创造支持性的学习环境。建立、维护、更新企业骨干队伍人才技能清单,掌握他们的专长、经验、培训、职称等情况。除了知识和专业技能的培训外,应当加强对于管理技能的培训,做到管理和技术能力并重,以实用性为主,基于企业内外优秀标杆开发方法论教程,再持续进行实战类教学,通过模拟平台型组织运作中的主要场景,激发骨干队伍的经营感觉。同时,伴随着工作技能的提高,其薪酬、职位也会有一定发展,从而进一步促进他们整个职业生涯的发展。

拓展激励以外形式,做好人才保留。从长远来看,平台型组织在做好以上两点工作后,应当建立人才供应链或人才孵化器,源源不断地向外输出人才,比如地铁可以扩大"走出去"项目,设置高额薪酬,鼓励经验丰富的人才派驻新建地铁城市,开展管理咨询活动,提升企业人才效益、扩大企业品牌效应。从保留存量上来看,通过合理配置用好人才,通过日常管理和绩效管理留住人才,通过关系管理(领导和下属之间缩小层级差距,基层组织内部的信任、合作、团队式管理)和工作安全保障措施,创设一种和谐的环境和安全感,从而保持企业高质量发展所需要的人才资源。同时,这些人员保留的种种措施能够鼓励企业内部员工采取长期的观点看待自己的工作和队伍的业绩。

7.3.4 激活企业生态,塑造可借鉴可复制的改革样板

通过企业内部区分清前中后台的"权、责";通过基层组织绩效考核结果开展相适应的改善与激励,进而分配好"利";通过人员持续赋能,再而实现干部队伍的"能"。倘若权、责、利、能均能按照平台型组织的导向——归位,整个平台就可以彻底活跃起来。此时的理想状态是,在企业内部,每个参与的组织都在市场关系中,平台完全激活了个体,绩效开始出现快速增长,平台逐渐向生态圈转型,对于供需两侧,即顾客与政府、商户与商户、商户与个人的吸纳能力更强,能够容纳更多的物种,释放出更多的红利。

中共中央、国务院印发的纲领性文件《关于深化国有企业改革的指导意见》中指出"增强国有企业活力为中心,完善产权清晰、权责明确、政企分开、管理科学的现代企业制度",作为平台型组织无疑是未来国有企业发展改革的一个创新性思路。因此,对于企业在尝试组织转型过程中形成的先进经验,需要不断总结和凝练,为进一步复制和推广提

供支撑,特别是在重点行业人力资源管理领域和关键环节形成标志性成果,以期为国家制度建设做出重要示范。在具体的深化改革过程中,一方面,应当巧妙借助外脑,发挥不同领域专业单位的优势,如高校、科研院所和企事业单位等,针对平台型组织转型的先进经验,整合政策、技术和人才资源,推动重要技术创新、工作机制创新、市场服务创新,从国家、行业、社会以及社区等不同层次和维度发挥作用。另一方面,应当进行机制体制模块化分解,将改革过程中形成的先进经验进行分拆,体现新时代企业发展标准协同创新、国际标准服务、技术标准公共服务、标准化人才培养的综合性模块化方案,形成可拆卸组装模板,在国家、行业深化改革中形成亮点。

7.4 软硬兼施提供制度保障,推进企业发展行稳致远

7.4.1 提升"软实力",营造合作共享的文化氛围

平台型组织不是一剂大企业病的"万能解药",而是一个"综合疗程"。俗话说"中医治未病,西医治已病",本书倡导的绩效考核体系优化是对企业中现存的绩效考核五项通病"沉疴下猛药",只是"综合疗程"中的西医疗法,力图快速统一企业发展目标与基层员工行为。但想要真正达成宏远目标,做到企业常治无患之患,预防再度滋生官僚主义、形式主义、主观主义、教条主义,就必须开具文化价值观这一味"中药",实现综合医治、未病养生、防微杜渐。

考核体系设计理念要与公司核心价值观一脉相承。"中医治未病"与道家思想密切相关,企业也只有真正理解中华传统文化中的智慧,回归原初本性,才能无求而基业长青。以N地铁公司为例,其在较早时期就比较重视核心价值观方面的建设,于2007年创建了"人文地铁"品牌,借鉴道家思想,结合所在城市地域的"包容文化""博爱文化",提炼出了属于地铁本身的"有道文化"。有道文化模型是由内到外的三层,其中内核代表精神文化主要是运营愿景、运营使命、运营核心价值观以及安全、服务、经营等九项有道理念。中间层是制度文化与行为文化,外层主要是指一些具象化的先进故事以及物证。本书对于基层组织"细胞体"绩效考核体系的构建就借鉴了公司整体企业文化层层递进、内外兼顾的表现形式,在此基础上实施有利于员工从心理上认同接受,从而有助于发挥正向引导性作用。

具体行为措施与营造合作共享文化达成共识。仅依靠制度改革就想实现平台型组织的预期效果是不够的,制度的刚性依赖企业领导者的强力推动,但倘若柔性不足,可能会窒息班组基层组织的主动性与创造性。要刚柔并济,辅以一系列具体的行为措施,使得基层组织内部员工能够自觉规避一些明显与绩效要求不符的行为,营造合作共享的文化氛围,提升企业"软实力"。比如,所设计的激励机制、赋权机制都应当指向与公司整体利益、集体意识的价值观相一致,对于绩效考核既关注结果,同时也关注产出的过程,对于好的方法与机制扩大力度表彰,避免基层组织在实际工作中只顾提升自身利益,不顾公司整体利益的行为;加强骨干队伍的企业文化内容培训,强化集体主义意识;中高层干部应当主动插入基层一线,调研班组文化建设情况,辅导员工对于企业文化的理解;基层

组织也应当根据公司整体的文化提炼适合自身属性的文化,如门梯维护班组的班组特色内容就应当遵循公司安全、服务理念的相关内容进行提炼,体现自己是企业这一大家庭中的重要一员。最终,使得企业内部文化生态形成百家争鸣、互促共享、辩证统一、通力协作的积极氛围。

7.4.2 筑牢"硬地基",增强管理信息化基础建设

在新一轮科技革命推动下,人类正加速迈向数字社会。习近平总书记强调:"我们要乘势而上,加快数字经济、数字社会、数字政府建设,推动各领域数字化优化升级"。在这一背景下,为保证平台型组织行稳致远,企业一方面需要在服务供给端,提升服务智慧化水平,以适应顾客持续迭代的新需求;另一方面也要增强管理信息化基础建设,修炼好自身内功,顺应时代大趋势。

建立顾客需求交互界面。既然满足顾客的需求是企业发展的核心要义,那么如何找到顾客需求,从而实现精准定位、深度交互,就是不能够回避的问题。作为直面顾客的前台组织,可以通过观察为企业建言献策。但企业也应当从基础设施建设层面思考积极探索如何打开用户界面,与顾客实现二次交互。如轨交企业通过监测实时客流信息,适时调节车站环境温度、变更列车行车间隔,提升乘客满意度;互联网企业通过挖掘特殊群体需求,开发手机接口适老性功能,提升服务均等化程度;航空企业通过信息渠道优势,根据季节、供需因素波动,运用算法为旅客提供联程价格低的出行计划,提升旅客出行经济性。用户需求是不断迭代的,获取需求方式以及对于需求的理解也应当持续迭代。设法拥有用户资产,获取用户的终身价值,都将大大拓展平台型组织的商业空间。

构造绩效结果交流平台。推动内部数据智能化,让企业整体上云,将业务流、人流、财流整合到一个在线的数据化平台。为保证本书中考核数据的时效性,应当整合公司内部较为成熟的管理信息系统,构建业绩考核云平台,将设备故障率、可靠度、故障修复、停用时间、闭环率,安全隐患整改率,考勤、培训、考核记录等易于量化且不容易产生异议的指标数据,及时导入进新建立的基层组织绩效考核系统。一方面便于考核打分时的有效收集,从而打破企业内部的信息壁垒,降低人为干预与弄虚作假的可能性;另一方面上级部门可以通过该平台实时查看班组的相关经营数据,基层组织也可以实时了解自身绩效情况在同类班组中的整体水平。当前台被这样激活以后,它会以市场的眼光来审视中后台,并对中后台提出各种要求,促进中后台信息管理系统的不断完善。

引入新型技术交叉应用。大数据、云计算、物联网、人工智能等新一代数字技术迅猛发展,成为推进现代化建设的强大动力。企业应当主动拥抱未来,交叉式地在生产管理过程中引入新技术,如可以利用人工智能技术,开发设备房巡检机器人,替代基层做一些简单重复的工作;还可以利用云计算技术,将人力资源管理各模块的内容,配置数据分析师加上一体化IT系统合作完成,从而解放组织中台的生产力,让其更好地到前台现场为基层组织提供协调功能;也可以利用大数据技术,基于前台大量的生产信息,适时提高绩效考核指标与评价标准的合理性,修改不同阶段下的相应指标权重,进行智能化决策,使得绩效目标达成的难度不至于过高或过低。构建绩效预测模型,预期基层组织在未来能够达到的绩效水平,同时自动绘制出高绩效基层组织的画像,以优化对于骨干队伍的培养机制。

第 8 章
研究结论

本研究立足于阿米巴模式在我国公益型国有企业的运用情况，重点考虑如何重构基层组织绩效考核体系的问题，进而牵引平台型组织的达成。与现有研究不同的是，本书重点运用德尔菲法、关键事件法这两个定性研究方法，明确了具有较高信效度的绩效考核指标与相应的评价标准，使得班组能够依此开展自评进而提升绩效水平，同时将考核结果能够清晰反馈给组织内的其他层级，加深了阿米巴模式在该企业的植入程度。本书主要结论有以下几点。

结论一：在 N 地铁公司内部，缺乏适用于特定班组的组织绩效考核手段，同时存在 4 点绩效考核中的常见性问题，以至于针对阿米巴式班组管理模式推进不畅。

国内的营利性组织较早借鉴阿米巴模式改善经营绩效，但实际上带有公益属性的大型国有企业也同样具备植入该模式的前提条件。本研究立足于少有的地铁行业推行阿米巴模式衍生出的管理案例，反思特定班组推行模式中存在的难题。在系统梳理其所处组织环境、人力资源现状、内部绩效考核制度后，通过数据整理揭示 N 地铁公司基层班组绩效水平与细胞体班组建设存在正向关系，论证推行阿米巴模式对于该班组绩效水平提升的必要性。

目前的绩效考核体系未能聚焦到班组这一真正需要去进行评价的主体；与此同时，它还涉及组织考核理念传统，无法适应新时代下企业发展的内在要求；考核主体错位，存在以管理者个人意愿为主的突出矛盾；考核体系笼统，造成组织绩效难以科学衡量的现实困境；考核对象被动，谋求改善又缺失标准被迫沦为职场囚徒；考核结果失效，尚未建立起与人力资源管理其他模块的有效关联。这些问题的产生，既有行业高速发展而制度未能有效配套的客观原因，也有对于阿米巴模式、绩效管理工作理解不到位，未能抓住其核心要义的主观因素，在类似情况下存在着一定的共性。

结论二：有效融合阿米巴模式特征与特定班组的生产特点，合理构建了一套阿米巴模式下的 N 地铁公司门梯维护班组绩效考核指标体系。

阿米巴模式主要利用经济指标进行基层单元的核算，但在衡量地铁企业的班组绩效必须考虑其社会属性，这就让两者有了一定区别，也需要在运用过程中合理变通。企业内部推行的"细胞体班组"模式既有的星级评定指标给研究提供了一定基础，但仍需要再结合特定班组的生产特点综合考虑。为此，本研究运用成熟的研究方法开展了相应工作,在参考现有班组评定指标及相关文献的基础上,运用三轮德尔菲专家调查法甄选出包含 65 个指标的基层班组考核指标,力图在战略引领、聚焦生产、易于量化、服务发展的原则上,构建出囊括 N 地铁公司门梯维护班组工作全面内容的绩效的三级考核指标体系。

借用张卓等[45]对于班组工作分类的思想,以及生物学中"细胞体"的结构特征,设计出的基层班组考核体系共包含细胞核、细胞质、细胞膜 3 个一级指标;其中细胞核包括进度把控、设备维护、设备可靠、设备维修 4 个二级指标;细胞质包含安全保障、成本管控、组织管理、培训开发、员工评价、经营改善 6 个二级指标;细胞膜包含台账记录、现场管理、文化建设、社会传播、综合事务 5 个二级指标;与安全隐患整改率、执行设备检修规程、组织安全演练等 65 项下属三级指标。添加了一些如"乘客投诉回复率、参加社会公益活动、媒体事迹报道数量"等具有地铁企业工作特色的相应指标,再对其考核体系下的指标内部逻辑关系进行阐释,作为后期 N 地铁公司门梯维护班组自主开展测评的基础与关键。

结论三:定性描述工作行为标准,并据此构建了阿米巴模式下的 N 地铁公司门梯维护班组绩效考核的模糊综合评价模型。

为使得构建出的绩效考核指标体系具备实操性,首先运用层次分析法组织专家填写各层级考核指标判断矩阵,运用主观赋权的结果确立各层级绩效考核指标权重;其次,部分可定量考核指标直接参考国家、企业标准制定 5 级评价标准;部分 13 个难以定量评价的关键指标,针对结论一所提出员工层面的问题,发挥了关键事件法能够描述清楚不同行为等级的优势,采取访谈的形式对 17 名班组员工开展深度访谈,构建了相应 5 级行为锚定评价标准,最后运用模糊综合评价法,选取了 N 地铁公司四号线门梯维护班组的真实生产数据进行班组绩效考核体系的评价,通过评价得出 N 地铁公司四号线门梯维护班组的绩效水平得分为 69.361 8,并对其结果给出相应的绩效考核建议,对后续设计的绩效考核体系优化措施给出指导性的操作建议。

其中上述 3 项一级指标权重分别为:0.192、0.309、0.227、0.271、0.214、0.107、0.194、0.175、0.146、0.164、0.216、0.275、0.239、0.119、0.151;上述 65 项三级指标权重分别为 0.050 2(执行设备检修规程)、0.014 1(组织安全演练)、0.013 6(安全隐患整改率)等。

既有文献在构建出绩效考核指标体系之后,着重对于体系内部各层级指标的定量关系开展计算。但在班组实际工作过程中需要怎么做、该做到什么样的程度,往往更为重要。本书的绩效考核体系与前人研究的不同之处在于结合了定量与定性研究方法的优势,兼顾了指标权重的科学性与评价标准的实操性,对于稍懂工作流程的企业工作人员拿来就能用,可以有效帮助班组理解组织意图,进而迅速提升绩效水平。

结论四:以统一企业目标与个人行为为根本目的,逐一破解绩效考核体系存在的五点问题,提出了具体的绩效考核体系优化方案,为企业导入阿米巴模式、成功转型平台型组织做出了前瞻性思考。

首先指出,为完成新时代企业发展目标,企业应当勇于自我变革、努力实现美好、鼓励创造价值,并在设计绩效管理制度时需综合考虑新生代员工渴望"被看到"、追求"很公平"、需要"有收获"的个人期望。其次,回答了绩效考核工作为何重要、为什么要直接对基层组织展开考核、如何让员工个人行为与企业战略目标有机统一的前置性问题。然后,系统性地回答了绩效管理优化的实操要点。在考核理念方面,要打破绩效"平均主义"、摒弃"老好人"式管理、让计划"赶得上"变化;在考核主体方面,要根据统筹安排、专业辅导、自我监督的原则设立多层考核主体;在构建系统考核指标方面,要依据工作性质分类施策,依据工作特点开展多阶段性考核,要根据企业发展阶段,如设备质保期要重管理、平稳过渡期要抓生产、设备老化期要促文化,从而实现科学动态考核;在引导考核对象方面,要拒绝模糊、提供定性评价标准,保障公平、确保数据真实可靠,个性引导、塑造市场竞争意识,契合考核对象特点。最后,在合理利用考核结果方面,提出推行考核结果与薪酬挂钩,运用精神激励与物质结合,制定个性化职位晋升通道,尤其是推进基层干部能下等诸多具体建议。

  本书的另一目的是想通过完善优化基层组织绩效考核制度,来牵引构建平台型组织。为此,优化方案里提到了四点步骤,首先通过调整组织架构,搭建企业中后台资源共享体系,明确了前台"打粮食"、中台"供补给"、后台"守营寨"的分工职责。按照妥善推进的原则,选取基层作为试点,从班组试点、动员宣传、培训开展、督查完善、成果沉淀五个时间阶段作出进度安排,实现新考核体系的前台导入。后续强调,对于人员持续赋能,以构建任职资格模型、完善人才培训体系、拓展激励以外形式三点作为打造高素质的复合型干部队伍的要点,最终,提出平台型组织实现的美好构想,结合政策文件精神,扩大转型工作影响力。在保障措施方面,一方面是要注重提升文化软实力,确保考核体系设计理念要与公司核心价值观一脉相承,操作中的具体行为措施与营造合作共享文化达成共识。另一方面是筑牢管理信息化基础设施,从建立顾客需求交互界面、构造绩效结果交流平台、引入新型技术交叉应用三点内容确保适应企业智慧化转型需要,从而规避已有的或大概率滋生的"大企业病",这也是在考虑了我国组织管理情境下,针对特定基层组织的一次有益尝试。

  本研究尽管得出了以上研究结论,但是由于受到作者个人能力和研究资源限制,在本次研究过程中难免存在疏漏之处,还有很多研究内容和方面没有涉及。敬请各位专家学者批评指正!

参考文献

[1] 王艳艳. 城市轨道交通企业绩效评价与补贴机制研究[D]. 长沙:中南大学,2008.

[2] Stewart G B. EVA™: fast and fantasy[J]. Journal of Applied Corporate Finance, 1994,7(2):71-84.

[3] Kaplan R S,Norton D P. The balanced scorecard:measures that drive performance[J]. Harvard Business Review,1992,70(1):71-79.

[4] 鄢知. 星港地铁公司基于平衡计分卡的绩效考核体系设计[D]. 北京:华北电力大学,2011.

[5] 陈凤平,陈辉平,白雯. 基于EVA的绩效考核价值析论——武汉地铁集团实施基于EVA绩效考核的必要性和可行性[J]. 武汉交通职业学院学报,2011,13(02):21-24.

[6] 刘启胜. 浅析城市轨道交通运营绩效考核体系[J]. 科技经济导刊,2016(36):19-20,6.

[7] 任红波. 城市轨道交通运营绩效考核指标体系探讨[J]. 城市轨道交通研究,2013,16(12):21-23,27.

[8] 徐浩. 城市轨道交通运营关键绩效考核指标体系研究[J]. 上海铁道科技,2015(03):83-85.

[9] 李笑竹,刘勇,赵汉臣,等. 企业绩效考核量化模型创新——深圳地铁面向先行示范区建设的实践[J]. 特区实践与理论,2019(05):75-85.

[10] 陈胜波,刘永平,张宁,等. 城市轨道交通运营服务绩效考核指标及考核标准探讨[J]. 城市轨道交通研究,2020,23(03):96-100.

[11] 黄凌,王宽. 精益计分制绩效管理模式的运用[J]. 中国人力资源开发,2013(15):66-70.

[12] Kaplan R S. Conceptual foundations of the balanced scorecard[J]. Handbooks of Management Accounting Research,2009,3:1253-1269.

[13] 刘方龙,吴能全. 探索京瓷"阿米巴"经营之谜——基于企业内部虚拟产权的案例研究[J]. 中国工业经济,2014(02):135-147.

[14] 李浩澜,包政. 中国企业如何应用阿米巴模式[J]. 企业管理,2015(07):16-18.

[15] 孙文翠,易颜新,杨万清. 强调过程控制和结果 打造全员参与的战略绩效评价体系——传化集团的绩效管理实践[J]. 财务与会计,2015(13):23-27.

[16] 黄伟春,范松林. 宝钢金属阿米巴长胜任力模型的构建[J]. 财务与会计,2016(20):42-44.

[17] 黄贤环,吴秋生. 阿米巴模式下的管理会计理念、方法与创新[J]. 云南财经大学学报,2018,34(08):104-112.

[18] 冯蕾.阿米巴经营模式的应用研究——以 G 房地产公司为例[J].中国集体经济, 2019(28):72-73.

[19] 陈仪微,郑蔓华,许安心.基于阿米巴模式的生鲜超市绩效评价研究[J].对外经贸, 2021(03):35-37.

[20] 刘湘丽.日本京瓷公司阿米巴管理的案例研究[J].经济管理,2014,36(02):47-54.

[21] 胡盛强,刘晓斌,王新林.阿米巴经营模式下面向定制需求的生产线管理机制设计[J].中国管理科学,2018,26(07):119-131.

[22] 余毅锟,石伟.基于薪酬管理的阿米巴经营结构构建——以海尔集团为例[J].福建论坛(人文社会科学版),2016(06):204-208.

[23] 简兆权,刘晓彦,李雷.基于海尔的服务型制造企业"平台+小微企业"型组织结构案例研究[J].管理学报,2017,14(11):1594-1602.

[24] 王凤彬,王骁鹏,张驰.超模块平台组织结构与客制化创业支持——基于海尔向平台组织转型的嵌入式案例研究[J].管理世界,2019,35(02):121-150+199-200.

[25] 马晓苗,罗文豪,彭剑锋,等.基于量子思维的平台型组织建设:核心理念与实践策略——以海尔为案例[J].企业经济,2020,39(09):44-52.

[26] 邵天舒.传统制造业企业组织结构演变历程——基于海尔集团的案例研究[J].经营与管理,2021(04):35-38.

[27] 张庆红,高蕊,林丛丛.新创企业平台型组织的构建与有效运行机制:基于住宅公园的案例研究[J].中国人力资源开发,2018,35(09):139-148.

[28] 储娜,林慧敏.共享经济下平台型灵活就业者绩效管理优化——以滴滴出行为例[J].中国经贸导刊(中),2020(06):128-129.

[29] 翟文康,徐文,李文钊.注意力分配、制度设计与平台型组织驱动的公共价值创造——基于北京市大兴区"接诉即办"的数据分析[J].电子政务,2021(05):71-88.

[30] 许晖,于超,王亚君.模块化与开放性双重视角下的平台型组织价值创造机制研究——以浪潮和东软为例[J].科学学与科学技术管理,2021,42(02):77-95.

[31] Spangenberg H H. A Systems—Approach to performance-appraisal in organizations[C]//Internation Journal of Psychology,1992,27(3-4):507-507.

[32] Lucianetti L,Battista V,Koufteros X. Comprehensive performance measurement systems design and organizational effectiveness[J]. International Journal of Operations & Production Management,2019,39(2):326-356.

[33] Conway J M. Distinguishing contextual performance from task performance for managerial jobs[J]. Journal of applied Psychology,1999,84(1):3.

[34] Pamenter F. Moving from appraisals to employee enhancement[J]. Canadian Manager,2000,25(1):13-15.

[35] Tseng M L. Implementation and performance evaluation using the fuzzy network balanced scorecard[J]. Computers & Education,2010,55(1):188-201.

[36] Guest D E,Michie J,Conway N,et al. Human resource management and corporate performance in the UK[J]. British Journal of Industrial Relations,2003,41(2):

291-314.

[37] 刘永霞.基于BSC的铁路运输企业绩效评价研究[J].财务与会计,2020(17):84-85.

[38] 孙涛,郑秋鹏,王炜,等.BSC+KPI视阈下高校教师绩效考核体系构建——基于德尔菲法和层次分析法的应用[J].中国高校科技,2020(06):21-26.

[39] 李焕辉,李敏.火力发电企业绩效管理指标体系研究[J].华南理工大学学报(社会科学版),2005(04):32-35.

[40] 李铁宁.电力企业绩效考核方法选择和考核指标选取的案例研究[J].华北电力大学学报(社会科学版),2014(04):47-52.

[41] 陈金红,邬宏伟,朱军波,等.班组建设的绩效考核体系构建与应用研究——以电力企业为例[J].中国人力资源开发,2015(04):44-51.

[42] 杨林,戴剑峰,陆阳,等.医疗设备维护部门绩效考核指标体系构建[J].中华医院管理杂志,2018,34(05):381-385.

[43] Gao Y. Research on the construction of enterprise performance evaluation index system based on value creation[C]//2018 2nd International Conference on Education,Economics and Management Research (ICEEMR 2018),Dordrecht:Atlantis Press,2018:492-494.

[44] 陈洋.基于目标绩效驱动的流程型班组建设研究——以××数控企业为例[J].企业改革与管理,2021(04):49-50.

[45] 张卓,王江.以"五化"为核心的班组绩效管理[J].企业管理,2014(06):87-90.

[46] 姜福领,林旭.对冲追溯机制的煤矿班组综合绩效考核方法研究[J].煤矿安全,2015,46(04):225-227.

[47] 赵红泽,何桥,韦钊,等.基于全过程煤矿安全隐患排查的绩效考核研究[J].煤矿安全,2016,47(12):230-233.

[48] 周路霞.一体化运营管理模式下的城市轨道交通企业经营绩效评价[D].成都:西南交通大学,2007.

[49] 王仁高,张水玲,张恩盈.高校教师绩效分类评价体系研究——以青岛农业大学为例[J].青岛农业大学学报(社会科学版),2019,31(02):57-61.

[50] 李英攀,刘名强,王芳,等.装配式建筑项目安全绩效云模型评价方法[J].中国安全科学学报,2017,27(06):115-120.

[51] Espinilla M,de Andrés R,Martínez F J,et al. A 360-degree performance appraisal model dealing with heterogeneous information and dependent criteria[J]. Information Sciences,2013,222:459-471.

[52] 宋静,熊海鸥.基于BARS的高校教务人员绩效考核研究[J].广州航海学院学报,2015,23(04):62-64.

[53] 朋震,陈德峰.破解职能类员工绩效考核困局——关键事件举证法的运用[J].企业管理,2020(05):86-89.

[54] 黄迪华.燃气企业绩效考核体系构建实例研究[J].煤气与热力,2013,33(06):

31-36.

[55] 范树成.VUCA时代,绩效考核的变与常[J].人力资源,2019(19):80-81.

[56] 刘琳,余顺坤,吴轶群.基于熵值法的电力企业二元绩效积分制考核模型研究[J].华北电力大学学报(自然科学版),2012,39(02):74-78.

[57] 孟祥林."工作积分制"绩效考核制度的喜与忧[J].中国人力资源开发,2013(21):63-68.

[58] 廖军,杜鹏,张纯,等.电网企业基于一线员工工时积分的绩效分配制度研究[J].现代经济信息,2017(05):38,40.

[59] 付雷雷."量化积分制"绩效模式在H供电班组的应用研究[J].科技经济市场,2019(10):130-133.

[60] 张珍珠,周海兵,夏春平,等.能源互联网环境下的电力企业班组积分制管理方法分析[J].电网与清洁能源,2020,36(07):49-56.

[61] 魏韵.浅析绩效评估常用工具在某报社的应用[J].现代经济信息,2017(09):120.

[62] 王曼莉.基于战略驱动的国有企业子分公司考核创新——以C建筑集团为例[J].智库时代,2020(15):121-123.

[63] Podgórski D. Measuring operational performance of OSH management system—A demonstration of AHP-based selection of leading key performance indicators[J]. Safety Science,2015,73:146-166.

[64] 李开海,魏祥禄,蒋燕.员工绩效等级评定的修正模型研究[J].重庆大学学报(社会科学版),2008(03):54-57.

[65] 王爱华.煤矿班组长安全管理连带考核研究[J].中国煤炭,2013,39(08):15-18,142.

[66] 马艳丽,刘军.西安地铁运营分公司员工绩效考核[J].现代企业,2012(02):25-26.

[67] 梅国江,周升奎.医院后勤团队建设的研究与实践[J].中国卫生资源,2015,18(06):407-408.

[68] 肖辉,刘丰芹.浅谈强化理论和团体动力学理论在班组管理的应用[J].技术与市场,2019,26(05):214-215.

[69] 柳心怡,柳松.全员组织绩效考核在M公司的运用[J].财务与会计,2020(01):74-75.

[70] 高超.城市轨道交通运营管理综合评价模型研究[D].杭州:浙江大学,2016.

[71] 杨洋.煤化工某班组经济核算及全员绩效管理系统的应用[J].山东化工,2020,49(22):136-137,141.

[72] 张敏,宋迎,胡汛,等.企业集团业绩考核的智能化转型[J].财会月刊,2021(04):13-16.

[73] 公斌.科研型企业员工绩效考核体系优化的实证研究[J].中国劳动,2016(06):58-64.

[74] 顾政华,李旭宏,朱彦东,等.地铁运营设备管理维护保养模式的综合评价[J].城市轨道交通研究,2004(04):39-41.

[75] Cooper R. Kyocera corporation: the amoeba management system[D]. Boston: Harvard Business School, 1994.

[76] 曹岫云."阿米巴经营"[J].中外企业文化,2009(12):19.

[77] 三矢裕,谷武幸,加护野忠男.稻盛和夫的实学:阿米巴模式[M].刘建英,译.北京:东方出版社,2013

[78] Adler R W, Hiromoto T. Amoeba management: Lessons from kyocera on how to promote organization growth, profitability, integration, and coordinated action[C]//Proceedings of the Performance Measurement Association (PMA) Conference. 2009.

[79] Yang F. The operation mechanism of amoeba's organizational model[J]. Open Journal of Business and Management, 2018, 6(02): 462-469.

[80] 稻盛和夫.阿米巴经营之道[J].现代国企研究,2011(11):42-47.

[81] 耿德科.京瓷公司阿米巴经营的制度经济学分析[J].日本学论坛,2007(03):86-90.

[82] 谢德建.阿米巴经营模式与企业转型变革之困[J].企业管理,2014(09):89-91.

[83] 张星.浅析阿米巴经营模式的优点及实施条件[J].企业研究,2012(22):72-73.

[84] 董金移.论日本"经营之圣"稻盛和夫的企业经营哲学[J].学术论坛,2012,35(04):137-141.

[85] 李璟娜,上总康行,杜运潮.阿米巴经营模式与我国管理会计创新[J].财会月刊,2019(08):98-104.

[86] 田和喜,杨筱卿.阿米巴经营破解"大企业病"[J].中外管理,2015(12):63-64.

附 录

附录A:运用德尔菲法确立绩效考核指标

样表一:门梯维护班组绩效考核指标甄选调查问卷(第一轮)

编号:Delphi-1st_____

《门梯维护班组绩效考核指标甄选》调查问卷

尊敬的先生/女士,您好!

感谢您在百忙之中参与此次问卷调查!

本问卷旨在甄选出真正能够评价出门梯维护班组整体工作好坏的关键绩效指标,推进细胞体班组的理念更好的延伸。对于所有问题的回答没有好坏、对错之分,关键在于是否反映了您的真实想法和看法。调查结果仅用于学术研究,不会泄露您的个人信息,请放心填写。

衷心感谢您的配合与帮助!

【第一部分 个人基本信息】

A1:性别:□1. 男;□2. 女

A2:出生年份:□1. 35岁以下;□2. 36~45岁;□3. 46岁以上

A3:技术职称:□1. 正高级;□2. 副高级;□3. 其他

【第二部分 问卷填写】

【问卷说明】

1. 请您对以下指标在体现门梯维护班组整体绩效水平中的重要程度进行评价,并在"关键程度"栏中选择相应的分数。(其中1表示不重要,2表示不太重要,3表示一般重要,4表示比较重要,5表示非常重要,请在认同的答案上画"√")

2. 若您认为哪一项考核指标表达不准确,请您选择修改意见,并在空白处直接修改。

序号	绩效指标	关键程度(低→高)					修改意见
1	安全预案编制	1	2	3	4	5	
2	安全台账记录	1	2	3	4	5	
3	安全隐患整改率	1	2	3	4	5	
4	安全事故发生频次	1	2	3	4	5	
5	组织安全演练频次	1	2	3	4	5	
6	组织安全会议频次	1	2	3	4	5	
7	岗位工作标准	1	2	3	4	5	

续表

序号	绩效指标	关键程度(低→高)					修改意见
8	岗位职责分工	1	2	3	4	5	
9	员工考勤记录	1	2	3	4	5	
10	员工加班申报	1	2	3	4	5	
11	员工考核记录	1	2	3	4	5	
12	班组长胜任力评价	1	2	3	4	5	
13	班组长与员工沟通频次	1	2	3	4	5	
14	成本预算完成率	1	2	3	4	5	
15	定额管理	1	2	3	4	5	
16	物料领用记录	1	2	3	4	5	
17	培训计划执行率	1	2	3	4	5	
18	培训台账记录	1	2	3	4	5	
19	培训教案教程	1	2	3	4	5	
20	班组知识库建设	1	2	3	4	5	
21	技能竞赛获奖人数	1	2	3	4	5	
22	组织技能练兵频次	1	2	3	4	5	
23	职业技能鉴定通过率	1	2	3	4	5	
24	取证考试通过率	1	2	3	4	5	
25	班组内部轮岗	1	2	3	4	5	
26	师带徒结对	1	2	3	4	5	
27	人才梯队档案	1	2	3	4	5	
28	生产工作计划执行率	1	2	3	4	5	
29	交接班记录	1	2	3	4	5	
30	组织班组生产会议频次	1	2	3	4	5	
31	工器具定置管理	1	2	3	4	5	
32	委外单位监督管理	1	2	3	4	5	
33	单人负责车站与设备数量	1	2	3	4	5	
34	巡检计划执行率	1	2	3	4	5	
35	设备状态检查	1	2	3	4	5	
36	设备巡检记录	1	2	3	4	5	
37	设备房卫生环境	1	2	3	4	5	
38	班组委外维保模式	1	2	3	4	5	
39	保养计划执行率	1	2	3	4	5	
40	执行站台门检修规程	1	2	3	4	5	
41	执行电扶梯检修规程	1	2	3	4	5	
42	执行垂直电梯检修规程	1	2	3	4	5	

续表

序号	绩效指标	关键程度(低→高)					修改意见
43	站台门故障率	1	2	3	4	5	
44	电扶梯可靠度	1	2	3	4	5	
45	垂直电梯可靠度	1	2	3	4	5	
46	故障工单关闭率	1	2	3	4	5	
47	故障响应时间	1	2	3	4	5	
48	故障导致设备停用时间	1	2	3	4	5	
49	故障修复时间	1	2	3	4	5	
50	事故后现场保障	1	2	3	4	5	
51	组织班组故障分析频次	1	2	3	4	5	
52	掌握公司企业文化	1	2	3	4	5	
53	班组特色文化提炼	1	2	3	4	5	
54	团队建设活动频次	1	2	3	4	5	
55	合理化建议数量	1	2	3	4	5	
56	班组特色工作法提炼	1	2	3	4	5	
57	班组看板更新	1	2	3	4	5	
58	公司报刊文章提交数量	1	2	3	4	5	
59	外部媒体文章发表数量	1	2	3	4	5	
60	外部媒体事迹报道数量	1	2	3	4	5	
61	自主开展对外交流次数	1	2	3	4	5	
62	参加社会公益活动频次	1	2	3	4	5	
63	工作标准着装	1	2	3	4	5	
64	临时性统计工作	1	2	3	4	5	
65	乘客投诉率	1	2	3	4	5	
66	乘客投诉回复率	1	2	3	4	5	
67	人员思想动态	1	2	3	4	5	
68	细胞体班组星级申报	1	2	3	4	5	

3. 请补充您认为评价门梯维护班组绩效水平还有其他哪些关键指标？

_____

_____

_____

样表二：门梯维护班组绩效考核指标甄选调查问卷（第二轮）

编号：Delphi-2st_____

《门梯维护班组绩效考核指标甄选》调查问卷

尊敬的先生/女士，您好！

感谢您在百忙之中参与此次问卷调查！

本问卷旨在甄选出真正能够评价出门梯维护班组整体工作好坏的关键绩效指标，推进细胞体班组的理念更好的延伸。对于所有问题的回答没有好坏、对错之分，关键在于是否反映了您的真实想法和看法。调查结果仅用于学术研究，不会泄露您的个人信息，请放心填写。

衷心感谢您的配合与帮助！

【第一部分 个人基本信息】

A1:性别：□1. 男；□2. 女

A2:出生年份：□1. 35岁以下；□2. 36－45岁；□3. 46岁以上

A3:技术职称：□1. 正高级；□2. 副高级；□3. 其他

【第二部分 问卷填写】

【问卷说明】

1. 请您结合第一轮专家评价的结果，对以下指标在体现门梯维护班组整体绩效水平中的重要程度进行评价，并在"关键程度"栏中选择相应的分数。（其中1表示不重要，2表示不太重要，3表示一般重要，4表示比较重要，5表示非常重要，请在认同的答案上画"√"）

2. 请对部分影响因素的名称是否修改进行表态，同意则选中，不同意则不选。

3. 若您认为哪一项考核指标表达不准确，请您选择修改意见，并在空白处直接修改。

序号	绩效指标	第一轮专家修改 指标修改为	同意	不重要	不太重要	一般重要	比较重要	非常重要	第一轮平均值	关键程度（低→高）					修改意见
1	安全预案编制						3	8	4.73	1	2	3	4	5	
2	安全台账记录						5	6	4.55	1	2	3	4	5	
3	安全隐患整改率						1	10	4.91	1	2	3	4	5	
4	安全事故发生频次	责任安全事故件数				1	2	8	4.64	1	2	3	4	5	
5	组织安全演练频次	组织安全演练					2	9	4.82	1	2	3	4	5	
6	组织安全会议频次	组织安全会议					2		4.45	1	2	3	4	5	
7	岗位工作标准	岗位工作职责					3	8	4.73	1	2	3	4	5	
8	岗位职责分工						2	9	4.82	1	2	3	4	5	

续表

序号	绩效指标	第一轮专家修改 指标修改为	同意	不重要	不太重要	一般重要	比较重要	非常重要	第一轮平均值	关键程度（低→高）	修改意见
9	员工考勤记录					1	2	8	4.55	1 2 3 4 5	
10	员工加班申报	加班工资定额管理		1	1		5	4	4.09	1 2 3 4 5	
11	员工考核记录						8	3	4.27	1 2 3 4 5	
12	班组长胜任力评价	工班长胜任力评价					5	6	4.55	1 2 3 4 5	
13	班组长与员工沟通频次	班组长非正式沟通					9	2	4.18	1 2 3 4 5	
14	成本预算完成率					1	8	2	4.09	1 2 3 4 5	
15	定额管理	物料消耗定额管理				2	7	2	4	1 2 3 4 5	
16	物料领用记录					2	5	4	4.18	1 2 3 4 5	
17	培训计划执行率	培训计划执行				1	5	5	4.36	1 2 3 4 5	
18	培训台账记录					4	4	3	3.91	1 2 3 4 5	
19	培训教案教程	教案教程开发				1	4	6	4.45	1 2 3 4 5	
20	班组知识库建设	知识库建设					3	8	4.73	1 2 3 4 5	
21	技能竞赛获奖人数					4	5	2	3.82	1 2 3 4 5	
22	组织技能练兵频次	组织技能练兵					6	5	4.45	1 2 3 4 5	
23	职业技能鉴定通过率						3	8	4.73	1 2 3 4 5	
24	取证考试通过率					1	2	8	4.64	1 2 3 4 5	
25	班组内部轮岗					4	5	2	3.82	1 2 3 4 5	
26	师带徒结对					2	4	5	4.27	1 2 3 4 5	
27	人才梯队档案					1	5	5	4.36	1 2 3 4 5	
28	生产工作计划执行率	工程项目施工进度					4	7	4.64	1 2 3 4 5	
29	交接班记录					1	6	4	4.27	1 2 3 4 5	
30	组织班组生产会议频次	组织生产会议				1	7	3	4.18	1 2 3 4 5	
31	工器具定置管理						6	5	4.45	1 2 3 4 5	
32	委外单位监督管理						3	8	4.73	1 2 3 4 5	
33	单人负责车站与设备数量	人均包保设备数量				1	3	7	4.55	1 2 3 4 5	
34	巡检计划执行率						2	9	4.82	1 2 3 4 5	
35	设备状态检查						1	10	4.91	1 2 3 4 5	
36	设备巡检记录						3	8	4.73	1 2 3 4 5	
37	设备房卫生环境					1	7	3	4.18	1 2 3 4 5	
38	班组委外维保模式						4	7	4.64	1 2 3 4 5	
39	保养计划执行率						1	10	4.91	1 2 3 4 5	

续表

序号	绩效指标	第一轮专家修改 指标修改为	同意	第一轮指标关键程度的频数统计结果 不重要	不太重要	一般重要	比较重要	非常重要	第一轮平均值	关键程度（低→高）	修改意见
40	执行站台门检修规程						2	9	4.82	1 2 3 4 5	
41	执行电扶梯检修规程						2	9	4.82	1 2 3 4 5	
42	执行垂直电梯检修规程						2	9	4.82	1 2 3 4 5	
43	站台门故障率						3	8	4.73	1 2 3 4 5	
44	电扶梯可靠度						2	9	4.82	1 2 3 4 5	
45	垂直电梯可靠度						2	9	4.82	1 2 3 4 5	
46	故障工单关闭率	故障工单闭环率					3	8	4.73	1 2 3 4 5	
47	故障响应时间						2	9	4.82	1 2 3 4 5	
48	故障导致设备停用时间	设备停用时间					4	7	4.64	1 2 3 4 5	
49	故障修复时间						4	7	4.64	1 2 3 4 5	
50	事故后现场保障	事故现场保障					1	10	4.91	1 2 3 4 5	
51	组织班组故障分析频次	组织故障分析					2	9	4.82	1 2 3 4 5	
52	掌握公司企业文化						7	4	4.36	1 2 3 4 5	
53	班组特色文化提炼					5	4	2	3.73	1 2 3 4 5	
54	团队建设活动频次	班组内部团建活动				4	6	1	3.73	1 2 3 4 5	
55	合理化建议数量					1	8	2	4.09	1 2 3 4 5	
56	班组特色工作法提炼					1	7	3	4.18	1 2 3 4 5	
57	班组看板更新					3	7	1	3.82	1 2 3 4 5	
58	公司报刊文章提交数量	报刊文章提交数量				5	1	5	3.64	1 2 3 4 5	
59	外部媒体文章发表数量	删除		1		6	4		3.18	1 2 3 4 5	
60	外部媒体事迹报道数量	媒体事迹报道数量				6	4	1	3.55	1 2 3 4 5	
61	自主开展对外交流次数	自主对外交流次数				3	7	1	3.82	1 2 3 4 5	
62	参加社会公益活动频次	参加社会公益活动				6	4	1	3.55	1 2 3 4 5	
63	工作标准着装					1	5	5	4.36	1 2 3 4 5	
64	临时性统计工作	专项统计性工作				1	7	3	4.18	1 2 3 4 5	
65	乘客投诉率	删除			2	5	2	2	3.36	1 2 3 4 5	
66	乘客投诉回复率					1	7	3	4.18	1 2 3 4 5	
67	人员思想动态					2	4	5	4.27	1 2 3 4 5	
68	细胞体班组星级申报	星级申报通过率				3	7	1	3.82	1 2 3 4 5	

续表

序号	绩效指标	第一轮专家修改 指标修改为	同意	第一轮指标关键程度的频数统计结果 不重要	不太重要	一般重要	比较重要	非常重要	第一轮平均值	关键程度（低→高）					修改意见
69	补充指标	人员离职率			1	5	4	1	3.45	1	2	3	4	5	
70		员工满意度				1	4	6	4.36	1	2	3	4	5	
71		组长胜任力评价					3	8	4.73	1	2	3	4	5	
72		物料成本分析					5	6	4.55	1	2	3	4	5	
73		巡检问题闭环率					4	7	4.64	1	2	3	4	5	
74		设备维护前准备				1	5	5	4.36	1	2	3	4	5	
75		班组会议记录			1	2	7	1	3.72	1	2	3	4	5	

4. 请补充您认为评价门梯维护班组绩效水平还有其他哪些关键指标？

_____

_____

_____

样表三：门梯维护班组绩效考核指标甄选调查问卷（第三轮）

编号：Delphi-3st _____

《门梯维护班组绩效考核指标甄选》调查问卷

尊敬的先生/女士，您好！

感谢您在百忙之中参与此次问卷调查！

本问卷旨在甄选出真正能够评价出门梯维护班组整体工作好坏的关键绩效指标，推进细胞体班组的理念更好的延伸。对于所有问题的回答没有好坏、对错之分，关键在于是否反映了您的真实想法和看法。调查结果仅用于学术研究，不会泄露您的个人信息，请放心填写。

衷心感谢您的配合与帮助！

【第一部分 个人基本信息】

A1：性别：□1. 男；□2. 女

A2：出生年份：□1. 35岁以下；□2. 36～45岁；□3. 46岁以上

A3：技术职称：□1. 正高级；□2. 副高级；□3. 其他

【第二部分 问卷填写】

【问卷说明】

1. 请您结合第二轮专家评价的结果，对以下指标在体现门梯维护班组整体绩效水平中的重要程度进行评价，并在"关键程度"栏中选择相应的分数。（其中1表示不重要，2表示不太重要，3表示一般重要，4表示比较重要，5表示非常重要，请在认同的答案上画"√"）

2. 若您认为哪一项考核指标表达仍不准确，请您选择修改意见，并在空白处直接修改。

序号	绩效指标	第二轮专家修改 指标修改为	同意	不重要	不太重要	一般重要	比较重要	非常重要	第二轮平均值	关键程度（低→高）	修改意见
1	安全预案编制						3	8	4.73	1 2 3 4 5	
2	安全台账记录						5	6	4.55	1 2 3 4 5	
3	安全隐患整改率						1	10	4.91	1 2 3 4 5	
4	安全事故发生频次	责任安全事件数	10			1	2	8	4.64	1 2 3 4 5	
5	组织安全演练频次	组织安全演练	9				2	9	4.82	1 2 3 4 5	
6	组织安全会议频次	组织安全会议	9		2	2			4.45	1 2 3 4 5	

续表

序号	绩效指标	第二轮专家修改 指标修改为	同意	第二轮指标关键程度的频数统计结果					第二轮平均值	关键程度（低→高）					修改意见
				不重要	不太重要	一般重要	比较重要	非常重要							
7	岗位工作标准	工作职责分工	9				3	8	4.73	1	2	3	4	5	
8	岗位职责分工						2	9	4.82	1	2	3	4	5	
9	员工考勤记录					1	2	8	4.55	1	2	3	4	5	
10	员工加班申报	加班工资定额管理	11	1	1		5	4	4.09	1	2	3	4	5	
11	员工考核记录						8	3	4.27	1	2	3	4	5	
12	班组长胜任力评价	工班长胜任力评价	11				5	6	4.55	1	2	3	4	5	
13	班组长与员工沟通频次	班组长非正式沟通	11				9	2	4.18	1	2	3	4	5	
14	成本预算完成率	物料消耗定额管理	9			1	8	2	4.09	1	2	3	4	5	
15	定额管理					2	7	2	4	1	2	3	4	5	
16	物料领用记录					2	5	4	4.18	1	2	3	4	5	
17	培训计划执行率	培训计划执行	10			1	5	5	4.36	1	2	3	4	5	
18	培训台账记录					4	4	3	3.91	1	2	3	4	5	
19	培训教案教程	教案教程开发	9			1	4	6	4.45	1	2	3	4	5	
20	班组知识库建设	知识库建设	9				3	8	4.73	1	2	3	4	5	
21	技能竞赛获奖人数	组织技能练兵	8		4	5	2		3.82	1	2	3	4	5	
22	组织技能练兵频次						6	5	4.45	1	2	3	4	5	
23	职业技能鉴定通过率	技能考试通过率	7				3	8	4.73	1	2	3	4	5	
24	取证考试通过率					1	2	8	4.64	1	2	3	4	5	
25	班组内部轮岗					4	5	2	3.82	1	2	3	4	5	
26	师带徒结对					2	4	5	4.27	1	2	3	4	5	
27	人才梯队档案					1	5	5	4.36	1	2	3	4	5	
28	生产工作计划执行率	工程项目施工进度	7				4	7	4.64	1	2	3	4	5	
29	交接班记录					1	6	4	4.27	1	2	3	4	5	
30	组织班组生产会议频次	组织生产会议	8			1	7	3	4.18	1	2	3	4	5	
31	工器具定置管理						6	5	4.45	1	2	3	4	5	
32	委外单位监督管理						3	8	4.73	1	2	3	4	5	
33	单人负责车站与设备数量	人均包保设备数量	10			1	3	7	4.55	1	2	3	4	5	
34	巡检计划执行率						2	9	4.82	1	2	3	4	5	
35	设备状态检查						1	10	4.91	1	2	3	4	5	
36	设备巡检记录						3	8	4.73	1	2	3	4	5	
37	设备房卫生环境					1	7	3	4.18	1	2	3	4	5	

续表

序号	绩效指标	第二轮专家修改 指标修改为	同意	不重要	不太重要	一般重要	比较重要	非常重要	第二轮平均值	关键程度（低→高）	修改意见
38	班组委外维保模式						4	7	4.64	1 2 3 4 5	
39	保养计划执行率						1	10	4.91	1 2 3 4 5	
40	执行站台门检修规程	设备检修规程执行	11				2	9	4.82	1 2 3 4 5	
41	执行电扶梯检修规程						2	9	4.82	1 2 3 4 5	
42	执行垂直电梯检修规程						2	9	4.82	1 2 3 4 5	
43	站台门故障率						3	8	4.73	1 2 3 4 5	
44	电扶梯可靠度						2	9	4.82	1 2 3 4 5	
45	垂直电梯可靠度						2	9	4.82	1 2 3 4 5	
46	故障工单关闭率	故障工单闭环率	11				3	8	4.73	1 2 3 4 5	
47	故障响应时间						2	9	4.82	1 2 3 4 5	
48	故障导致设备停用时间	设备停用时间	9				4	7	4.64	1 2 3 4 5	
49	故障修复时间						4	7	4.64	1 2 3 4 5	
50	事故后现场保障	事故现场保障	8			1		10	4.91	1 2 3 4 5	
51	组织班组故障分析频次	组织故障分析	10				2	9	4.82	1 2 3 4 5	
52	掌握公司企业文化						7	4	4.36	1 2 3 4 5	
53	班组特色文化提炼	班组特色内容提炼	8		5	4	2		3.73	1 2 3 4 5	
54	团队建设活动频次	班组内部团建活动	10			4	6	1	3.73	1 2 3 4 5	
55	合理化建议数量					1	8	2	4.09	1 2 3 4 5	
56	班组特色工作法提炼	班组特色内容提炼	8			1	7	3	4.18	1 2 3 4 5	
57	班组看板更新					3	7	1	3.82	1 2 3 4 5	
58	公司报刊文章提交数量	报刊文章提交数量	9			5	5	1	3.64	1 2 3 4 5	
59	外部媒体文章发表数量	删除	7	1		6	4		3.18	1 2 3 4 5	
60	外部媒体事迹报道数量	媒体事迹报道数量	9			6	4	1	3.55	1 2 3 4 5	
61	自主开展对外交流次数	自主对外交流次数	9			3	7	1	3.82	1 2 3 4 5	
62	参加社会公益活动频次	参加社会公益活动	10			6	4	1	3.55	1 2 3 4 5	
63	工作标准着装					1	5	5	4.36	1 2 3 4 5	
64	临时性统计工作	专项统计性工作	11			1	7	3	4.18	1 2 3 4 5	
65	乘客投诉率	删除	8	2		5	2	2	3.36	1 2 3 4 5	
66	乘客投诉回复率					1	7	3	4.18	1 2 3 4 5	
67	人员思想动态					2	4	5	4.27	1 2 3 4 5	
68	细胞体班组星级申报	星级申报通过率	10			3	7	1	3.82	1 2 3 4 5	

续表

序号	绩效指标	第二轮专家修改		第二轮指标关键程度的频数统计结果				第二轮平均值	关键程度（低→高）					修改意见
		指标修改为	同意	不重要	不太重要	一般重要	比较重要	非常重要						
69	补充指标	人员离职率	7		1	5	4	1	3.45	1	2	3	4	5	
70		员工满意度	11		1		4	6	4.36	1	2	3	4	5	
71		组长胜任力评价	11				3	8	4.73	1	2	3	4	5	
72		物料成本分析	9				5	6	4.55	1	2	3	4	5	
73		巡检问题闭环率	10				4	7	4.64	1	2	3	4	5	
74		设备维护前准备	8			1	5	5	4.36	1	2	3	4	5	
75		班组会议记录	9		1	2	7	1	3.72	1	2	3	4	5	

3. 请补充您认为评价门梯维护班组绩效水平还有其他哪些关键指标？

_____

_____

_____

附录 B：运用关键事件法确立绩效考核指标评价标准

样表一：N 地铁门梯维护班组关键事件访谈对象及访谈内容

问卷序号	问卷主题	问卷访谈内容
问卷一	细胞质系统（管理工作）	1. 请问您在从事工班管理的生涯中，有没有让您印象深刻的被上级部门考核或您考核工班人员的事件？ 2. 这次经历发生在具体什么时候？什么地点？当时是什么样的起因导致那次事件的发生？ 3. 您在这个事件里面采取了哪些具体措施？您之后在班组制定了什么样的管理制度规避此类事情的发生？ 4. 因为您的措施这件事情最终得到了怎样的解决？ 5. 您当时对这个考核结果是怎么看的呢？您觉得在这件事的处置过程中有什么可以改进的地方吗？ 6. 您认为一名合格的班组长应该具备哪些素质？您对于针对班组长的绩效考核这块有没有什么好的想法？ 7. 您认为一个理想的班组应该具备哪些特征呢？
问卷二	细胞核系统（生产工作-设备维护）	1. 请问您日常的设备巡检与保养作业都是根据什么样的计划开展的？在计划开始之前您会做哪些准备工作？ 2. 请您介绍一下您在日常的一次车站设备维护过程中的具体操作流程？ 3. 为这些设备进行维护主要应当重点关注哪些区域或隐患？您有没有因为巡检或保养到位，从而帮助公司规避重大隐患的经历？ 4. 那次维护发生在具体什么时候？什么地点？事情经过是怎么样的？那次隐患的具体原因是什么呢？ 5. 事后您有没有因此受到公司的奖励？对于这样的结果您满意吗？ 6. 在设备维护作业中，您觉得身边的同事有哪些做得不好或者哪里做好的地方？有什么可以改进的地方吗？ 7. 您认为更好地做好设备维护工作需要具备哪些素质呢？
问卷三	细胞核系统（生产工作-设备维修）	1. 请问您在进行门梯设备维修的过程中有没有印象深刻的经历？或者说一次您参与过影响比较重大的故障？ 2. 当时故障发生在具体什么时候？什么地点？当时是什么样的原因导致那次故障的发生？ 3. 在那次维修时中采取了哪些具体措施？您觉得在这件事的处置过程中有哪些做不好或者哪里做得好的地方吗？有什么可以改进的地方吗？ 4. 该故障最终对地铁运营造成了多大的影响？最终有没有人因此受到绩效考核？考核结果具体是怎么样的？ 5. 对于这样的故障处置结果您满意吗？对于这样的考核结果您觉得合理吗？ 6. 您认为要更好地处置好类似故障需要一个班组或检修人员具备哪些素质呢？
问卷四	细胞膜系统（专项工作）	1. 请问您怎么样看待从事目前班组职能工作人员的对应奖惩？ 2. 您在从事班组职能工作过程中有没有印象深刻的经历？比如受到考核或得到表扬或物质奖励？ 3. 请问当时事情发生的背景是什么样的呢？为什么会发生这样的事情？您认为是什么原因导致这件事的发生？ 4. 这件事发生时您采取了哪些措施，做了什么呢？怎么做的呢？ 5. 这样做产生的后果是什么呢？最后的结果是什么？您认为这件事应该对您的绩效产生什么样的影响呢？ 6. 您觉得这个考核结果您满意吗？您觉得在这件事的过程中您有哪些做不好或者哪里做好的地方？有什么可以改进的地方吗？ 7. 您认为做好班组的职能工作需要具备哪些素质呢？

样表二：N 地铁门梯维护班组绩效考核定量指标评价标准

本定量标准主要参考城市轨道交通运营绩效评估体系（MOPES）、南京地铁运营指标体系-机电、"细胞体班组"星级创建指标及成熟度量表（2020 版基础管理篇），并在访谈中与相关专家讨论决定具体评定等级。

定量指标	评价标准	评定等级	定量指标	评价标准	评定等级
安全隐患整改率	<92%	1级	责任安全事故件数	<1次/季	1级
	≥92%	2级		<1次/年	2级
	≥95%	3级		1次/两年	3级
	≥98%	4级		1次/三年	4级
	100%	5级		0	5级
人均包保设备数量	<4站/人	1级	委外单位维保模式	—	
	≥4站/人	2级			
	≥5站/人	3级		全委外维保	3级
	≥6站/人	4级		半自主维保	4级
	≥8站/人	5级		全自主维保	5级
技能考试通过率	<95%	1级	合理化建议数量	无	1级
	≥95%	2级		1项/季	2级
	≥98%	3级		2项/季	3级
	≥99%	4级		3项/季	4级
	100%	5级		≥4项/季	5级
巡检问题闭环率	<90%	1级	站台门故障率	>1次/万次	1级
	≥90%	2级		≤1次/万次	2级
	≥95%	3级		≤0.8次/万次	3级
	≥98.5%	4级		≤0.6次/万次	4级
	100%	5级		≤0.4次/万次	5级
电扶梯可靠度	<97.5%	1级	垂直电梯可靠度	<98.5%	1级
	≥97.5%	2级		≥98.5%	2级
	≥98.5%	3级		≥99%	3级
	≥99%	4级		≥99.5%	4级
	≥99.9%	5级		≥99.9%	5级
巡检计划执行率	<90%	1级	保养计划执行率	<90%	1级
	≥90%	2级		≥90%	2级
	≥95%	3级		≥95%	3级
	≥97.5%	4级		≥97.5%	4级
	100%	5级		100%	5级

续表

定量指标	评价标准	评定等级	定量指标	评价标准	评定等级
工程施工项目进度	<80%	1级	故障工单闭环率	<92%	1级
	≥80%	2级		≥92%	2级
	≥90%	3级		≥95%	3级
	≥95%	4级		≥98%	4级
	100%	5级		≥99.5%	5级
报刊文章发表数量	无	1级	媒体事迹报道数量	无	1级
	≥1个/年	2级		≥1项/五年	2级
	≥2个/年	3级		≥1项/三年	3级
	≥4个/年	4级		≥1项/两年	4级
	≥6个/年	5级		≥1项/年	5级
自主对外交流次数	无	1级	参加社会公益活动	无	1级
	≥1项/五年	2级		≥1项/五年	2级
	≥1项/三年	3级		≥1项/三年	3级
	≥1项/两年	4级		≥1项/两年	4级
	≥1项/年	5级		≥1项/年	5级
乘客投诉回复率	<40%	1级	星级申报通过率	<40%	1级
	≥40%	2级		≥40%	2级
	≥60%	3级		≥60%	3级
	≥80%	4级		≥80%	4级
	100%	5级		100%	5级

致　谢

本书完稿历时三年，不觉中新冠肺炎疫情也三年，无三仿佛不能成文。

自硕士论文开题，作者对管理怀揣懵懂、渴望表达。受恩师点拨管理之道，如获至宝，夜以继日，笃行不怠。尤其沉迷稻盛和夫、阿米巴经营、人力资源管理理论书籍。时常深夜叨扰，恩师不厌其烦，答疑解惑。

当初武汉城发生疫情，举国支援，众志成城，终将英雄城市，无愧英雄。后又南京禄口疫情扩散，家乡停摆，心犹哀之，居家奋笔疾书，阻隔人身，却不隔人心。至硕士论文答辩，顺利推优，得来荣誉举重若轻。窃喜之余，受恩师鼓励争取出书。点亮明灯，不忘本心，以终为始，再次出发。此阶段虽未刻意训练，但写作功底日渐精进，一日终觉，顿悟成长。

而立之年，又逢季处长、黄副秘书长，鼎力相助，字斟句酌，悉心指导。于一二月寒冬腊月，阅遍行业资料，整理扩充第1～3章节，尽力呈现改革宏大背景；于三四月播种时节，重审绩效考核，对存在问题自我革新，使之生动有趣、通俗易懂；后遇职业生涯转型，扩充完善点滴，契合基层实际；于九十月一鼓作气，重做优化方案，抬高理论站位、破解实践问题、融合平台组织、保障行稳致远。终薄文乃成，献礼二十大。

做人也应动态清零，书成自当忘了。会有一版、二版、三版，思维不断革命。因此，本书视角、眼光、格局可能尚在山脚，或侥幸到了山腰，但距山顶还有不少路途。

愿恩师找到心安净土，成就不凡格局，高处一览众山，师生佳话长存。

唐浩

2022 年 10 月于南京